KB080471

4차 산업혁명, 새로운 제조업의 시대

스마트 공장,
이렇게 구축하라!

4차
산업혁명,
새로운
제조업의 시대

박한구 · 송형권 · 장원중 · 이순열 · 임채성 지음

한국인더스트리4.0협회
KOREA INDUSTRY 4.0 ASSOCIATION

호이테북스
today

거대한 변화의 물결,
4차 산업혁명에 올라타라

아프리카 초원을 달리는 가젤과 치타가 있다. 한쪽은 잡아먹히지 않으려고 사활을 건 탈주를 시도하고, 다른 한쪽은 언제 또 만날지 모르는 먹이를 잡아먹으려고 필사의 질주를 한다. 이러한 약육강식의 게임이 되풀이될수록 쫓기는 자든, 쫓는 자든 상대보다 더 빨라지지 않으면 잡아먹히거나 굶어 죽거나 하는 비극적인 운명을 맞이할 것이다.

최근 4차 산업혁명이라는 거대한 파도가 전 세계 사회와 산업계를 강타하고 있다. 연일 언론 매체와 정부 기관들은 4차 산업혁명을 거스를 수 없는 대세로 인정하며 미래가 걸린 절체절명의 과제라고 역설하고 있다. 하지만 정작 일반인들은 어떠한가. 인공 지능, 사물 인터넷, 로봇 등 4차 산업혁명이 가져올 숨가쁜 변화와 대규모 실업에 전전긍긍하며 공포에 휩싸여 있다.

독일에서 시작되어 전 세계로 열병처럼 퍼져나가고 있는 4차 산업혁명! 이 새로운 패러다임과 경쟁 요구를 우리는 어떻게 받아들여야 할까? 그리고 미래를 준비하기 위해 어떤 해법을 찾아야 할까?

증기기관의 발명으로 시작된 1차 산업혁명, 대량 생산과 자동화로 시작된 2차 산업혁명 그리고 정보 통신 기술과 산업의 결합으로 비롯된 3차 산업혁명에 이르기까지 산업혁명은 새로운 동력의 등장과 생산 방식의 변화에서 시작되어 정치, 사회, 산업, 군사 등 거의 전 분야에 걸쳐 인류 역사에 큰 변혁을 가져왔다. 그때마다 인류의 삶은 크게 요동쳤고, 기계나 각종 이기로 인해 인간은 일자리가 소멸되지 않을까 걱정하곤 했다. 하지만 그러한 우려와는 달리 산업혁명은 수많은 산업 분야와 새로운 가치를 창출해 인류에게 더 많은 기회와 혜택을 가져다 주었다.

3차 산업혁명의 끝자락과 4차 산업혁명의 시작이라는 접점에서 우리는 이제 큰 변혁기를 맞고 있다. 대개 이러한 시기에는 위기와 기회가 공존하게 마련이고, 기회보다는 위기에 편향되어 공포에 휩싸이기 십상이다. 하지만 어차피 거스를 수 없는 거대한 흐름이라면 긍정적으로 생각하고 변화를 즐기며 적극적으로 대응해가면 어떨까? 그리고 이러한 과도기를 새로운 기회로 삼아 먹고 먹히는 운명의 먹이사슬을 끊고 최강자로 군림할 수 있는 큰 전환점으로 삼으면 어떨까?

지난 20여 년 동안 우리 LG디스플레이는 수많은 위기를 기회로 승화시키며 더욱 더 강한 우리만의 일등 DNA를 축적해왔다. 그 영광을 지속하고 향후에 영속기업으로 거듭나기 위해 4차 산업혁명의 거센 물결에 과감하게 올라탈 것이다. 이를 위해 우리 LG디스플레이는 한 차원 높은 혁신을 추구하려 한다. 그 핵심은 스마트 공장Smart Factory를 구축하여 다품종 소량 생산을 활성화하고, 빅 데이터를 활용해 고객과 협력사들을 아우르는 운영의 유연성Operation Flexibility을 확보하는 데 있다.

나는 '전승불복戰勝不服 응형무궁應刑無窮'이란 말을 좋아한다. 전쟁에서 한 번 이겼다고 해서 그 승리가 반복되리라는 법은 없으며, 변화해 가는 세상에 맞춰 끊임없이 변화해야 한다는 뜻이다. 어떤 모습으로 어떻게 펼쳐질지 모를 4차 산업혁명이라는 바다를 항해해 가는 데 있어 우리가 무엇을 목표로 하고, 어떻게 해나갈 것인가에 대한 명확한 해답들이 이 책에는 보물처럼 숨겨져 있다. 모든 독자들이 그 보물을 찾아 4차 산업혁명의 승자가 되기를 진심으로 바란다.

LG디스플레이 부회장 한상범

비즈니스에
혁명적 변화를 꾀하라

　최근 우리 사회는 급작스레 혁신과 변화의 소용돌이로 빠져든 것처럼 보인다. 그 중심에는 4차 산업혁명이라는 크고도 묵직한 화두가 놓여 있다. 지금까지 혁명이란 항상 예기치 않게 등장해서 사회 패러다임과 삶의 양식을 크게 바꿔 놓았다. 이전의 혁명들이 진행되던 과정만 보더라도 우리는 그것을 쉽게 알 수 있다.

　하지만 혁명은 거기서 결코 끝나지 않는다. 세계의 정치, 경제적 패권 지도까지 바꿔 놓는다. 1차 산업혁명의 발원지였던 영국이 전 세계에 식민지를 개척해 대영제국을 건설하고, 2차, 3차 산업혁명을 이끌었던 미국이 냉전체제를 지나 팍스 아메리카나를 구축했던 역사를 보라. 그들이 이처럼 그 시대에 패권 국가가 될 수 있었던 것은 무엇보다도 산업혁명을 일으키고 주도했기 때문이다.

　우리의 가까운 과거를 한 번 되짚어 보자. 20세기 말부터 21세기 초에 우리나라는 인터넷 혁명이라는 거대한 변화를 겪었다. 이로 인해 여기저기서 벤처 창업 붐이 일었고, IT에 대한 관심이 높아졌으며, 투자가 급격히 이루어지며 주식 시장까지 요동쳤다. 그 결과 국가 전체적으로 산업 재편을 이뤄 현재까지 IT 강국의 위상으로 먹고살고 있다. 대표적인 산업 재편의 역사적 현장인 구로 디지털단지를 떠올려 보라. 당시에는 구로 공단으로 불리며 의류나 기계 등을 만드는 공장이 즐비해 굴뚝산업의 표상으로 여겨지던 그 곳이 지금은 IT와 모바일, 컨텐츠 비즈니스의 메카로 자리 잡으며 한국의 실리콘밸리가 되었다.

그렇다면 우리는 앞으로 4차 산업혁명에 어떻게 대응해야 할까? 머뭇거리거나 부정하는 것이 답이 아니라는 것은 분명하다. 앞서 설명한 과거의 사례들만 보더라도 그것은 너무나 명확하다. 하지만 변화와 혁신이 어디 그냥 주어지던가. 자발적 의지와 노력이 뒤따라야 하고, 창의적이어야 한다.

이제 기업들은 시장의 무한경쟁을 넘어 시스템의 무한경쟁과 마주하고 있다. 시장까지 가보지도 못하고 그 전에 경쟁자들에게 무릎을 꿇어야 할 수도 있다. 그만큼 절박한 상황에 직면해 있고, 돌파구를 찾아야만 한다. 독일이 4차 산업혁명을 시작하면서 주장한 말이 바로 "살아남아야 한다"였다고 하지 않던가. 4차 산업혁명은 이전의 혁명들과는 달리 제조 시스템과 기업 생태계를 기반으로 한 큰 판의 도박이라고 할 수 있다. 게다가 미래를 전혀 예측할 수도 없고, 혼자서만 잘한다고 해서 성공할 수 있는 것도 아니다.

그렇다고 희망이 없는 것은 아니다. 지금까지 우리나라, 우리 기업, 우리 국민들은 항상 외적 변화를 능동적으로 받아들이고, 팔을 걷어부치고 실행하는 데 앞장서 왔다. 그 결과, 전 세계에서 산업화와 민주화를 동시에 가장 빨리 정착시킨 나라로 다른 나라의 벤치마킹 대상이 되고 있다. 그러한 성공 경험을 가지고 역동적으로 움직인다면 4차 산업혁명이라는 높은 파고도 너끈히 넘을 수 있을 것이다.

4차 산업혁명은 근본적으로 제조업의 혁신과 변화를 요구하고 있다. 제조업은 고용과 부가가치의 기반이 되는 산업으로, 그 중요성은 아무리 강조해도 지나치지 않다. 모쪼록 많은 제조 기업들이 정보 통신을 기반으로 스마트 공장을 구축해 전 세계를 제패하는 데 이 책을 교과서처럼 활용하기를 바란다. 그리고 각 분야 전문가들이 제조업을 살려야 한다는 사명감을 가지고 지성을 통한 협업으로 좋은 비책을 내놓은 데 대해 심심한 감사와 뜨거운 격려를 보낸다.

전)정보통신부 장관 양승택

4차 산업혁명 시대의 생존 방안,
스마트 공장을 향하여

"벤츠는 애플의 폭스콘이 되지 않을 것입니다!"

세계적 자동차 기업인 메르세데스 벤츠의 디터 제체 사장은 2015년 9월 프랑크푸르트 모터쇼에서 이렇게 말했다. 애플과 폭스콘이 자동차 쇼에 등장하다니 이해가 되는가? 폭스콘은 최근 6만 명의 인력을 로봇으로 교체하겠다고 선언한 기업으로, 아이폰을 만들어 내는 애플의 대표적인 하청 공장이다. 애플이 디자인하고 개발하면 폭스콘은 빠르게 많이 만들어 내는 것으로 유명하다. 그렇다면 정말 그의 말처럼 메르세데스 벤츠는 자율 주행차와 전기 자동차라는 새로운 이슈를 들고 나온 구글, 애플, 테슬라의 하청 공장으로 전락하지 않을 수 있을까?

이제 우리는 4차 산업혁명 시대로 접어들었다. 4차 산업혁명 시대는 제조업 혁신의 시대로 산업 간의 경계가 사라진다. 하드웨어를 잘 만드는 것은 별 의미가 없다. 소프트웨어와 융합하고, 인공 지능, 딥 러닝, 로봇, 사물 인터넷 등의 기술을 서로 통합해야 한다. 그리고 4차 산업혁명 시대에는 데이터가 곧 자본이 된다. 또한 데이터를 가진 자, 플랫폼을 가진 자가 세계를 지배한다.

하지만 우리 제조업의 현실은 어떠한가? 울산의 밤, 거제도의 칠흑 같은 바다처럼 앞이 캄캄하다. '무너지는 제조업 현장… 숙련된 기술 인력이 떠난다', '제조업 일자리 1년 사이 16만 개가 사라졌다', '중소기업 노동 생산성 OECD 꼴찌' 등 신문이나 TV에서는 제조업의 암울한 실상을 연일 쏟아내고 있다.

그렇다면 이렇게 암담한 현실에 과연 누가 희망의 불씨를 지필 수 있을까? 4차 산업혁명을 연구하며 우리 제조업의 현실을 안타까워하던 5명의 저자들이 이에 머리를 맞대고, 희망의 작은 불씨를 살려보고자 도원결의를 하게 되었다. 본디 세상의 모든 희망은 작은 불씨 하나에서 시작하지 않던가?

제조업은 국내 총생산GDP: Gross Domestic Product의 30%를 차지하는 매우 중요한 산업이다. 세계의 공장이라 불리는 중국이 28%, 미국이 12%, 독일이 23%, 일본이 19%인 것을 감안하면, 우리나라는 제조업의 비중이 매우 높다. 우리나라에는 2014년 기준 총 39만 7천여 개의 제조업체에서 396만여 명이 일하고 있어 총인구의 7.8%를 차지하고 있다. 총 제조업체 중에 중소기업이 39만 6천여 개로 99.8%를 차지하고, 322만여 명이 중소기업에서 일하고 있다.

이러한 중소기업이 무너지고 있다. 또한 4차 산업혁명의 쓰나미에 국내의 제조업체들은 생존 위기에 직면해 있다. 그렇다면 저출산, 고령화, 인구 절벽, 소비 절벽을 앞에 둔 우리 제조업은 어떻게 해야 할까?

세계는 지금 제조업을 살리기 위해 독일, 미국, 일본, 중국, 인도 등 각 나라들이 4차 산업혁명에 발 빠르게 대처하며 정부, 산업계, 학계가 치열하게 함께 뛰고 있다. 국내에서도 근로자, 엔지니어, 관리자, 경영자 등 많은 사람들이 4차 산업혁명의 개념은 이미 어느 정도 파악했을 것이다. 벌써 스마트 공장 추진팀을 구성하여 시동을 건 회사도 있다. 최근 정부에서는 '스마트 제조혁신 비전 2025'를 통하여 2025년까지 스마트 공장 3만

개를 만들겠다고 공표하기도 했다. 그러나 '4차 산업혁명 시대에 글로벌 시장은 어떻게 변화될 것이고, 이 변화에 어떻게 대응하고, 생산 현장을 어떻게 바꾸어 갈 것인가?'와 같은 제조업체들의 심각한 고민에 여전히 뜬구름 잡는 이야기들이 넘쳐나고 있다.

그래서 각 분야 전문가들인 이 책의 필자들은 4차 산업혁명 시대에 제조업의 생존 방법과 스마트 공장을 어떻게 구축할 것인지 머리를 맞대고 열띤 토론을 하며 구체적인 해법을 줄 수 있는 책을 만들었다. 여기에 참여한 필자들은 산업 현장에서 스마트 공장 구축, 데이터 분석, 산업 자동화, 정보기술 시스템, 경영 등에 대한 풍부한 경험과 해박한 이론적 지식을 겸비한 분들이다. 이 책 한 권으로 독일에서 시작한 인더스트리 4.0(4차 산업혁명)에 미국, 중국, 일본 등은 어떻게 대응하고 있는지, 그리고 기존 공장을 사람의 개입없이 스스로 효율적이고 최적으로 운영하는 똑똑한 공장, 즉 스마트 공장으로 어떻게 만들 수 있는지 배울 수 있을 것이다. 아울러 이 책은 설비, 생산, 품질, 에너지, 환경, 물류, 안전, 영업, 연구·개발, 경영 등 전 분야에 걸쳐 구체적인 스마트 공장을 구현하는 데 로드맵으로 사용할 수도 있을 것이다.

이 책의 구성은 다음과 같다.

1장에서는 4차 산업혁명의 개념을 설명한다. 4차 산업혁명의 탄생 배경부터 제조 강국들은 어떻게 대응하고 있는지, 4차 산업혁명 시대의 특징과 우리의 현실을 알아본다.

2장에서는 이미 시작된 4차 산업혁명 시대에 제조업에 큰 변화를 가져올 기술들과 변화에 대하여 논의한다. 지속 가능성 요구의 변화, 산업 인력의 급격한 변화, 에너지원의 다변화와 통합 에너지 관리, 온실가스 배출 감축, 산업 안전 등에 대해서도 살펴본다.

3장에서는 스마트 공장을 구축하기 위한 전체적인 프레임워크와 스마트 공장 플랫폼, 스마트 공장의 기반이 되는 산업 통신과 보안 네트워크, 빅 데이터 인프라에 대해 설명한다.

4장에서는 스마트 공장을 추진하기 위한 7단계 실행 방법을 설명하고, 각 단계별 세부적인 실행 방안을 제안한다.

5장에서는 스마트 공장을 추진하는 7단계 실행 방법을 활용하여 설비, 생산, 품질, 에너지, 환경, 물류 등 각 부문의 실행 방안을 구체적이고 자세하게 설명한다.

마지막 6장에서는 국내의 제조 산업이 앞으로 10년 동안 생존하기 위한 전략을 제시한다.

이 책은 이와 같이 4차 산업혁명 시대에 국내의 제조 기업들에게 기존 공장을 어떻게 스마트 공장으로 변환할 것인가에 대하여 구체적인 구축 방법과 실행 방안을 제시한다. 그렇다고 해서 처음부터 끝까지 차례대로 읽을 필요는 없다. 제목을 보고 관심 있는 부분을 펼치면 희망의 바다로 뛰어들어 스마트 공장을 향해 헤엄쳐 나아갈 수 있다. 모쪼록 이 책이 제조업에서 열심히 일하는 분들에게는 스마트 공장을 향한 가이드북으로, 컨설팅 및 교육을 하는 분들에게는 참고서로 활용되었으면 하는 바람이다. 아울러 이 책은 생생하게 살아 움직이는 책이다. 개선점이나 보완할 부분들은 서슴없이 알려주시기 바란다.

마지막으로 이 책 저술에 함께한 한국인더스트리4.0협회 회원들과 이 책이 세상에 나올 수 있도록 힘써 주신 호이테북스 식구들에게 진심으로 감사의 마음을 전한다.

저자 일동을 대표하여 박한구 드림

추천사1 거대한 변화의 물결, 4차 산업혁명에 올라타라   한상범 —— 4

추천사2 비즈니스에 혁명적 변화를 꾀하라   양승택 —— 7

머리말 4차 산업혁명 시대의 생존 방안, 스마트 공장을 향하여 —— 10

1장 또 한 번의 격변기, 4차 산업혁명의 시대

1 4차 산업혁명이란 무엇인가? 23

• 삶과 비즈니스를 송두리째 변화시키는 4차 산업혁명 ································ 24
• 자동화 공장과 스마트 공장은 어떻게 다른가? ······························ 26
• 4차 산업혁명, 제조업이 중요하다 ·· 30

2 4차 산업혁명 시대의 주요 특징 37

• 모든 것이 서로 연결되는 초연결 시대 ······································ 38
• 데이터가 자산이 되는 데이터 자본주의 시대 ·································· 40
• 고객의 개별적 요구를 충족하는 개인 맞춤형 가치 시대 ························ 43

3 주요 국가의 4차 산업혁명 전략 46

• 제조업 혁신을 위한 독일의 인더스트리 4.0 ·································· 47
• 제조업 활성화 정책과 민간 주도 협의체 중심의 미국 ·························· 49
• 새로운 도약을 꿈꾸고 있는 중국제조 2025 ·································· 51
• 산업 재흥 플랜으로 재도약을 꿈꾸는 모노츠쿠리 정신의 일본 ·················· 52
• 인도의 제조업 부흥 정책 'Make In India' ·································· 54
• IT와 소프트웨어를 융합한 우리나라의 제조업 혁신 3.0 ························ 56

1 **4차 산업혁명을 이끄는 새로운 기술** 65

• 일상의 모든 것을 연결하는 사물 인터넷 기술 ┈┈┈┈┈┈┈┈┈┈┈┈ 65

• 모든 소통의 혈류가 되는 유무선 통신망 기술 ┈┈┈┈┈┈┈┈┈┈┈┈ 70

  유선 통신망 | 산업용 무선 통신 기술

• 데이터를 마음대로 관리할 수 있는 클라우드 컴퓨팅과 포그 컴퓨팅기술 ┈┈┈ 77

• 대량의 데이터에서 가치를 찾아내는 빅데이터 기술 ┈┈┈┈┈┈┈┈┈ 80

  빅 데이터의 정의 | 빅 데이터 관련 협업 인력 | 빅 데이터 플랫폼과 빅 데이터베이스 시스템 | 배
  치 분석, 실시간 분석용 빅 데이터베이스 시스템 | 빅 데이터 분석 소프트웨어와 기법 | 빅 데이
  터 시각화 기법

• 인간의 지능적인 행동을 모방한 인공 지능 기술 ┈┈┈┈┈┈┈┈┈┈┈ 99

  인공 지능의 역사 | 인공 지능이란? | 인공 지능의 현재와 성공 요인 | 머신 러닝이란 무엇인가?
  딥 러닝이란 무엇인가?

• 작업자와 함께 일하고 협업하는 로봇 기술 ┈┈┈┈┈┈┈┈┈┈┈┈┈ 108

  세계 최대 로봇 밀집 국가, 대한민국 | 협업하는 로봇, 코봇 | 물류 창고의 무인 자율 자동차 로봇,
  AGV(Automated Guided Vehicle)

• 모든 것을 만들어 낼 수 있는 3D 프린팅 기술 ┈┈┈┈┈┈┈┈┈┈┈ 113

  3D 프린팅 기술의 장점과 단점 | 하이브리드 제조를 가져온 3D 프린터 | 3D 프린팅 기술의 활용

• 물리적 세계와 가상 세계가 공존하는 가상 물리 시스템 기술 ┈┈┈┈┈ 119

• 가상 세계와 현실 세계를 오버랩한 가상 현실과 증강 현실 기술 ┈┈┈┈ 123

• 산업 현장과 비즈니스를 모두 아우르는 스마트 기기 기술 ┈┈┈┈┈┈ 126

  스마트 기기를 통한 협업 | 스마트 기기를 통한 제조 및 경영 정보의 실시간 공유 | 고객에게 특
  별한 경험을 선사하라

• 산업의 잠재적 위험을 막는 보안 기술 ┈┈┈┈┈┈┈┈┈┈┈┈┈┈┈ 128

2 **지속 가능성에 대한 요구의 변화** 134

• 산업 인력의 급격한 변화 ┈┈┈┈┈┈┈┈┈┈┈┈┈┈┈┈┈┈┈┈┈ 135

  생산 가능 인구의 감소 | 숙련된 산업 인력의 퇴직

• 에너지원의 다변화와 통합 에너지 관리 ┈┈┈┈┈┈┈┈┈┈┈┈┈┈┈ 138

  에너지 관리의 현재와 미래 | 전략적 실행 로드맵이 중요하다 | 통합적 관리로 에너지 최적화를
  달성하라

• 환경 규제의 서막, 온실가스 배출 감축 ┈┈┈┈┈┈┈┈┈┈┈┈┈┈┈ 143

• 위험과 사고로부터의 안전 시스템 구축 ┈┈┈┈┈┈┈┈┈┈┈┈┈┈┈ 145

  안전 관리 체계 구축 | 안전한 제품 생산과 공급 체계 구축

3장   스마트 공장 프레임워크와 플랫폼, 기본 인프라 구축

1 스마트 공장 프레임워크   151

- 물리적 세계와 가상 세계의 소통을 위한 디지털화 ·············· 154
  디지털 복제품 │ 자산의 디지털화 │ 공정의 디지털화 │ 인력의 디지털화
- 통신 네트워크를 통한 사물의 연결화 ·················· 158
  설비의 연결 │ 공정의 연결 │ 공장의 연결 │ 인력의 연결
- 최적의 운영을 꾀하는 스마트화 ···················· 163
  데이터의 수집·저장·분석 │ 빅 데이터와 인공 지능의 관계 │ 똑똑한 제품과 서비스, 인력의 중요성

2 스마트 공장 플랫폼   167

- GE의 프레딕스 ·························· 169
- 지멘스의 마인드스피어 ······················ 170
- SK C&C의 스칼라 ························· 172
- 울랄라랩의 윔팩토리 ······················· 173

3 통신 네트워크와 빅 데이터 인프라 구축   176

- 통신 네트워크 인프라 구축 ···················· 176
  센서 네트워크 │ 엣지 네트워크 │ 클라우드 서비스 │ 보안 네트워크 │ IoT 시스템 내 보안 문제
- 빅 데이터 활용을 위한 인프라 구축 ················· 184
  빅 데이터 과제 기획 │ 핵심 가치를 발굴하라 │ 빅 데이터 인프라 구축 │ 빅 데이터 플랫폼 선정 │
  빅 데이터 모델 작성 │ 빅 데이터 품질 관리 │ 빅 데이터베이스 선정 │ 빅 데이터 분석 소프트웨어
  와 기법 선정 │ 빅 데이터 시각화 솔루션 선정 │ 빅 데이터 분석을 통한 통찰력과 가치 창출

4 실패 경험을 통해 배우는 교훈

- 사람 간의 융합이 기술의 융합보다 먼저다 ············· 203
  인력에 대한 설득과 배려가 중요하다 │ 소통하고 협업하는 운영위원회를 구성하라
- 공든 탑 무너뜨리는 보안, 철통같이 하라 ·············· 205
  보안은 그 어떤 것보다 우선한다 │ 보안 시스템 구축은 생존의 필수 요소이다
- 표준화 문제로 시작을 늦춰서는 안 된다 ·············· 208

1 스마트 공장 구축 절차   216
- 현 수준 진단 및 평가 ·················· 217
- 구현 목적과 기대 목표 설정 ·················· 218
- 개선 대상과 범위 확정 ·················· 218
- 필요 기능과 적용 기술 확정 ·················· 219
- 필요 인력과 조직화 ·················· 219
- 구현 계획과 실행 ·················· 220
- 검증과 기대 성과 분석 ·················· 221

2 현 수준 진단 및 평가   222
- 설비 분류 체계도 작성 ·················· 224
- 설비 기능 분류 체계도 작성 ·················· 224
- 설비별 디지털화 수준 진단 ·················· 226
- 운전실 업무와 기능 분류 체계도 작성 ·················· 227
- 소재 및 제품별 품질 수준 진단 ·················· 229
- 공장 설비와 시스템 통신망 연결 수준 진단 ·················· 230
- 산업 보안 수준 진단 ·················· 231
  기술적인 측면 | 기술 외적인 측면
- 현 수준 평가 기준 ·················· 232

3 구현 목적과 기대 목표 설정   235
- 스마트 공장의 지향점은 자율 생산 공장 ·················· 236
- 스마트 공장 구현 목적 설정 ·················· 236
- 명확한 기대 목표 설정 ·················· 238

4 개선 대상과 범위 확정   240
- 개선 대상 선정을 위한 차이점 분석 ·················· 240
- 개선 대상 선정: 작지만 영향력이 큰 항목부터 ·················· 242
- 마스터 플랜 수립 ·················· 243

5 필요 기능과 적용 기술 확정   245

6 필요 인력과 조직화   251

7 구현 계획과 실행   255
   • 단순 노동자에서 지식 근로자로 변화시켜라 ·························· 256
   • 노사 화합과 상생의 길을 찾아라 ····································· 258
   • 소프트 파워를 통한 지능화를 실행하라 ······························· 259
   • 우리만의 강점을 개발하고 실행하라 ·································· 260

8 검증과 기대 성과 분석   264

5장 부문별 세부 실행 방안

1 설비 부문 – Smart Machine   271
   • 아프다고 스스로 말하는 스마트 머신 ································· 272
   • 예방 정비 체계에서 예지 정비 체계로 ································· 282

2 생산 부문 – Smart Operation   287
   • 인공 지능 기반의 두뇌형 공정 제어용 컴퓨터 AI based Process Computer ······· 291
   • 설비 마모를 자동 보상하는 스마트 제어기 Auto Tuning based Smart PID2 Controller ·········· 293
   • 예지 정비를 위한 스마트 알람 관리 Smart Alarm Management ············· 295
   • 전문 지식 기반의 스마트 생산 관리 Expert Rule based Smart Operation ········· 296
   • 딥 러닝을 활용한 스마트 CCTV Deep Learning based Smart CCTV ·········· 298
   • 3D 시각화 기반 스마트 인터페이스 3D Visualization based Smart EIC HMI ········· 299
   • 작업자와 협업하는 지능형 로봇 AI based Smart Robot ·················· 300

3 품질 부문 – Smart Quality   303
   • 품질 예측 기술 실패 원인 ··· 304
   • 품질 분석 및 예측 기술 ·· 305
   • 빅 데이터를 활용한 품질 불량 원인 분석 사례 ························· 311

4 에너지 부문 – Smart Energy   313
- 스마트 에너지 관리 시스템 구축 ···················· 316
- 에너지 소비 지도 분석을 통한 에너지 절감 ···················· 318
- 스마트 그리드 시스템 구축 ···················· 319
- 스마트 발전기, 스마트 변압기 시스템의 도입 ···················· 320

5 환경 부문 – Smart Environment   322

6 물류 부문 – Smart Logistics   326
- 정확한 정보 관리 ···················· 328
- 적시에 제품 공급 및 배송 서비스 향상 ···················· 328
- 효율적 물류 관리 ···················· 329
- 물류 스마트화 ···················· 330
  일관제철소에서의 스마트 물류 | 제품 생산 공정에서의 스마트 물류

7 안전·보건 부문 – Smart Safety&Health   335
- 지능형 영상 분석을 통한 효율적인 안전·보건·보안 시스템 구축 ···················· 338
- 열화상 카메라를 이용한 작업자 안전사고와 재난·재해 예방 ···················· 339
- 공장내 작업자의 위치를 실시간으로 추적하는 안전 관리 시스템 ···················· 340

8 영업 부문 – Smart Sales   342

9 연구·개발 부문 – Smart Research&Development   345

10 경영 부문 – Smart Management   348
- 스마트 공장을 넘어 스마트 기업으로 ···················· 351
- 하드웨어 제조에서 서비스와 경험을 망라한 가치 제공 기업으로 ···················· 355
- 수직적 갑을 관계에서 수평적 협업 파트너로 ···················· 356

6장 제조업의 미래 생존 전략

1 생각을 바꿔야 살아남는다   361
- 신뢰와 소통으로 협업하라 ·· 361
- 시장의 변화를 눈여겨보라 ·· 363
- 플립드 러닝으로 배우고 교육하라 ································· 364

2 일단 시작하라   367
- 일단 작게 시작하라 ·· 367
- 최고 경영자가 이끌어라 ·· 369
- 미래를 위한 투자, 지금이 최적기다 ······························ 370
- 투자의 불확실성, 어떻게 극복할 것인가? ···················· 371

2 사람과 경험도 디지털화하라   374
- 사람도 디지털화하라 ·· 375
- 현장 전문가의 경험도 디지털화하라 ····························· 376
- 고객의 경험도 디지털화하라 ·· 378

주석   —— 380

1장

또 한 번의 격변기,
4차 산업혁명의 시대

1

4차 산업혁명이란
무엇인가?

'무너지는 제조업 현장… 숙련된 기술 인력이 떠난다.'[1] 이것은 2016년 12월 초 한 일간 신문의 머리기사 제목이다. 최근 제조업에 경고등이 켜졌다. 1962년 제1차 경제 개발 5개년 계획 이후 질풍노도와 같이 오로지 앞만 보며 달려온 우리나라의 제조업. 6·25 전쟁의 폐허에서 한강의 기적을 이루며 한국을 자랑스럽게 세계 10위의 경제 대국 반열에 올려놓은 우리의 피와 땀의 결실인 제조업. 그렇게 지난 40여 년간 우리나라의 경제 부흥을 이끌어 온 제조업이 생존의 위기에 직면해 있다. 세계 5위의 제조 강국인 대한민국의 제조업이 뿌리째 흔들리고 있는 것이다.

우리가 정작 이렇게 큰 위기에 맞딱뜨려 있는 사이 다른 나라들은 4차 산업혁명에서 승리하기 위해 맹렬히 뛰면서 제조업을 근본적으로 바꾸고 있다. 우리의 강점인 제품 제조 기술에 서비스를 더하거나 정보 통신 기술IT: Information Technology, 데이터 기술DT: Data Technology을 융합해 새로운 비즈니스를 만들어 내거나 새로운 사업 기회를 찾아내며 이른바 4차 산업혁

23

명에 발 빠르게 대응하고 있는 것이다.

삶과 비즈니스를 송두리째 변화시키는
4차 산업혁명

그렇다면 4차 산업혁명이 도대체 무엇이길래 연일 언론과 사람들의 입에 오르내리는 것일까? 먼저 4차 산업혁명의 정의와 탄생 배경에 대해 간단히 살펴보자.

4차 산업혁명이라는 용어는 2011년 독일의 인더스트리 4.0에서 기원했다. 독일은 제조업 기반의 경제 구조를 가지고 있다. 독일은 1,600여 개의 글로벌 강소기업인 히든챔피언을 포함한 중소 제조업이 경제의 90% 이상을 담당한다. 그리고 미텔슈탄트Mittelstand, 독일 경제의 핵심으로 500명 미만의 인력과 매출 5,000만 유로 미만인 중소기업라고 불리는 중소기업이 독일 기업의 약 90%를 차지하고 있다.

1990년대 이후 이 기업들은 일본, 한국, 중국 등 아시아 신흥국들의 도약으로 경쟁력을 잃어 갔다. 또한 내부적으로는 노동 인력의 고령화, 높은 임금, 높은 복지 지원금, 높은 전기 요금 등으로 제조원가가 상승해 독일 경제의 미래는 암울해 보였다. 국내 총생산의 23%를 담당하는 독일 제조업의 쇠퇴는 곧 독일의 쇠퇴를 의미했다.

이를 극복하기 위해 결국 독일이 생존을 위한 국가적 전략으로 주창한 것이 '인더스트리 4.0', 즉 '제조업 혁신 4.0'이다. 독일이 경쟁력을 지닌 설비 제조, 공장 운영 기술에 가상 물리 시스템CPS: Cyber Physical System, 사물 인터넷IoT: Internet of Things, 인공 지능AI: Artificial Intelligence, 빅 데이터Big Data 등 정보 통신 기술을 통합하고, 융합해 제조업의 4차 산업혁명을 이루고

자 한 것이 바로 '인더스트리 4.0'의 시작이었던 것이다. 독일의 플랫폼 인더스트리 4.0 운영위원회는 '인더스트리 4.0'을 다음과 같이 정의하고 있다.

"인더스트리 4.0은 4차 산업혁명을 일컬으며, 제품 수명 주기 동안 전체 가치망의 조직과 관리가 비약적인 발전을 하게 되는 현상을 말한다. 최적의 가치망을 구현하는 역량뿐만 아니라 가치망의 모든 요소를 연결하여 관련된 모든 정보가 실시간으로 제공되도록 구축하는 것이 인더스트리 4.0의 기반이다."

이를 간략하게 다시 정리하면 인더스트리 4.0은 제조업의 모든 요소들이 디지털화되어 연결되고, 정보가 실시간으로 제공되어 가치망 전체가 비약적으로 발전하는 제조업 혁신이라고 할 수 있다.

2008년 글로벌 금융위기 이후 지속된 저성장 시대에 2011년 독일에서 시작된 '인더스트리 4.0'은 세계 각국들이 경쟁적으로 제조업을 부활시키려는 노력에 불을 붙였다. 그 결과 지금은 미국, 일본, 한국, 중국, 인도 등 전 세계 국가들이 제조업 부흥을 위해 열심히 경주하고 있다.

이러한 움직임에 발맞추어 2016년 1월 스위스의 다보스에서 열린 '세계 경제 포럼World Economic Forum'에서 클라우스 슈밥 회장은 "4차 산업혁명은 제조업 혁신을 넘어 우리 삶 전체를 근본적으로 바꾸는 엄청난 변화"라며 "변화하지 않으면 살아남기 어렵다"고 경고했다. 제조업 혁신으로 촉발된 4차 산업혁명이 과거의 1, 2, 3차 산업혁명처럼 기술이나 에너지의 혁명을 통해 이제 경제, 사회, 문화 등 우리 삶 전체를 송두리째 바꾸어 나가는 거대한 변화로 인식되기 시작한 것이다.

자동화 공장과 스마트 공장은 어떻게 다른가?

4차 산업혁명은 제조업과 우리 삶 전체를 변화시키는 거대한 혁신임에 틀림없다. 이 책에서는 4차 산업혁명을 제조업의 경쟁력을 강화하고, 이를 통해 국가 경제를 다시 살리려는 목적에서 제조업 혁신에 초점을 맞추어 사용하고자 한다. 이런 이유로 이 책에서는 '인더스트리 4.0'과 '4차 산업혁명'을 동일시하고, 제조업 혁신의 의미로 사용한다.

4차 산업혁명의 궁극적인 목표는 생존이다. 최적의 스마트 공장 운영으로 개인 맞춤형의 품질 좋은 제품과 서비스와 놀라운 경험을 통하여 고객에게 가치를 제공하고, 지속적으로 고객이 사랑하는 기업이 되는 것이다. 스마트 공장은 스스로 알아서 공장을 운영하는 똑똑한 공장을 말한다. 민관합동의 스마트 공장추진단이 정의한 스마트 공장은 '기획, 설계, 생산, 공정, 유통, 공급망 관리 등 제조 과정에 정보 통신 기술ICT: Information and Communications Technology을 적용하여 생산성, 품질, 고객 만족도를 향상시킨 공장'이다. 또한 일부에서는 스마트 공장을 '공급되는 소재와 설비, 생산되는 제품이 스마트하여 어디가 아픈지 어느 정도로 심한지 말할 수 있고, 사람의 개입없이 서로 소통하여 고객이 원하는 제품을 자동으로 생산하는 똑똑한 공장'이라고 정의하기도 한다.

이처럼 스마트 공장에는 다양한 정의가 존재한다. 하지만 설비, 생산, 소재, 제품이 서로 소통하고, 생산성과 품질을 향상시키기 위해 스스로 생각하고 일하는 똑똑한 공장이라는 공통적인 특징이 있다. 여기에 친환경적이고 친인간적인 특성이 더해져 스마트 공장은 궁극적으로 '설비, 생산, 소재, 제품이 서로 소통하고 생산성과 품질을 향상시켜 제품이나 서비스를 생산하고 스스로 생각하고 일하는 똑똑하고 친환경적이고 친인간적인 공장'이라고 할 수 있다. 즉 기존 공장에 지속 가능성을 지닌 친환경 요소가 강화되고 설비가 인간과 협업하거나 인간을 위해 일하는 친인간적인 공장인 것이다. 이에 따라 스마트 공장은 힘들고, 더럽고, 위험하고, 반복적인 작업은 로봇 등 자동화 기계가 수행하고, 인간은 디자인이나 공정을 최적화하거나 가치 사슬망의 협업 등과 같이 창의적인 과제를 선도한다.

스마트 공장을 이렇게 정의하면 그동안 나름대로 자동화, 디지털화를 하느라 애쓴 기업들은 "우리 공장도 이미 어느 정도는 하고 있다"고 말할 것이다. 그렇다면 그동안 공장을 효율적으로 운영하고 생산성을 높이기 위해 구축했던 무인 공장, 자동화 공장, 디지털 공장은 스마트 공장일까, 아닐까? 그리고 아니라면 무엇이 다른 것일까?

무인 공장은 공장 내에 설비가 자동화되어 있고 물류, 원료, 생산, 조립, 포장 등 모든 공정을 기계가 자동으로 작업하여 현장에 작업자가 전혀 없는 공장을 말한다. 자동화 공장은 자동화 설비나 로봇 등을 활용하여 제품을 자동으로 생산하는 공장을 말한다. 설비가 이미 정해진 작업을 자동으로 수행하며, 설비 세팅이 조금 어긋나거나 부품이 마모되어도 그대로 작업을 하므로 품질이 균일하지 않다. 따라서 정기적으로 설비를 점검하거나 최종 품질 검수를 통해 설비 이상을 찾는다. 그리고 설비의 설정값을 정기적으로 점검해서 필요한 조정이 이루어져야 균일한 품질의 제품을 생산할 수가 있다. 설비가 스스로 자신의 상태를 점검하고 바로잡을 수 없는 것이다. 작업자들은 자동화 설비를 관리하거나 부품을 공급하거나 마지막 검수를 하는 등의 현장에서 일한다.

좀 더 정확한 이해를 위해 자동화 공장과 스마트 공장의 차이를 알아보자.

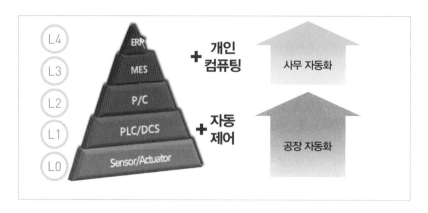

[그림 1-1] 자동화 공장

첫째는 사전 프로그래밍과 실시간 자율화의 차이다. 자동화 공장은 사람이 미리 프로그램한 순서나 수식에 따라 기계가 작동하여 제품을 생산한다. 공정이 바뀌면 프로그램을 변경해야 하고, 기계는 미리 정해진 대로 시키는 일만 한다. 이에 반해, 스마트 공장은 공급되는 소재, 설비, 에너지, 환경 등 주변 상태에 따라 서로 통신하여 소프트웨어가 자율적으로 판단하고, 프로그램이나 설비의 설정값을 변경하여 제품을 생산한다.

둘째, 수직적 연결과 초연결의 차이다. 자동화 공장은 기계 설비에 자동 제어, 생산 관리, 자원 관리 시스템을 통한 경영 정보의 자동화 시스템 등이 수직적으로 연결·통합운영된다.[그림 1-1 참조] 따라서 자동화 공장은 수직적 계층 간의 정보 소통과 연결에 한계가 있다.

디지털 공장은 제조 현장에서 유통까지 전 공정을 다양한 디지털 기계와 설비, 도구들이 공정을 통합하여 운영되는 공장을 일컫는다. 모델링, 시뮬레이션, 3D 가상 현실/증강 현실에 의한 시각화, 디지털 모델, 프로세스, 도구들이 데이터 관리에 의한 통합으로 모두 연결되어 있는 공장으로, 스스로 알아서 생각하고 결정하고 운영하는 스마트 공장을

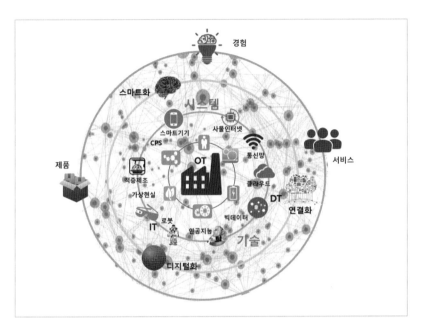

[그림 1-2] 스마트 공장

향한 과정에 있는 공장이라고 생각하면 될 것이다.

　스마트 공장은 설비, 공장 관리, 인력, 공급 사슬망 등이 운영 기술OT: Operation Technology, 정보 기술IT: Information Technology, 데이터 기술DT: Data Technology을 기반으로 초연결수직·수평적 통합 연결되고, 통합되며, 자율적으로 운영된다.[그림 1-2 참조] 초연결되어 있기 때문에 제품과 서비스와 경험을 통해 개인 맞춤형 가치를 제공하며, 생산성과 효율성의 향상과 최적의 운영이 가능하다.

　스마트 공장은 제조 현장의 기계, 설비, 공정, 유통 등 모든 것이 연결되고, 데이터를 기반으로 스스로 판단하며, 공장을 최적으로 운영하여 제조 원가를 이상원가로 낮추고, 고효율을 달성하는 생각하는 똑똑한 미래의 친환경적·친인간적 공장이다. 폐기물 제로, 온실가스 배출 감축, 다양한 에너지 공급원 사용 등 친환경적이고 지속 가능한 공장으로, 인간이 안전하게 일하고, 인간과 설비가 협업하며, 인간다운 일을 할 수 있는 친인간적인 공장인 것이다.

가장 대표적인 스마트 공장으로는 지멘스의 암베르크 공장과 GE의 푸네 공장이 있다. 이들 공장은 아직 완벽하지는 않지만 꾸준히 진화하고 있다. 스마트 공장의 목표는 인력의 최소화가 아니라 제조 공정의 효율화와 운영의 최적화를 통해 이상원가를 달성하고, 친환경을 추구하는 친인간형 공장이라고 할 수 있다. 이를 통해 이제까지 기계를 작동하거나 제품 생산에 전념하던 작업자들이나 운영·정비·관리를 담당하던 관리자들의 시간과 노력은 더 가치 있는 일에 사용될 것이다. 즉 스마트 공장이 잘 운영·관리되고, 사전 예지 정비를 위한 데이터 분석, 비즈니스와 가치 창출에 정보 통신과 데이터 기술, 인간의 경험을 바탕으로 한 전문적 분석과 창의적인 생각이 접목되면, 큰 가치를 만들어 가는 데 있어서 인간의 역할은 더욱 중요해질 것이다.

4차 산업혁명, 제조업이 중요하다

제조업은 공장에서 일하는 인력과 생산하는 제품으로 경제 발전에 기여하고, 가치 사슬망에 포진해 있는 서비스, 유통 등 여러 산업 분야를 이끌어 가는 기간산업으로서 국가 경제에 매우 중요하다. 또한 고용 창출과 기술 개발, 글로벌 경쟁력을 확보하는 데 근간이 되기 때문에 국가 경제에 미치는 영향도 지대하다. 2016년 11월 스웨덴의 스톡홀름에서 열린 OECD 제조업 혁명 콘퍼런스에 참석한 30여 개 국가의 전문가들은 "제조업이 강한 국가야말로 제조업 및 제조 서비스 분야에서 안정적인 고용을 창출하고, 높은 임금을 보장하는 국가"라고 강조하였다.[2] 제조업을 사양산업으로 생각하고, 서비스업을 강조하던 수년 전의 모습은 거기서 찾아볼 수 없었다. 참여한 국가들은 "제조의 근본 혁신에 대한 대응이 국가 전략에 매우 중요하다"고 입을 모았다.

제조업은 우리 경제에서도 차지하는 비중이 매우 높다. 2016년 8월 영국 하원도서관에서 발표한 자료에 따르면,[3] 우리나라는 2014년 기준으로 국내 총생산에서 제조업이 차지하는 비중이 30%에 달했다. 세계의 공장이라는 중국이 28%, 미국이 12%, 독일이 23%, 일본이 19%인 것을 감안하면 우리나라는 제조업의 비중이 매우 높다는 것을 알 수 있다. 그러나 이에 비해 제조 인력 1인당 생산액은 7,400달러로 일본의 7,900달러와 비슷했다.

우리나라는 현재 기업을 대기업, 중견기업, 중기업, 소기업, 소상공인으로 구분하고 있으며, 2014년 기준 총 397,171개의 제조업체에 3,957,394명의 종사자가 일하고 있다. 이 중에서 대기업과 중견기업이 701개로 0.18%를 차지하고, 중소기업이 396,470개로 99.82%를 차지하고 있다. 중소 제조 기업은 총 제조 인력의 81.4%인 322여만 명이 일하고 있으며, 제조 산업의 중추적인 역할을 하고 있다.

2016년 1월 1일부터 정부는 소기업 분류 체계를 근로자 수에서 매출액 기준으로 변경하였다. 그 때문에 아직은 정확한 기업 통계가 집계되지 않았기에 여기서는 다음의 정의를 사용하여 제조업 현황을 [표 1-1]과 같이 정리하였다.

• 대기업/중견기업: 자산 10조 원 이상의 53대 상호출자 제한기업 집단

인 대기업과 규모 기준 상시근로자 300명 이상인 중견기업

- 중소기업: 제조업은 상시근로자 수가 300인 미만이거나 자본금 80억 원 이하인 기업(중소기업=중기업+소기업)

- 중기업: 중소기업 중 상시근로자 수 50인 이상 300인 미만의 기업

- 소기업: 중소기업 중 상시근로자 수 50인 미만의 기업(소기업=영세기업+소 상공인+미세기업)

- 영세기업: 소기업 중 상시근로자수 10~50인의 기업

- 소상공인: 소기업 중 상시근로자수 5~9인의 기업

- 미세기업: 소기업 중 상시근로자 5인 미만의 기업

[표 1-1] 우리나라 제조업체 현황(영세기업, 미세기업의 정의: 송형권)

제조업 현황	상시근로자	사업체 수	사업체 비율	종사자 수	종사자 비율
총계		397,171		3,957,394	
대기업, 중견기업 총계	≤300	701	0.18%	734,710	18.57%
중소기업 총계	〈300	396,470	99.82%	3,222,684	81.43%
중기업	50 ~ 299	10,155	2.56%	1,009,059	25.50%
소기업	〈50	386,315	97.27%	2,213,625	55.94%
영세기업	10 ~ 50	57,810	14.56%	1,175,586	29.71%
소상공인	5 ~ 9	78,574	19.78%	518,447	13.10%
미세기업	〈5	249,931	62.93%	519,592	13.13%

참고로 새로 개정된 상시근로자 기준에서 매출액 기준으로 변경된 정부의 소기업 분류 체계는 다음과 같다.[4]

- 중소기업 여부는 매출액 등 규모 기준과 독립성 기준에 따라 판단 기준이 복잡하다.
- 중소기업은 규모에 따라 중기업, 소기업, 소상공인으로 구분한다.
- 중기업은 중소기업 중에서 소기업을 제외한 기업을 말한다.
- 소기업, 소상공인의 구분은 오직 '상시근로자 수'로만 판단한다.
- 소기업은 3년 평균 매출이 업종에 따라 일정 금액(120억 원, 80억 원, 50억 원, 30억 원, 10억 원) 이하인 곳이 소기업으로 분류된다. 예를 들어 가구·식품 제조업 등은 매출 120억 원 이하일 때, 고무 제품 및 플라스틱 제품 제조업 등은 80억 원 이하일 때 소기업이다.
- 소상공인은 제조업의 경우 상시근로자 10명 미만의 기업을 말한다.

[표 1-2] 대기업과 중소기업 비교

	사업체 수 (개, %)	종사자 수 (명, %)	생산액 (억 원, %)	부가가치 (억 원, %)
대기업 중견기업	708(0.6)	738,258(22.6)	8,001,532(51.7)	2,480,735(48.8)
중소기업 (>5인)	123,661(99.4)	2,529,673(77.4)	7,482,101(48.3)	2,600,115(51.2)
계	124,369(100)	3,267,931(100)	15,483,633(100)	5,080,850(100)

　5인 이상의 제조업체를 비교할 때, 중소기업 제조업체 수는 99.4%를 차지하지만, 생산액과 부가가치는 50% 정도로 대기업과 중견기업에 비해 많이 열악한 상황이다.[표 1-2] 참조 게다가 최근에는 글로벌 경기 침체로 대기업이나 중견기업마저 경영 상황이 어려워지면서 우리 제조업의 미래는 그리 녹록치 않은 현실이다.

딜로이트가 2016년 5월 발간한 '글로벌 제조 경쟁력 보고서'에 따르면,[5] 우리나라는 현재 세계 제조업 5위의 강국이다. 그러나 2020년에는 인도에 밀려 6위로 내려갈 것으로 예상되고 있다.[표 1-3 참조]

[표 1-3] 글로벌 제조 경쟁력 순위와 2020년 예상 순위 출처: 딜로이트

순위	2010	2013	2016	2020
1	중국	중국	중국	미국
2	인도	독일	미국	중국
3	한국	미국	독일	독일
4	미국	인도	일본	일본
5	브라질	한국	한국	인도
6	일본	대만	영국	한국
7	멕시코	캐나다	대만	멕시코
8	독일	브라질	멕시코	영국
9	싱가폴	싱가폴	캐나다	대만
10	폴란드	일본	싱가폴	캐나다

그동안 국내 제조업은 손재주와 저비용에 의지해 왔다. 1960년~1970년대에 해외에서 들여온 기계와 설비를 활용해 고효율성과 최적의 운영 기술로 저비용, 고품질의 제품을 생산하여 세계 5대 제조 강국을 이루었다. 하지만 이제는 기계와 설비가 노후되고, 임금이 상승해 경쟁력을 잃어 가고 있는 실정이다. 게다가 이제까지 재벌이나 대기업 중심의 산업 구조 아래에서 글로벌 경쟁보다는 대기업 협력 업체로 호황을 누려온 중소기업들은 새로운 기술 개발이나 투자에 뒤쳐져 경쟁력을 갖추지 못한 것이

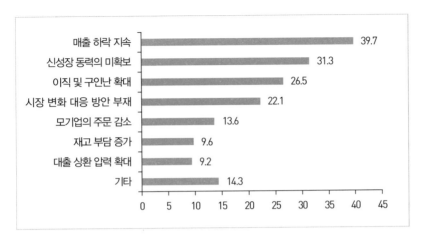

매출 하락 지속	39.7
신성장 동력의 미확보	31.3
이직 및 구인난 확대	26.5
시장 변화 대응 방안 부재	22.1
모기업의 주문 감소	13.6
재고 부담 증가	9.6
대출 상환 압력 확대	9.2
기타	14.3

[그림 1-3] 최근 기업들의 경영상 큰 고민 출처: 중소기업중앙회

현실이다. 더욱이 글로벌 경기 침체로 대기업이 어려워지자 협력 업체인 중소기업들은 경영조차 힘들 만큼 어려움을 겪고 있는 상황이다.

최근 중소기업중앙회의 조사 자료에 따르면, 내수 침체가 장기화함에 따라 중소기업의 경영 상황이 지속적으로 악화되고 있는 것으로 나타났다.[6] 중소기업들은 '지속적인 매출 하락39.7%', '신성장 동력의 미확보31.3%', '이직 및 구인난 확대26.5%', '시장 변화 대응 방안 부재22.1%' 등으로 힘든 시기를 보내고 있었다.[그림 1-3 참조] 더구나 81.7%의 중소기업이 경영 위기가 향후 2년 이상 지속될 것으로 예상하고 있어 미래조차 암울한 상태였다.

수출도 상반기에 비해 '악화되었다40.2%'가 '개선되었다25.5%'를 넘어 국내뿐 아니라 해외에서도 어려움을 겪는 것으로 나타났다. 한편 다행인 것은 이러한 위기 상황에서도 장기적인 성장을 위해 '신규 고객 확보 등 시장 개척67.7%', '제품 및 서비스 고도화40.5%', '원가 및 비용 절감37.2%' 등을 추구하고 있는 것으로 나타났다는 것이다.

우리나라 제조업을 떠받쳐온 30여만 개의 풀뿌리 중소 제조업체들이 이처럼 지속되는 경기 침체를 견디지 못하고 무너지고 있다. 이들은 대부분이 기계 부품, 금속 가공, 봉제, 인쇄 등 분야의 직원 수 10인 이하 영세 기업으로 여기서 일하는 인원은 국내 제조업 총 고용 인원의 약 1/4인 백만 명에 달한다. 그리고 최근 1년 사이 수도권의 반월, 시화, 남동공단에서도 3만여 명의 제조업체 인력이 일자리를 떠났다.[7]

중소기업은 그동안 글로벌 경쟁력을 갖추지 못한 채 반제품이나 부품을 만들어 대기업에 납품을 해왔다. 그 결과, 대기업의 마른 수건 짜기식 경영으로 악순환이 거듭되었다. 대기업과 중소기업의 상생이나 동반 성장은 공허한 이야기일 뿐이었다. 4차 산업혁명의 쓰나미가 몰려오고 있는 이 시점에 다행히도 대기업은 투자 여력과 글로벌 경쟁력을 어느 정도 갖추고 있어 대비가 가능하겠지만, 문제는 중소기업이다. 중소기업은 생존 자체를 위협받고 있다. 이럴 때일수록 중소기업은 글로벌 경쟁력을 갖출 수 있는 기술 투자에 더욱 적극적이어야 하겠고, 정부 또한 적극적으로 중소기업을 지원하는 정책과 체계를 갖추어야 할 것이다.

지난 40여 년간 국내 경제를 이끌어 온 제조업 중에서 조선, 해운, 철강, 석유화학, 건설 업종이 2016년 4월 구조 조정 대상으로 지정되었다. 수주 절벽, 고용 절벽, 인구 절벽으로 인해 소비 절벽을 겪고 있는 이러한 기간 산업들도 쓰나미처럼 밀려오는 4차 산업혁명에 어떻게 대응하고, 살아남을 것인가를 고민하고 대안을 찾아야 할 것이다.

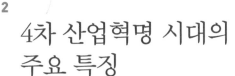

2

4차 산업혁명 시대의
주요 특징

4차 산업혁명은 진행되고 있는 혁명이다. 지난 1, 2, 3차 산업혁명은 기술 혁신이나 제조 방식, 삶의 변화를 겪고 나서 정리한 것이다. 1차 산업혁명은 1775년 제임스 와트의 증기기관 발명으로 수공업이 기계공업으로 바뀌면서 생산성이 급격히 높아져 일어났다. 이로 인해 수많은 제품들이 쏟아져 나와 인류의 삶은 보다 윤택해졌다. 2차 산업혁명은 전기에 의한 혁명으로 1821년 마이클 패러데이가 전기 모터를 발명하고, 1879년 토마스 에디슨이 전구를 발명한 후 대량 생산이 가능한 조립 라인이 본격적으로 가동되면서 일어났다. 2차 산업혁명을 대표하는 것으로는 1913년 12월 세계 최초로 만들어진 포드 자동차의 T 모델 자동차 조립 라인이다. 전기로 동작하는 많은 설비와 장치에 의해 2차 산업혁명이라는 대량 생산 시대가 열렸다.

3차 산업혁명은 디지털 혁명이었다. 1946년 '애니악ENIAC: Electronic Numerical Integrator And Calculator'이라는 컴퓨터의 발명 이후, 컴퓨터는 기하급수적으로 발전하였다. 그리고 1991년에 발명한 인터넷과 결합하면서 컴퓨터는 지구촌 사람들을 하나로 연결시켰다. 그 결과, 사람들은 저마다 손안의 컴퓨터인 스마트폰을 가지고 다니며 소통하게 되었다. 3차 산업혁명으로 인해 인류의 생활·소비 형태 또한 지난 20여 년 동안 엄청난 변화를 겪었다. 언제, 어디서나 온라인으로 소통하고, 제품이나 서비스를 구매함으로써 우리 삶은 빨라지고 편리해졌다. 어디 그뿐인가. 데이터가 넘쳐나고, 데이터 분석 기술이 발전함에 따라 개인의 생활·소비 형태를 파악해 적절한 제품이나 서비스를 추천하는 일까지 가능해졌다.

3차 산업혁명을 거쳐 이제 우리에게는 4차 산업혁명의 시대가 도래했다. 최근 알파고가 이세돌과의 바둑 대결에서 4:1로 승리하여 우리를 깜짝 놀라게 한 것이 대표적인 예라 할 수 있다. 4차 산업혁명은 다양한 정보 통신 기술과 데이터 기술이 융합되면서 제조업의 혁신을 불러와 세상을 크게 변화시키고 있다. GE의 제프리 이멜트 회장은 이러한 통찰을 통해 4차 산업혁명의 시대를 "지난 15년이 소비재 혁신의 시대였다면, 향후 20여 년은 제조업 혁신의 시대"라고 말했다.

그렇다면 앞으로 도래할 4차 산업혁명 시대는 어떤 모습, 어떤 특징을 가지게 될까? 다음과 같이 세 가지 특징으로 요약해 말할 수 있을 것이다.

모든 것이 서로 연결되는 초연결 시대

스마트폰의 알람 소리에 잠을 깨자마자 당신은 날씨를 확인한다. 스마트폰으로 카카오톡 메세지를 확인하고 뉴스를 보면서 아침 식사를 한다. 아침 식사를 마치자마자 버스나 지하철 시간을 확인하고는 버스 정류장이나 전철역으로 향한다. 아파트를 나서는 순간부터 머리 위에서 작동하는 CCTV가 나를 알아본다. 사무실에 도착하기까지 CCTV는 내가 어디로 가고 있는지, 무엇을 하는지 다 안다.

우리나라에는 이처럼 800만 대의 CCTV가 범죄를 예방하거나 범인 검거에 활용되고 있다. 하지만 한편으로는 당신의 일상이 자신도 모르게 다른 사람들에게 알려지고 있다. 스마트폰이나 노트북을 통해 하루 종일 어디서 어떤 정보를 보고 있는지, 어느 식당을 가는지, 누구와 통화하는지, 어떤 쇼핑몰에서 무슨 제품을 샀는지 등 당신의 일상생활이 속속들이 기록된다. 인터넷에 당신의 일상 정보가 차곡차곡 쌓여 디지털 세계의 '당신'을 만들어 가고 있는 것이다. 당신은 이른바 자신의 디지털 복제품인 '아바타Avatar'와 항상 연결되어 있다.

우리는 기계에 센서를 달면 물리적 수치를 전기적 신호, 디지털 신호로 바꿀 수 있다. 그리고 센서를 통신 네트워크에 연결하면 기계는 외부와 소통할 수가 있다. 디지털 음성으로 서로 이야기를 주고받는 것이다. 이렇게 연결되면 기계끼리는 물론 사람과 기계, 제조 공정이 공장이나 다른 작업자와도 소통이 가능하다. 국내 공장과 해외 공장, 본사와 현지 공장은 물론 공급망 파트너, 서비스 업체들과도 연결되어 소통할 수 있다. 또한 제품도 설비나 기계와 연결되고 소통할 수 있다.

4차 산업혁명 시대에는 이처럼 사람과 기계, 기계와 기계, 사람과 제품, 제품과 제품, 사람과 자연, 자연과 자연 등 모든 것이 연결될 것이다. 제조 공정과 사람, 공장과 공장, 기업과 기업은 물론 온 세상이 연결될 것이다. 이것이 바로 초연결이다. 시스코Cisco는 세상에 1.5조 개의 연결 가능한 것들이 있는데, 그중에서 현재는 약 100억 개만 연결되어 있을 뿐 아직도 99.3%는 연결되어 있지 않다고 예측했다.[8] 머지않아 세상은 모든 사물의 디지털 복제품들이 존재하고 실제 사물과 디지털 복제품은 물론 사람과 아바타 모두가 현실 세계와 가상 공간에서 복잡하게 서로 연결되는 초연결 시대가 될 것이다.

데이터가 자산이 되는
데이터 자본주의 시대

모든 사물과 디지털 복제품들이 연결되는 초연결 시대에는 이것들이 서로 소통하면서 엄청난 양의 데이터가 생성된다. 4차 산업혁명 시대에는 이렇게 생성된 데이터를 수집하고, 인공 지능 등 다양한 기술로 분석하게 될 것이다. 이렇게 모든 것이 연결되면 메트칼프의 법칙Metcalfe's law으로 알려진 네트워크 효과가 세상을 지배하게 될 것이다. 메트칼프의 법칙이란 네트워크에 연결된 사용자 수가 많으면 많을수록 네트워크의 가치가 기하급수적으로 증가한다는 법칙이다.

한번 연결되어 소통하기 시작하면 다른 곳으로 떠나기가 쉽지 않아 사용자의 락인lock-in 효과가 매우 커진다. 그리고 네트워크에 사용자뿐만 아니라 사물까지 연결된다면 그 가치는 엄청나게 커질 것이다. 여기서 네트워크의 가치란 네트워크에서 소통하는 어마어마한 데이터를 분석해서 찾아내는 것이라고 할 수 있다. 데이터를 수집·저장·분석하고 통찰하여 가치를 찾아내어 활용하거나 새로운 사업 기회를 만드는 것이 중요한 것이다. 이렇게 되면 데이터가 곧 자산이 되고 자본이 된다. 이를 가리켜 우리는 데이터 자본주의 시대라고 한다.

그러므로 초연결 시대에는 엄청나게 생성되는 데이터를 수집·저장·분석하여 다른 기업이나 개인보다 먼저 새로운 사업 기회나 비즈니스 모델을 만들어 내는 것이야말로 필요한 능력이라고 할 수 있다. 최근 우리 주변에도 이를 활용한 기업들이 속속들이 나타나고 있다. 전 세계의 빈 방과 방을 빌리기를 원하는 사람들을 연결해주는 에어비앤비Airbnb나 자동차를 이용하려는 사람과 자동차를 활용하려는 사람을 연결해주는 우버Uber와 같이 데이터를 활용하여 사람들의 필요성을 찾아내서 사람들과 자산방이나 자동차을 연결해주는 새로운 비즈니스 모델로 큰 성과를 가져오는 기업이나 서비스가 하루가 다르게 늘어나고 있다.

또한 유통업체들도 데이터를 활용해 새로운 가치를 창출하고 있다. 유통업계의 글로벌 강자인 아마존과 알리바바는 제품 공급자들과 소비자들이 상거래를 하는 유통 플랫폼으로 사업을 하고 있다. 그런데 최근 들어 아마존은 고객의 소비 형태를 분석하여 개별적으로 새로운 제품을 추천해주는 서비스를 제공하기 시작했다. 어머어마한 고객들의 데이터를 분석하여 각각의 고객에게 맞는 가치를 제공한 것이다. 아마존은 이와 같이 고객이 관심을 가질 만한 새로운 책이나 제품을 적극적으로 추천하는 것으로 고객의 마음을 사로잡고 있다. 고객 데이터를 활용하여 전 세계 최대 온라인 서점에서 온라인 만물상으로 변모하고 있는 것이다. 2016년 11월 11일 알리바바도 데이터를 활용해 광군제 할인 판매 행사에서 하루에 1,207억 위안약 20조 6,723억 원의 매출을 기록했다고 한다.[9]

GE는 GEnx 항공기 엔진에 5,000여 개의 센서를 달아 운항 중에 실시간으로 엔진 상태를 파악한다. 평균적으로 항공기 1대가 한 번 운항할 때마다 1TB의 데이터를 생성한다고 한다. 이를 실시간으로 분석하여 엔진 상태를 점검하고 문제가 일어나기 전에 사전 정비를 하여 엔진 상태를 최적으로 유지하고, 항공기가 안전하게 운항하도록 관리한다. GE는 설비 운영 기술OT에 정보 기술IT과 데이터 기술DT를 융합하여 엔진을 효율적으로 실시간 관리하여 항공사에 안전성과 효율성을 제공하고 있다.

GE는 나아가 200~300억 원씩 하는 항공기 엔진을 팔고 난 후, 유상으로 유지 보수를 하던 데서 엔진을 무상으로 제공하고 항공기 운항 시간에 따라 비용을 지불하는 새로운 비즈니스 모델을 개발하여 항공사로부터 큰 호응을 얻고 있다. 항공사들은 고가의 엔진을 구매하기 위해 대규모의 선투자를 하는 대신, GE의 안전하고 효율적인 유지 보수와 항공 운항 시간당 비용을 지불하는 방식에 환호하고 있다. 서로 윈윈win-win이 되는 비즈니스 관계를 구축한 것이다. 엔진 상태를 실시간으로 알려주는 빅 데이터 덕분에 GE는 보다 안전하고 경제적인 엔진을 제작하고, 새로운 비즈니스 형태를 개발·발전시킨 것이다.

부품이나 제품은 기술이 발전하면 할수록 가격이 낮아지지만, 데이터는 쌓이면 쌓일수록 가치를 창출하는 데 탁월한 효과를 나타낸다. 이제 데이터는 쌓일수록 돈이 되는 시대가 되고 있다. 알파고가 입증한 인공 지능의 힘이 대표적이다. 인공 지능은 데이터로 학습함으로써 지능이 발달해 간다. 알파고는 이세돌과의 대국을 준비하면서 딥 러닝 기법을 활용하여 기보 100만를 단 4주만에 학습하였다고 한다.

그러나 데이터가 없거나 정확하지 않으면 인공 지능은 바보 천치가 될 수밖에 없다. 인공 지능도 컴퓨터이고, 컴퓨터는 기본적으로 GIGO_{Garbage In, Garbage Out. 쓸모없는 것이 입력되면 쓸모없는 것이 출력된다는 컴퓨터의 특징을 설명하는 단어}이기 때문이다. 대표적인 예로 2016년 3월 마이크로소프트는 연구·개발 목적의 인공 지능 채팅 서비스인 테이Tay를 출시한 후 16시간만에 서비스를 중단하고 공개 사과를 해야 했다. 사람과 대화하며 말을 배우는 테이가 악의적인 사용자에게서 인종 차별, 성차별, 폭력적 표현 등을 배우고 난 후 부적절한 말을 했기 때문이다.[10] 미국 매사추세츠공과대학교MIT가 발간하는 「테크놀로지 리뷰」는 2016년 최악의 기술 중 하나로 테이를 선정하기도 했다.[11] 인공 지능에서 데이터가 얼마나 중요한지 보여주는 좋은 사례라 하겠다.

4차 산업혁명 시대는 데이터가 곧 돈이 되는 데이터 자본주의 시대이다. 하지만 신뢰성 있는 데이터만 돈이 된다. 신뢰성 있는 데이터를 생성하는 기업과 국가가 가치를 찾아내고, 세상을 지배하는 시대가 된다.

고객의 개별적 요구를 충족하는 개인 맞춤형 가치 시대

4차 산업혁명 시대에는 초연결로 사물에서 뿜어져 나오는 엄청난 양의 데이터를 분석하고 활용하여 개인의 취향이나 요구에 꼭 맞는 맞춤형 제품이나 서비스, 경험, 가치를 추천하거나 제공해야 살아남을 수 있다. 1909년 헨리 포드는 T 자동차를 대량 생산하기 위한 조립 라인을 구축하기 직전, "누구든지 자동차를 소유할 수가 있습니다. 색상이 검정색이라면 말이죠"라는 유명한 말로 획일적인 대량 생산의 면모를 자랑했다. 조립 라인 방식으로 시작된 대량 생산 방식은 이제 자동차, 일상용품, 휴대폰, 컴퓨터 등 거의 모든 제품을 생산하는 데 활용되어 우리 삶을 더욱 풍요롭고 편리하게 해주고 있다.

대량 생산 방식은 일반적으로 '디자인-생산-판매'라는 과정을 거친다. 미리 고객과 시장을 예측하여 제품을 기획하고 디자인한 후 생산해서 판매하는 과정을 거치는 것이다. 대량 생산을 위해 크고 복잡한 설비를 갖춘 공장을 세우기 위해서는 초기에 대규모 투자가 이루어져야 한다. 또한 싼 가격으로 시장에 내놓을 제품을 생산하기 위해서는 한 생산 라인에서 소품종 제품을 최대한 생산해야 한다. 그러고 나면 복잡한 유통 과정을 거쳐 소비자들에게 판매를 하게 된다. 이 과정에서 판매를 위한 혹은 판매가 안된 제품들의 재고는 제조업체에 많은 부담을 준다. 경영학에서는 이를 'Push 비즈니스 모델'이라고 한다.

그러나 기술이 발전함에 따라 이러한 대량 생산 방식은 2000년 초에 대량 주문생산 방식으로 바뀌었다. 앞으로는 '디자인-생산-판매'의 소품종 대량 생산 방식에서 '디자인-판매-생산'의 개인 맞춤형 다품종 소량 생산 방식으로 변할 것이다. 경영학에서는 이를 'Pull 비즈니스 모델'이라고 한다.

최근 포드 자동차의 조립 라인 이후 100여 년 만에 자동차 생산 방식을 송두리째 바꾼 회사가 있다. 미국의 로컬모터스가 그 주인공이다. 이 회사는 개인 맞춤형 자동차를 주문 생산하는 작은 규모의 전기 자동차 기업으로, 고객이 원하는 디자인을 3D 프린팅 기술로 40여 시간 만에 프린트해 고객만의 전기 자동차를 제작해준다. 이와 같이 개인 맞춤형 생산 방식을 통해 나만의 독특한 제품이나 나만의 서비스를 받고 싶어하는 고객에게 멋진 경험을 선사하여 가치를 제공하는 시대가 조만간 도래할 것이다.

제품 중심에서 제품을 보완하는 서비스와 솔루션을 제공하는 쪽으로 역량을 개발해야 한다는 '서비타이제이션Servitization'은 그동안 제조업이 사업 역량을 확산할 수 있는 좋은 목표로 주목을 받아왔다. 여기에 하나 더 고려해야 할 주요 사항이 있다. 고객이 제품과 서비스를 통해 직접 경험하도록 하는 것이 그것이다. 특별한 경험은 특별한 가치를 제공한다. 따라서 사랑을 고백하거나 청혼하기 위해 어떻게 하면 연인에게 생애 최고의 경험을 전할 수 있을까를 고민하는 정도로 연구, 혁신, 실행이 제조업에도 필요하다. 4차 산업혁명 시대에는 제품과 서비스는 물론 거기에 경험을

더해 고객들에게 가치를 각인시키고 평생 고객이 되도록 만들어야 시장
에서 지속적인 성장이 가능하기 때문이다.

주요 국가의
4차 산업혁명 전략

4차 산업혁명이 쓰나미처럼 몰려오고 있다. 4차 산업혁명은 변하지 않거나 제대로 대응하지 않으면 살아남기 어려운 큰 변화이자 피할 수 없는 미래이자 현실이다. 4차 산업혁명 시대에 기업들은 다품종 소량 제품을 대량 생산하여 개인 맞춤형 제품이나 서비스, 나만의 경험을 요구하는 고객에게 어떤 가치를 어떻게 제공할 것인가를 목표로 열심히 달리고 있다.

그러나 4차 산업혁명은 기업 혼자서 감당하기에는 너무나 큰 변화이다. 또한 4차 산업혁명 시대는 혼자 열심히 한다고 해서 경쟁에서 이기는 시대도 아니다. 글로벌 기업들이 합종연횡이나 적과의 동침을 마다하지 않는 이유도 바로 이 때문이다. 살아남기 위해서라면 적이라도 손을 잡아야 한다는 절박함이 있는 것이다.

4차 산업혁명은 전 세계를 대상으로 열린 협업의 시대를 만들어 놓았다. 연결하려면 열어야 하고, 내 손을 벌려 남의 손을 잡아야 한다. 그리고 내가 먼저 열어야 상대방을 받아들일 수 있다. 또한 인종, 종교, 성별, 나이

46

의 차이를 극복하고, 상대방의 문화, 전통, 습관, 비즈니스를 이해하고 받아들여야 한다. 기업뿐 아니라 정부도 열린 협업을 받아들여야 한다. 경주는 이미 시작되었다. 세계 각국은 자국의 제조업체들이 글로벌 시장에서 경쟁력을 발휘하도록 적극 발벗고 나서고 있다. 또한 독일과 미국, 미국과 인도, 인도와 독일, 독일과 중국, 일본과 미국 등은 정부 차원에서도 협력 관계를 강화하고 있다.

그렇다면 우리나라와 경쟁 관계에 있는 나라들이 4차 산업혁명을 정책적으로 어떻게 펼쳐가고 있는지 알아보자.

제조업 혁신을 위한
독일의 인더스트리 4.0

제조업 혁신을 위해 인더스트리 4.0을 시작한 독일은 정부 주도로 산관학 협력 체제를 잘 갖추어 기업, 노조, 정부가 공동 보조를 맞추고 있다. BITKOM독일정보통신협회, VDMA독일기계산업협회와 ZVEI독일 전기전자산업협회가 중심이 되어 결성한 플랫폼 인더스트리 4.0Platform Industry 4.0 사무국이 현장 중심의 인더스트리 4.0 관련 프로젝트를 진행하고 있다. 이 단체에는 현재 100여 개 기업에서 250여 명의 인력이 참여하고 있다. 2015년 4월에는 독일 인더스트리 4.0의 참조 모형인 RAMI 4.0Reference Architecture Model for Industry 4.0을 공개하여 여러 산업 분야에서 서로 다른 용어를 사용함으로써 겪었던 어려운 의사 소통을 원활히 하고자 노력하고 있다.

독일의 플랫폼 인더스트리 4.0 사무국은 2016년 2월 미국의 산업인터넷 컨소시엄Industrial Internet Consortium과 상호 호환성을 위한 표준화 작업, 테스트 베드 협력을 추진하기로 합의하였다. 그리고 4월에는 일본의 로봇혁명

실현연합회Robot Revolution Initiative와 사이버 보안, 국제 표준화, 중소기업 지원 등을 협력하기로 합의하는 등[12] 국제적 협력 관계를 넓히고 있다.

메르켈 총리는 정부를 대표하여 4차 산업혁명을 전 세계에 알리는 데 온 힘을 쏟고 있다. 2015년 10월에는 인도를 방문하여 모디 총리와 양국의 협력 방안을 논의하며 인도의 소프트웨어 역량을 활용할 전략을 구사하더니, 이어서 경쟁 관계이자 긴밀한 파트너인 미국의 오바마 대통령을 2016년 4월 하노버 박람회에 초청하여 양국의 협력 방안을 모색하였다. 이처럼 현장 중심의 제조 기술 강국인 독일은 정부가 발벗고 나서서 소프트웨어와 시스템 통합에 강점을 가진 미국과 손을 잡고, 전 세계 소프트웨어 강국인 인도와 적극적으로 협력 관계를 구축하고 있다. 하드웨어, 소프트웨어, 데이터 기술이 융합되어 모든 산업에 적용될 때 제조업의 경쟁력이 향상되기 때문이다.

제조업 혁신을 정부 차원에서 시작해 산관학으로 확산한 후 노사까지 참여하는 독일은 전통적으로 강한 현장 관리 기술을 바탕으로 디지털 공장 솔루션과 자체 스마트 공장 구축 및 운영 경험에 글로벌 경쟁력을 가지고 있다. 특히 지멘스Siemens의 암베르크 공장과 청두 공장은 세계적인 스마트 공장의 모범 사례로 많은 정부 관료와 기업인들이 방문하여 배우고 있는 제조 현장이다. 지멘스는 청두 공장을 통하여 스마트 공장의 실제 모델을 중국에 심고 확산시킬 뿐만 아니라 우리나라에서도 현대위아와 손잡고 페스토, 쿠카로보틱스와 컨소시엄을 구성하여 2018년까지 안산에 데모 스마트 공장을 세워 미래형 공장 모델을 만들 계획이다.[13]

또한 독일은 기업들이 자체 스마트 공장 구축은 물론 다른 기업들과 손잡고 스마트 공장 생태계를 구축하여 중소기업 인력을 교육하고, 중소기업이 지속적으로 글로벌 경쟁력을 갖추도록 온 힘을 기울이고 있다. 대표적으로 지멘스, 보쉬Bosch, 백호프Beckhoff, 페스토Festo 등의 기업이 스마트 공장 생태계를 구축해 운영하고 있다. 아울러 기업들과 학계가 협력하여 스마트 공장과 관련된 기술과 솔루션, 교육 프로그램들을 만들어 인력들이 현장 중심의 교육을 받아 4차 산업혁명에 대응할 수 있는 역량을 확보할 수 있도록 노력하고 있다. 프라운호퍼 연구소는 전 세계 인력들을 체계적으로 교육·육성하는 인더스트리 4.0 연수 프로그램을 운영하고 있고, 대학들도 인더스트리 4.0 관련 교육 과정을 수립해 전 세계 학생들을 모집하는 데 열정을 쏟고 있다.

제조업 활성화 정책과
민간 주도 협의체 중심의 미국

2009년 취임하자마자 '미국 경제 재건Remaking America' 정책을 채택한 오바마 대통령은 2011년 2월 '국가 혁신 전략A Strategy for American Innovation'을 통해 지속 가능한 성장과 양질의 일자리 창출 방안을 제시했다. 이어서 2012년에는 제조업 활성화 정책을 공표하고, 제조 혁신 인프라NNMI: National Network for Manufacturing Innovation, Manufacturing USA로 불리기도 한다를 구축하기 시작했다. 이후 미국은 2014년 '신행정 행동 계획'으로 제조 혁신 활동을 가속화하더니, 2016년에는 6억 800만 달러의 예산을 책정하여 첨단 제조업을 육성하기 위해 온 힘을 쏟고 있다. 그리고 해외에 있는 자국 기업의 생산 기지를 본국으로 회귀시키는 '리쇼어링Reshoring' 정책을 통해 세제 혜택과 이전 비용을 지원하는 등 국내 제조업 부흥에도 총력을 기울이고 있다.

또한 제조 혁신 인프라 부분에서는 통합적인 제조 혁신을 가속화하기 위해 13개의 전문 기술 혁신 연구소나 기구들을 설립하여 운영하고 있다.[14] 이들 13개 전문 기술 혁신 기구들을 살펴보면 생체 조직, 섬유 소재, 센서, 전자 기술, 광학과 광전자, 경량화, 디지털, 디자인, 자동화, 바이오 기술, 화학 처리, 지속 가능 제조, 모델링과 모의 실험 기술 등 제조 혁신을 위한 원천 기술뿐만 아니라 다양한 제조 기술 분야에 장기적인 노력을 기울이고 있음을 알 수 있다. 미국은 원천 기술에 대한 엄청난 투자와 산관학의 긴밀한 협력 관계를 통해 2020년에는 세계 1위의 제조 강국이 되리라 기대하고 있다.

미국의 글로벌 대기업들도 나름대로 협력체를 조직하고 상호 협력을 통하여 글로벌 경쟁에서 확실한 지배력을 확보하기 위해 안간힘을 쓰고 있다. 이에 대해 알아보기 위해 제조 부흥을 위한 미국의 대표적인 두 단체, 스마트제조선도기업연합회SMLC: Smart Manufacturing Leadership Coalition와 산업인터넷컨소시엄IIC: Industrial Internet Consortium을 간략히 소개한다.

스마트제조선도기업연합회는 2012년 7월 제조 기업들이 중심이 되어 스마트 제조Smart Manufacturing를 위한 오픈 스마트 제조 플랫폼 개발과 산학관 협력을 위해 결성한 협의체다. 로크웰 오토메이션, 3M, GE, 에머슨Emerson, GM, 미국 국립표준기술연구소NIST: National Institute of Standards and Technology, UCLA, Caltec 등 56개의 기업, 연구소, 대학들이 참여하고 있다.

또한 GE, AT&T, Cisco, IBM, Intel 등은 2014년 3월 산업인터넷컨소시엄을 설립해 제조업 부활을 노리고 있다. 산업인터넷컨소시엄은 민간 기업들이 중심이 되어 공동 표준화 작업을 통해 자산, 인력, 프로세스, 시스템 간의 호환성과 이를 검증하기 위해 테스트 베드를 활용함으로써 산업용 사물 인터넷을 촉진하고 성장하기 위해 결성되었다. 5개 글로벌 대기업이 컨소시엄을 시작한 지 3년이 흐른 지금, 258개의 기업과 기관이 참여하고 있다. 커넥티드 자동차, 커넥티드 케어, 스마트 항공사 수하물 관리, 정보 도시 물 관리, 스마트 에너지 관리, 자산 효율성 등 총 21개 분야에서 테스트 베드를 운영 중이다.

새로운 도약을 꿈꾸고 있는 중국제조 2025

세계의 공장으로 불리는 중국은 세계 1위의 제조 강국이다. 2014년 기준으로 전 세계 제조업의 19%를 차지하며 세계 경제에 막강한 영향력을 행사해온 중국은 이제 새로운 도약을 꿈꾸고 있다. 중국은 산업의 부흥과 신흥 경제화를 목표로 한 '일대일로신 실크로드' 전략을 바탕으로 '중국제조 2025', '인터넷 플러스Internet +', '대중창업/만인창신'을 결합하여 신공업혁명을 이루려는 계획을 추진하고 있다.[15]

'중국제조 2025'는 중국의 제조 역량을 창조력으로, 속도로 승부하던 것을 품질로, 중국 제품으로 알리기보다는 중국 브랜드로 발전시키려는 전략이다. 그리고 '인터넷 플러스'는 모든 산업에 인터넷을 통합, 융합하여 혁신한다는 전략으로, 제조·에너지·교통·금융·의료·유통 등 모든 산업에 인터넷을 도입하고 융합하여 혁신하고, 연결하고, 새로운 비즈니스 모델을 창출한다는 대변혁적인 전략이다.

이와 더불어 중국은 '대중창업/만인창신'의 기치로 누구나 쉽게 창업할 수 있는 환경을 만들고 있다. BAT바이두, 알리바바, 텐센트를 일컫는 말로 불리는 중국 인터넷 창업 기업 3인방의 영향력은 가히 세계적이다. 이들의 영향을 받은 주링허우 세대90년생 세대의 창업 열기 또한 대단하다. 세계의 기술 창업 지역으로 떠오른 북경의 중관촌이나 중국 최고의 제조 창업 중심지인

심천은 전 세계에서 몰려든 창업자들로 창업 열기가 뜨겁다. 그동안 많은 노동력과 저임금과 최신 설비의 공장으로 전 세계에 저가의 제품을 공급하던 중국이 품질과 브랜드를 개선해 제조를 넘어 창조국가로 발돋움하고 있는 것이다.

또한 중국은 제조업 중심에서 서비스업 중심으로도 힘차게 전진하고 있다. 2016년 11월 발표된 중국의 구매 관리자 지수PMI에서 서비스업[16]은 53.1로 제조업[17]의 51.7를 앞질렀다. 중국의 서비스 산업은 2016년 상반기에 GDP 대비 56%가량 상승했으며,[18] 글로벌 서비스·무역 순위에서 2위를 차지했다. 또한 2016년 1월부터 4월까지 전체 외자 유치의 70.2%를 서비스 산업이 차지해 제조업을 크게 앞질렀다.

그러나 앞서 언급한 것처럼 2020년에는 미국에 밀려 2위로 내려간다는 딜로이트 보고서의 예측에 중국은 충격을 받아 1위를 사수하기 위해 열심히 노력하고 있다. 칭화대 리우바이청 교수가 2015년 10월 '한림원 창립 20주년 국제 컨퍼런스'에서 "중국제조 2025는 중국의 단독 진행 전략이 아니다. 중국은 첨단 기술이 필요하고, 독일, 일본, 한국에서 이를 도입할 필요가 있다. 높은 수준의 제조 기술을 개발하기 위해 그들의 선진화된 기술 협력이 필요하다"[19]고 역설했듯이, 중국은 선진 기술 국가들과 협업을 통해 글로벌 제조 1위를 고수하기 위해 온 힘을 다하고 있다.

산업 재흥 플랜으로 재도약을 꿈꾸는
모노츠쿠리 정신의 일본

작고 섬세하고 품질 좋은 제품을 만들기로 유명한 전통적 제조 강국인 일본은 독일이나 미국에 비해 4차 산업혁명을 늦게 시작했다. 일본은 아베 정부가 2013년 6월 '산업 재흥 플랜'을 제시한 후, 제조업 경쟁력을 강화하기 위한 기술 개발에 집중적인 투자를 하고 있다. 이 계획안에는 '범정부 부처 전략적 혁신진흥 사업SIP: Cross-ministerial Strategic Innovation Promotion Program'을 통해 에너지 및 차세대 인프라 기술 투자를 강화하는 계획도 포함되었고, 2014년에만 510억 엔을 지원했다.

그리고 모노츠쿠리로 특징지어지고 세계적인 경쟁력을 갖춘 일본 제조업은 4차 산업혁명에 대응하기 위해 두 개의 협회인 산업가치사슬망연합회IVI: Industrial Value Chain Initiative와 로봇혁명실현연합회RRI: Robot Revolution Initiative를 창립했다. 기계학회를 중심으로 사물 인터넷을 활용해 '연결되는 공장'을 지향하는 산업가치사슬망연합회는 공장마다 서로 다른 규격으로 운영되는 설비 간에 데이터 전송이 가능하도록 통신 규격과 보안 기술을 표준화하여 공장 간의 연결을 강화하고, 부품 생산에서 최종 부품의 조립까지 유연하게 이어지는 생태계를 구축하려는 목표를 가지고 있다. '연결되는 공장'을 실현하기 위해 사람이 중심인 공장에서 번거로운 작업을 최대한 간소화하기 위해 '완만한 표준'을 개발하고 있으며, 현재 도시바, 미쓰비시, 후지쯔, 닛산자동차, 파나소닉 등 95개 기업이 참여하고 있다. 로봇 혁명을 통해 4차 산업혁명을 추진하는 로봇혁명실현연합회는 산관학 300여 개 단체와 기업들로 구성되어 있으며, 혼다, 야스카와 전기, 미쓰비시, 후지쯔, NEC, 일본기계공업연합회 등이 참여하고 있다. 산업용 로봇 기술이 세계 최고 수준인 일본은 로봇 기술과 솔루션을 더욱 혁신하기 위해 표준화 작업을 진행 중이다.

일본 제조업을 이끌던 모노츠쿠리 정신은 "혼신의 힘을 다해 최고 품질, 최고의 제품을 만든다"는 의미로 '모노'는 사람이 풍요롭게 생활하기 위한 생각이나 아이디어 등 새로운 가치를 창조하는 것을, '츠쿠리'는 '모노'

를 구체적인 형태나 유형물로 만드는 프로세스[20]를 말한다. 일본에서는 이러한 모노츠쿠리 정신을 4차 산업혁명에 대응하여 다시금 생각해야 한다는 목소리가 높아지고 있다. 'KMAC 2016 제조 혁신 컨퍼런스'에서 요시카와 료조 전 삼성전자 상무는 "이제껏 일본은 츠쿠리 부분을 잘해왔고, 디지털 기술이 발전함에 따라 츠쿠리 부분이 혁명적으로 변화되어 왔다"면서 "4차 산업혁명 시대에는 '모노'로 승부해야 한다"고 역설했다.

인도의 제조업 부흥 정책
'Make In India'

세계에서 두 번째로 많은 인구를 가진 인도는 구매력을 기준으로 GDP 3위의 경제 대국이다. 인도는 2000년대 들어 한때 BRICS Brazil, Russia, India, China and South Africa 시장에 포함되어 방대한 인구와 자원을 바탕으로 고속 성장을 하고 있는 신흥 경제국으로 주목을 받았다. 하지만 2008년 글로벌 금융위기 이후 인도 경제는 어려움에 직면하게 되었다.

2014년 6월 출범한 모디 정부는 이러한 어려움을 이겨내기 위해 전 세계 기업들을 대상으로 인도에 투자하고 인도에서 생산하도록 독려하는 'Make In India'라는 정책을 강력히 추진하고 있다. 이 정책은 인도 내에 고용을 창출할 수 있는 자동차, 항공, 화학, 재생 에너지 등과 같은 25개 산업 분야에 초점을 맞춰 추진하고 있다. 그리고 투자를 유치하고 혁신을 장려하며 인력들의 능력을 향상시키고 지적 재산권을 보호하고 세계 최고의 제조 기반을 조성하는 데 중점을 두고 있다.

인도는 이 정책으로 제조업이 GDP에서 차지하는 비중을 2014년에 17%에서 2022년까지 25%로 늘리고, 인력 고용도 1억 명을 창출할 것을 목표로 하고 있다. 그리고 2년이 지난 현재, 그 결과는 엄청나다. 2016년 8월 말 현재, 외국인의 직접 투자액이 450억 달러약 50조 원로 전년 대비 45%가량 늘어났다.[21] 실제로 각 나라의 글로벌 기업들이 인도에 대규모 투자를 하면서 GE가 2억 달러약 2,300억 원를 투자하여 해외에서는 첫 번째로 푸네에 '생각하는 공장Brilliant Factory'을 건립·운영하고 있고, 보쉬도 인도에 스마트 공장을 운영 중에 있다.

또한 GM은 마하라슈트라 주의 공장 확장에 10억 달러약 1조 2천억 원를 투자했고, 이케아는 25개 매장을 건설하는 데 약 2조 2,400억 원을 투자했으며, 삼성전자도 2016년 9월에 이재용 부회장이 모디 총리를 방문해 인도에 지속적이고 적극적인 투자와 사업 추진을 약속하면서 약 3,400억 원을 투자해 인도 현지에 스마트폰 공장을 증설하여 생산 규모를 2배로 확대하기로 했다.[22] 인도의 이러한 제조업 부흥 정책은 큰 힘을 발휘하여 딜로이트가 2016년 5월 발간한 '글로벌 제조 경쟁력 보고서'에 따르면, 인도는 2020년에 우리나라를 넘어 세계 6위의 제조 강국이 될 것으로 예상되고 있다.[23]

수학과 소프트웨어 분야의 강국인 인도는 이미 많은 국가에 소프트웨어 개발의 주요 협력 국가이기도 하다. 이러한 소프트웨어 역량이 소프트웨어 산업뿐만 아니라 제조업에서도 필수 요건이 되면서 각국은 인도와 협력 관계를 정립하기 위해 많은 노력을 기울이고 있다. 앞서 언급했듯이 2015년 10월 독일 메르켈 총리가 모디 총리를 방문하여 협력 관계를 수립하였고, 2016년 6월에는 미국에서 오바마 대통령과 모디 총리가 협력 관계를 강화하기로 약속을 했다.

IT와 소프트웨어를 융합한
우리나라의 제조업 혁신 3.0

　우리나라는 2014년 6월 창조경제 구현을 위한 '제조업 혁신 3.0' 정책을 발표하고, IT와 소프트웨어를 융합하여 제조업의 새로운 부가가치 창출 및 경쟁 우위를 확보하고 기업이 제조업 혁신을 주도할 수 있도록 정부는 환경 조성에 주력하기로 했다. 그리고 융합형 신제조업 창출, 주력 산업 핵심 역량 강화, 제조 혁신 기반 고도화를 3대 전략으로 추진하기로 했다.

　2015년 6월 산업통상자원부 산하에 민관합동으로 설립된 스마트 공장 추진단은 스마트 공장 관련 컨트롤 타워로서 다양한 역할들을 수행하고 있다. 2020년까지 20인 이상 중소기업 중 1/3인 1만 개의 공장을 스마트 공장으로 구축하는 것을 목표로 세운 스마트 공장추진단은 2016년말까지 2,800여 개의 스마트 공장 구축을 지원했다. 그리고 2016년 3월 산업통상자원부는 동양 피스톤을 제1호 대표 스마트 공장으로 선정했다.[24] 자동차 엔진용 피스톤 전문 기업인 동양 피스톤은 자동화율 80% 수준의 공장에 IoT, CPS 기술 등을 적용하여 모델 스마트 공장을 구축하였다. 대표 스마트 공장은 향후 우리나라 스마트 공장화 과정에 중견, 중소기업의 벤치마킹 대상이 된다. 업종별로 더 많은 대표 스마트 공장 발굴과 구축에 대한 논의가 진행 중이다.

　스마트 공장추진단은 2016년부터 안산시에 데모 스마트 공장을 구축하고 있다. 2016년에 1단계인 기계 공정 라인에 현대위아 컨소시엄이 기계 공정 라인 핵심 모듈기계·정밀가공 부품 제조를 위한 시생산 라인과 정밀가공 최적화 시스템을 구축했다. 2017년에는 기계·정밀가공 제조를 위한 시생산 공정 라인 완공을 목표로 다양한 장비를 보강하고, 표준 인증과 교육 기능을 강화하여 2018년부터 스마트 혁신센터로 발전시켜 운영할 예정이다. 그리고 향후에는 2단계로 전자, 3단계로 화장품, 4단계로 제약과 화학 등으로 데모 스마트 공장 영역을 확산할 계획이다. 데모 스마트 공장과 스마트 혁신센터는 여러 산업의 시생산 공정 라인을 확보하여 인증, 상호 운영성 시험, 견학과 교육 프로그램을 연계하고 실습을 겸비한 고도의 학습형 공장으로 활용할 예정이다. 정부는 이를 통하여 중소기업들이 최고 수준의 스마트 제조 기술을 집약하고, 구현한 미래형 스마트 공장 모델을 경험함으로써 인재 육성과 더불어 스마트 제조 혁신의 불을 지피도록 하기 위해 노력하고 있다.

2017년 4월 산업통상자원부는 '스마트 제조혁신 비전 2025'를 발표했다. 스마트 공장 보급 목표를 2020년까지 1만 개에서 2025년까지 3만 개로 확대하고, 2016년 말 현재 45개인 선도 모델 스마트 공장을 2025년까지 1,500개로 확장할 예정이다. 그리고 2020년까지 연구·개발에 2,154억 원을 집중 지원하여 2.5조 원의 시장을 창출하도록 스마트 공장 기반 산업을 육성할 계획이다. 또한 2025년까지 스마트 공장 운영에 필요한 창의 융합형 인재 4만 명을 양성할 정책을 펼칠 예정이다. 여기서 스마트 공장 기반 산업이란 솔루션, 컨트롤러, 센서, 로봇 등 공장 스마트화에 필요한 요소 기술, 설비, 솔루션을 생산하거나, 서비스를 제공하는 산업을 말한다.

우리나라는 현재 삼성, LG, 현대, 포스코, SK하이닉스, LS산전, CJ, 유한킴벌리 등 대기업들이 자동화 공장을 구축하여 글로벌 경쟁력을 지니고 있다. 그러나 아직까지도 자동화 공장이나 디지털 공장 구축의 필요성을 못 느끼거나 비용 부담 때문에 대다수 제조업체들이 포기하는 경우가 많은 것이 현실이다.

실제로 최근 중소기업중앙회가 300개 중소 제조업체 대표들을 대상으

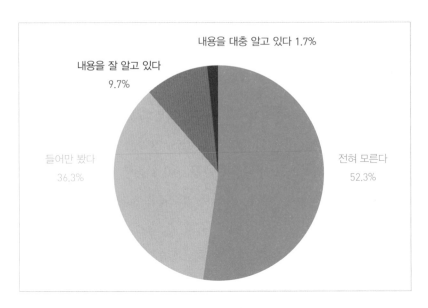

내용을 대충 알고 있다 1.7%

내용을 잘 알고 있다
9.7%

들어만 봤다
36.3%

전혀 모른다
52.3%

[그림 1-4] 중소기업 대표들의 4차 산업혁명에 대한 인식 출처: 중소기업중앙회

로 '4차 산업혁명에 대한 중소기업 인식 및 대응 조사'를 실시한 결과, 아직도 4차 산업혁명에 대한 인식이 낮고, 준비 상황이 부족한 것으로 나타났다.[25][그림 1-4 참조] 4차 산업혁명에 대해 '내용을 알고 있다'는 응답은 11.4%에 그쳤고, '전혀 모른다'와 '들어만 봤다'가 대다수를 차지해 새로운 변화에 대한 인식이 부족한 것으로 확인되었다. 그리고 4차 산업혁명이 제조업에 끼치는 영향에 대해서는 중소기업의 64.0%가 타격을 우려했는데, '부품 등 일부 업종 타격 우려'가 44.3%, '주력 제조업 큰 타격 우려'가 19.7%를 차지했다. 그럼에도 불구하고 준비나 대응은 '못 하고 있다'가 93.7%로 '철저히 준비, 대응하고 있다'는 0.3%에 비해 압도적으로 높았다.

그러나 4차 산업혁명에 대한 준비나 대응은 제대로 못 하고 있지만, 변화에 적응하지 못 할 경우 49.7%는 2020년 내에, 40%는 2025년 내에 경쟁력의 위기를 맞을 것으로 예상하여 생존 위기에 대한 인식은 올바로 하고 있는 것으로 나타나고 있다. 따라서 정부는 신기술을 접목한 스마트 공장 등을 통한 제조업 혁신이 중소기업에도 지속적으로 확산될 수 있도록 적극적인 정책적 지원을 해야 할 것이다.

2016년 11월 한국인더스트리4.0협회에서 기업의 혁신 담당자 409명을 대상으로 스마트 공장 실태를 조사한 결과, 22%의 기업만이 스마트 공장과 관련된 IT 기술을 빠르게 도입하고 있다고 답했고, 향후 5년간 효율성 향상(33%)과 시장 대응 능력(32%)이 개선될 것이라고 기대하고 있었다. 또한 스마트 공장 솔루션과 제품 디지털화를 통해 34.7%의 기업이 11~20% 가량 성장을 기대하고, 29.5%의 기업이 21~30% 정도의 성장을 예상해 높은 기대치를 나타냈다.

조사 기업들은 스마트 공장 관련 IT 기술에 매년 매출액 대비 평균 4.7% 가량 투자할 계획인 것으로 나타났다. 이는 2015년 제조업 매출액 대비 설비 투자율인 평균 6.7%의 42%에 해당한다. 그리고 향후 5년간 매년 매출액 대비 7% 이상을 투자하려는 기업이 21%나 되어 그나마 희망적이라 말할 수 있었다. 또한 65%의 기업이 스마트 공장 기술을 적용하기 위한 인력이 충분하지 않다고 답해 전문적인 인재 교육의 필요성을 인지할 수 있었다. 아울러 불확실한 ROI(Return On Investment: 투자자본 수익율)와 높은 투자, 인력의 불충분한 역량이 스마트 공장을 성공적으로 구축하는 데 가장 큰 방해 요소라고 답했다.

위의 두 설문 조사 결과를 종합적으로 살펴보면, 우리 기업들은 '4차 산업혁명의 변화에 대하여 잘 모르고 있거나, 대응이 더디거나, 대응을 해야겠으나 길이 안 보인다'로 요약할 수 있다. 또한 인력들의 역량이 충분치 않아 전문 인력 양성과 현장 경험이 있는 인력의 재교육도 4차 산업혁명에 대응하기 위한 주요한 과제로 볼 수 있다.

이제까지 주요 국가들의 4차 산업혁명의 대응 정책에 대하여 설명하였다. 이들을 [표 1-4]에 간략하게 정리하였다.

[표 1-4] 주요 국가의 4차 산업혁명 정책과 제조업 비교

	미국	독일	중국	일본	한국
국가 정책	A Strategy for American Innovation (국가 혁신 전략)	Industrie 4.0 (인더스트리 4.0)	중국제조 2025	산업 재흥 플랜	제조업혁신 3.0
대표 협회/ 사무국	Industrial Internet Consortium	Plattform Industrie 4.0	중국공업 4.0 협회	산업가치사슬망 연합회, 로봇혁명실현 연합회	민관합동 스마트 공장 추진단
GDP 대비 제조업 비중*	12%	23%	28%	19%	30%
2016년 글로벌 제조 경쟁력 순위**	2	3	1	4	5
2020년 글로벌 제조 경쟁력 순위 예상**	1	3	2	4	6
산업 구조 특성	글로벌 대기업, 벤처기업	글로벌 강소기업	정부 소유 기업	소재 부품 기업	재벌대기업
글로벌 경쟁력 분야	IT, 소프트웨어, 데이터 분석	기계 산업, 공정 관리 소프트웨어	대량 생산	부품, 소형화, 로봇	제조 생산 효율

* 2014년 기준, 영국 하원도서관 자료, 2016.08.18.
** 글로벌 제조 경쟁력 보고서, 딜로이트, 2016.05.

2장

4차 산업혁명 시대의
제조업에 영향을 미칠 요소

이 장에서는 4차 산업혁명 시대의 제조업에 큰 영향을 미칠 변화를 기술, 에너지, 환경 측면에서 설명할 것이다. 초연결을 위한 정보 통신 기술은 물론 빅 데이터를 수집·저장·분석하는 데이터 기술도 최근 빠른 속도로 발전하고 있다. 특히 이세돌과의 바둑 대결로 널리 알려진 딥 러닝 인공 지능 기술과 3D 프린팅 기술, 가상/증강 현실 기술 등은 제조업에 큰 영향을 미칠 수 있는 기술로 인식되고 있다.

그리고 전기를 생산하기 위해 사용하는 석탄, 석유 등과 같은 기존의 연료가 매연이나 온실가스 배출 문제, 비싼 전기료 등으로 제조업의 원가를 압박하는 상황에서 에너지 사용이나 환경 문제에 대한 적극적인 대책도 요구되고 있다. 석유나 석탄 기반의 전기 에너지를 태양광 등 재생 에너지로 대체하는 방안이 실용화되고 있다. 온실가스와 쓰레기 배출 제로 등 지속 가능한 환경을 요구하는 목소리가 커짐에 따라 제조업도 기계나 설비, 시설 등을 개선하거나 교체하는 등 환경 변화에 적극적으로

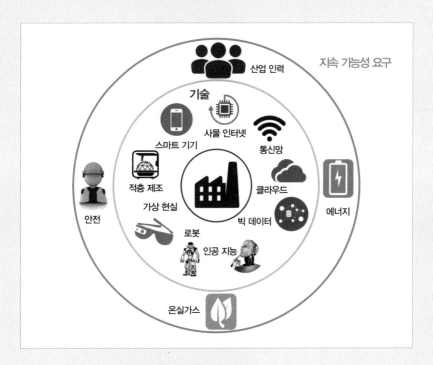

[그림 2-1] 산업혁명 시대의 제조업에 영향을 미칠 요소들

대응하지 않으면 고객으로부터 신뢰를 받을 수 없는 시대가 되었다. 따라서 에너지원을 다변화하고, 에너지 사용을 최적화하고, 온실가스 배출 감축 문제나 안전에 대한 대비도 중요하다. 그래서 이 장에서는 4차 산업혁명 시대를 맞아 주변에서 일어나고 있는 기술과 함께 제조업에서 일고 있는 지속 가능성환경, 안전과 에너지의 요구에 대하여 알아볼 것이다.[그림2-1 참조]

4차 산업혁명 시대에 제조업은 다양한 기술의 발전으로 크게 변화할 전망이다. 1장에서 설명한 대로 제조 현장은 디지털화, 연결화, 스마트화로 진화하지 않으면 경쟁력을 잃을 위기에 놓여 있다. 그렇다면 4차 산업혁명을 이끌고 있는 기술과 요구되는 환경 변화는 어떤 것이 있는지 알아보자.

1

4차 산업혁명을 이끄는
새로운 기술

▌일상의 모든 것을 연결하는
▌사물 인터넷 기술

사물 인터넷IoT이라는 개념은 갑자기 등장한 것이 아니다. 꽤 오래 전부터 다양한 이름으로 존재해왔다. USNUbiquitous Sensor Network, 사물 통신망, M2MMachine to Machine, 사물 통신 등으로 그 이름과 개념이 계속 진화해왔다. 사람들이 컴퓨터로 글을 쓰거나, 상품을 사거나, 결재를 하거나, 전화를 걸거나, 사진을 찍어 인터넷에 올리면 많은 정보나 데이터가 생성된다. 그러나 이런 정보나 데이터는 시간적인 제약이 있거나 정확하지 않은 경우도 있다.

우리는 다양한 사물이나 물건을 이용해 살아간다. 하지만 그에 대한 정보나 데이터를 수집하는 것에는 취약하다. 만약에 컴퓨터나 사물에 센서가 달려 있어서 사람이 관여하지 않고도 데이터를 생성하고, 정보를 정확히 파악할 수 있다면 어떻게 될까? 사물이나 물건을 좀 더 잘 활용할 수 있지 않을까? 이런 생각에서 비롯되어 사물들을 연결하는 사물 인터넷이라는 용어가 1999년 MIT의 케빈 애쉬턴Kevin Ashton에 의해 처음 사용되기 시작했다. 그는 우리가 일상생활에서 사용하는 사물들이 머잖아 센서를 탑재하고 인터넷으로 연결되어 정보를 주고받는 사물 인터넷이 될 것이라고 전망하였다.

ITU-T국제전기통신연합전기통신표준화부문는 사물 인터넷을 '이미 존재하는 혹은 향후 등장할 상호 운용 가능한 정보 기술과 통신 기술을 활용하여 다양한 물리 및 가상 사물 간의 상호 연결을 통해서, 진보된 서비스를 제공할 수 있게 하는 글로벌 인프라 스트럭처'라고 정의하였다. 사물 인터넷은 사람, 기기, 공간, 사물 등 모든 것이 네트워크로 연결되어 사람과 사물뿐만 아니라 사물과 사물 사이에서도 같은 언어로 언제 어디서나 상호 양방향으로 소통할 수 있는 생태계를 의미하는 것으로, 기술과 서비스를 모두 포함하고 있다. 즉 사물 인터넷은 디지털 혁명 이후에 도래하는 4차 산업혁명 시대의 초연결을 말하는 것이다.

사물 인터넷은 사물, 통신 네트워크, 서비스로 나눌 수 있다. 사물은 센서와 통신 칩을 탑재하고 있다. 사물들은 통신 네트워크를 통해 인터넷에 연결되어 있고, 연결된 사물들은 서로 소통하고 데이터를 주고받는다.

사물 인터넷을 소비자용과 산업용으로 분류하여 차이점을 살펴보자. 소비자용 사물 인터넷은 스마트폰으로 쉽게 설명할 수 있다. 사람들이 손에 들고 다니는 스마트폰에는 다양한 센서와 통신 칩이 탑재되어 있다. 예를 들어, 위치 센서는 우리의 위치를 정확히 알려주어 내비게이션으로 목적지를 쉽게 찾아갈 수 있도록 해준다. 이처럼 스마트폰은 무선 통신 네트워크에 연결하면 각종 앱을 통해 사물 인터넷 서비스를 이용하도록 해준다.

제조업 등 산업계에서 활용하는 사물 인터넷은 산업용 사물 인터넷IIoT: Industrial IoT이라고 한다. 산업용 사물 인터넷은 4차 산업혁명 시대를 이끌어 갈 대표적인 기술로 꼽힌다. 제조 설비 등에 장착된 센서들이 수많은 데이터를 생성하면, 그 데이터를 수집·저장·분석하여 새로운 사업 기회나 비즈니스 모델을 창출할 수 있다. 산업용 사물 인터넷과 빅 데이터 분석으로 대표되는 제조업의 4차 산업혁명을 미국에서는 산업 인터넷 Industrial Internet이라고 부른다. 산업 인터넷은 산업 분야에 혁신적인 성과를 위하여 산업용 사물 인터넷을 중심으로 기계, 컴퓨터, 사람, 공정이 모두 연결되고, 데이터 분석 등을 구조적으로 활용하여 산업 역량을 최적화하여 지능적으로 운영, 발전하도록 갖추어진 생태계를 말한다.[1]

최근 사물 인터넷 및 산업 인터넷의 적용은 많은 산업의 비즈니스 환경에 근본적인 변화를 가져오고 있다. IDC는 사물 인터넷의 적용과 활용으로 제조업체의 제품Product, 서비스Service, 운영Operation 등의 영역에서 혁신이 가속화될 것이라고 분석했다.[2] 제품은 이제 서로 연결되어 똑똑한 제품으로 진화하고, 원격 진단과 같은 서비스로 고객에게 최고의 경험을 제공함으로써 이전에 느끼지 못했던 새로운 가치를 직접 느끼도록 진화할 것이다. 그리고 이를 위해 제조 공장뿐만 아니라 공급망, 서비스 업체들, 다른 파트너 업체들도 서로 연결되는 생태계가 조성될 것이다.

또한 제조 공정에서 부품이나 재료가 똑똑해져서 어떻게 조립되거나 활용되어야 하는지를 설비에게 알려줄 수도 있을 것이다. 제품이 똑똑해져서 어떻게 조립되거나 취급, 포장되어야 하는지 작업자에게 지시할 수도 있을 것이다. 이렇듯 제조업이 서비스 영역까지 확장되면 사업의 중심은 제품에서 서비스와 경험을 통해 고객에게 가치를 제공하는 것으로 옮겨 갈 것이다.

사물 인터넷은 4M1E~~Man, Machine, Materials, Method and Energy~~로 요약되는 제조업의 중요 요소에도 큰 영향을 주고 있다. 즉, 고객에게 전달하는 가치와 생산성의 증가, 원가 경쟁력의 강화, 에너지 사용의 최적화뿐만 아니라 지구 온난화로 인한 환경, 온실가스 감축, 안전 등도 제조업에 큰 영향을 미치고 있다.[3] 그리고 이제는 4M1E에 환경~~Environment~~을 더해 4M2E 또는 4M1S~~Sustainability=Energy와 Environment~~로 변경해야 할 만큼 지속 가능성에 대한 대응이 필수적 요소로 대두되고 있는 상황이다.

사물 인터넷은 기능적 측면에서 SPNDSe~~Service, Platform, Network, Device, Security~~ 구조로 표현할 수 있다. 사물은 데이터를 생성하거나 소비하고, 네트워크로 연결되며, 플랫폼은 데이터를 수집·저장·분석을 통한 가치 창출 기능을 담당한다. 이를 위해서는 설비, 기계, 작업자, 공정 등 모든 것들과 이것들의 디지털 복제품이 현실 세계와 가상 세계에서 연결되어야 한다. 모든 것이 연결된 환경에서는 정보의 유출, 변경, 해킹 등의 위험성으로부터 정보를 보호하는 보안이 중요하다.

이때 연결되어 소통하며 생성·수집·저장한 데이터를 분석하고 가치를 찾아내어 서비스까지 제공할 수 있는 기반이 필요한데, 이것을 '사물 인터넷 플랫폼'이라고 한다. 사물 인터넷 플랫폼에는 PTC의 씽웍스~~ThingWorx~~ 플랫폼, 구글의 안드로이드 싱스~~Android Things~~, 아마존의 AWS IoT 플랫폼, 마이크로소프트의 애저~~Azure~~ 플랫폼, MDS 테크놀로지의 싱스핀~~ThingSPIN~~ 플랫폼 등 다양한 것들이 존재한다.

사물 인터넷 플랫폼은 대개 클라우드 형태로 제공되며, 사물 인터넷 생태계를 활성화하기 위해 수평적으로 통합되고 있다. 사물 인터넷 플랫폼은 장치 관리, 통신망 연결, 데이터 관리 및 분석 서비스를 포함한다. 또한 다양한 센서나 장치들을 수용하고, 사물의 가상화를 위한 디지털 복제품

앱과 통신 네트워크로 쉽게 연결되며, 용이한 데이터 수집과 분석, 다양한 서비스들을 개발, 제공할 수 있는 기능 등을 제공한다.

사물 인터넷에 연결되는 기기와 사물은 주로 데이터를 생성하는 센서와 통신 네트워크에 연결하는 통신 모듈로 구성되어 있다. 스마트폰, 갤럭시 기어나 애플 워치, 핏빗Fitbit 같은 웨어러블 기기, 온도나 습도 조절기, 진동 감지 장치, 설비 마모 감지 장치, 품질 검사 장치, RFID 태그가 부착된 사물, 자율 주행차에 부착된 방향 감지 장치 등이 대표적인 사물 인터넷 기기로 그 범위가 매우 넓고 스마트 홈, 스마트 공장, 스마트 빌딩, 스마트 시티, 헬스 케어, 유통, 마케팅 등 적용 분야도 매우 광범위하다.

사물 인터넷 기기는 하드웨어와 소프트웨어로 주로 이루어진다. 하지만 하드웨어가 점점 소형화되고 있어 소프트웨어도 작아지고 가벼워지고 있는 추세다. 심지어 센서와 통신 모듈만으로 구성되어 온도, 습도, 빛, 진동, 화학 물질 등을 자동 탐지·감지하는 스마트 더스트Smartdust라고 불리는 아주 작은 사물 인터넷 기기도 활용되고 있다.

센서는 물리적인 값을 전기적, 디지털 신호로 변환하는 장치이다. 온도, 습도, 진동 등을 감지하는 다양한 센서들이 이미 시장에 널리 보급되어 있다. 간단하고 작은 크기의 센서도 기술이 발전함에 따라 더 작아지고, 통신 모듈뿐만 아니라 인공 지능 기술까지 탑재한 스마트 센서로 진화하고 있다.

현재 전 세계에는 이미 약 229억 개의 사물이 사물 인터넷에 연결되어 있고, 2020년에는 500억 개 이상이 연결될 것으로 예상된다.[4] 그중에서도 특히 산업용 사물 인터넷에 연결되는 센서나 장치들의 수가 급속히 증가할 것으로 예상된다. GE의 GEnx 엔진이나 프랫앤휘트니Pratt&Whitney의 GTFGeared Turbo Fan 엔진에는 5,000개의 센서가 장착되어 매초마다 엄청난 양의 데이터를 생성하고 있다. GE는 2020년까지 가스 터빈 1만 기, 제트 엔진 68,000기, 전구 1억 개 이상, 자동차 1억 5,200만 대가 인터넷에 연결될 것으로 예상하고 있다.

최근에는 사물 인터넷의 상호 운용성, 보안과 같은 공통 문제는 표준화를 통해 공동 대응하고, 검증을 위해 테스트 베드를 구축하는 컨소시엄이 활발하게 만들어지고 있다. 예를 들어 산업인터넷컨소시엄Industrial Internet Consortium, IIC, AllSeen Alliance, Open Interconnect ConsortiumOIC 등이 그것이다.

그중에서 OIC와 AllSeen Alliance는 다양한 기기의 상호 연결성에 초점을 맞추는 반면, IIC는 기술적인 테스트 베드와 활용 사례 및 요구 사항 개발 등을 통해 산업 인터넷의 응용 프로그램 도입 및 구축을 가속화하기 위해 노력하고 있다.[5] 2014년 3월 GE, IBM, Intel, Cisco, AT&T 등 5개 기업이 설립한 IIC는 현재 250여 개의 기업이 IoT를 활용하여 일반 산업의 혁신을 위한 공동 프로젝트를 진행 중이다. 그리고 현재 일반 산업에 IoT를 활용하여 주목할 만한 적용 케이스를 만들어 내고 있다는 평가를 받고 있다. AllSeen Alliance 와 OIC는 2016년 10월 OCFOpen Connectivity Foundation 으로 합병하였다.

우리나라는 현재 한국사물인터넷협회www.kiot.or.kr가 사물 인터넷 시장 활성화와 건실한 기업의 성장을 지원하기 위해 노력하고 있다. 이 협회는 사물 인터넷 지식 능력 검정, RFID 기술 자격 검정을 통해 기술 인력을 양성하고 있다.

▌모든 소통의 혈류가 되는
▌유무선 통신망 기술

우리가 매일 사용하는 통신 기술에는 유선 기술과 무선 기술이 있다. 통신 기술은 휴대폰이나 태블릿, PC 등의 단말기가 통신 네트워크를 통하여 상대방의 단말기로 연결되어 서로 음성 통화나 데이터 서비스를 가능하게 한다. 여기서 단말기가 통신 네트워크에 연결될 때, 통신선의 유무에 따라 유선 통신 기술과 무선 통신 기술로 나뉜다. 기간 통신 네트워크는 대부분 유선망이고, 중간에 지리적 요건 등에 따라 마이크로 웨이브나 위성 통신 등 무선망을 활용하기도 한다.

유선 통신망

유선 통신망은 우리가 집에서 사용하는 일반 전화 통신망이나 인터넷을 위한 광 통신망이나 케이블망을 산업 현장에서도 그대로 사용한다. 이제는 많은 사람들이 스마트폰을 사용하기 때문에 유선 전화 사용이 많이 줄었지만, 아직도 기업 내의 유선 전화, 팩스 머신 등은 일반적으로 유선 통신망을 이용하고 있다. 집에서 TV나 PC 등을 인터넷에 연결하는 광 통신망은 대개 100Mbps~1Gbps의 서비스를 제공하지만, 산업 현장에서는 데이터의 양에 따라 100Mbps~100Gbps의 초고속 서비스를 제공하는 유선 통신망을 필요로 하기도 한다. 유선 통신망은 한번 설치하면 오래 사용이 가능하고 무선 통신에 비해 보안이 우수하다는 장점이 있다. 그러나 유선 통신망으로 연결된 기계나 설비는 위치를 옮길 때, 유선 통신선을 재배치하거나 다시 설치해야 하는 번거로움이 따른다.

산업용 기기나 설비들은 인터넷에 연결하기 위해 주로 표준 산업 이더넷Ethernet망을 사용한다. 국가기술표준원은 2016년 말 6개 산업 이더넷 기술을 KS표준으로 정했다. RAPInet, EtherNet/IP, Profinet, EtherCAT, Powerlink, CC-Link/IE이 그것이다. [표 2-1]은 산업 이더넷 기술을 비교한 것이니 참고하기 바란다. 산업 이더넷 통신 기술은 100Mbps~1Gbps의 전송 속도를 지원하고, 망 접속은 Star, Line, Ring 방식을 채택하고 있다. 산업 이더넷 통신망은 실시간 제어, 에너지 인지, 안전, 보안 기능을 지원하며, 일반 IT 기기와의 통합이 용이하다.

[표 2-1] 산업용 이더넷 통신 기술 비교

	RAPIEnet	EtherNet/IP	PROFINET	EtherCAT	POWERLINK	CC-Link/IE
전송 속도	100Mbps 1Gbps	100Mbps 1Gbps	100Mbps	100Mbps 1Gbps	100Mbps 1Gbps	1Gbps
산업 안전	RAPIEnet Safety	CIP Safety	PROFIsafe	Safety over EtherCAT	openSAFETY	CC-Link/IE Safety
접속 방식	Star Line Ring	Star Line Ring	Star Line Ring	Line Ring	Star Line	Star Line Ring

산업용 무선 통신 기술

기계와 기계, 기계와 사람, 사람과 사람을 연결하는 통신 기술로는 앞에 논의한 유선 기술뿐만 아니라 무선 기술도 있다. 우리가 매일 사용하는 휴대폰은 무선으로 통신을 한다. 그러면 공장 내의 기계들도 무선 통신을 할 수 있을까? 물론이다. 다양한 무선 통신 기술들이 이미 개발되어 사용되고 있다. 특히 이동성이 요구되는 기계나 설비는 유선 통신보다는 무선 통신이 더 낫다. 또한 다른 지역의 공장이나 다른 회사와 통신을 하기 위해 유선 광통신 네트워크, 무선 통신 네트워크, 때로는 위성 통신망을 이용하기도 하고, 재난이나 긴급 상황에서도 안전하게 통신하기 위해 여러 종류의 유무선 통신망을 구축해 상호 보완적으로 사용하기도 한다.

산업용 무선 통신에서도 사용할 수 있는 일반 무선 통신 기술, 매일 휴대폰에서도 사용하는 무선 통신 기술에 대해 알아보자. 무선 통신 기술은 정부로부터 사용 허가를 받은 후 사용료를 내고 면허 주파수를 사용하는 일명 3G, 4G, 5G로 불리는 일반 무선 통신 기술과 Wi-Fi와 같이 무료 주파수를 사용하는 무선 통신 기술_{여기서는 사물 인터넷 관련 무선 통신 기술}로 나눌 수 있다.

① **일반 무선 통신 기술**: 휴대폰 음성 통화나 데이터 통신에 사용하는 무선 통신 기술은 무선 주파수를 사용하며 SKT, KT, LG U+ 등 통신사들이 상용 서비스를 제공하고 있다. 이미 언론을 통해 알고 있겠지만, 휴대폰 통신을 위한 무선 주파수는 정부로부터 사용 허가를 받기 위해 돈을 주고 사야 한다. 그래서 이런 주파수 대역을 면허 대역 주파수라고 부르고, 통신사들은 무선 통신 서비스를 제공하기 위해 해당 주파수 대역을 할당 받아야 한다.

우리는 면허 대역 주파수를 활용하여 일반 무선 통신에 사용하는 3G나 4G LTE 서비스를 통화를 하거나 무선 인터넷 서비스를 할 때 널리 사용하고 있다. 이러한 일반 무선 통신은 산업용 무선 데이터 서비스나 음성 서비스로도 이용이 가능하다. 5G 기술은 현재 국제 표준화 작업 중인데, 2018년 평창 동계올림픽에서 시범 서비스를 진행할 예정이라고 한다. 우리나라는 전국 어디서든 무선 통신 서비스를 이용하여 데이터 통신이 가능하기 때문에 필요에 따라 공장과 공장, 공장과 사무실 간에 산업용 애플리케이션을 스마트폰이나 노트북, 테블릿 등으로 접속해 사용할 수 있다. 또한 공장 내, 공장과 공장, 공장과 사무실, 기계 모니터링 시스템과 임직원들 간의 무선 통신 서비스로도 활용할 수 있다.

3G, 4G LTE 등 일반 무선 이동통신 기술은 통신 가능 거리가 주파수 대

역에 따라 다르고, 최대 전송 속도가 정해져 있어 산업 현장에서 필요한 데이터나 영상 자료 등의 전송 시간이 각기 다를 수 있다. 그리고 통신사들이 제공하는 무선 통신 서비스는 유료로 매달 사용 요금을 내야 한다. 국내에서도 해외로 전송하거나, 해외의 지점이나 공장에서 한국 본사에 위치한 클라우드로 빅 데이터를 진송할 때에는 많은 통신 요금이 부과될 수 있으므로 사전에 사용료를 검토하여 최적의 데이터 서비스를 선택할 필요가 있다. 통신사마다 개인 고객, 기업 고객, 중소 사업자를 위한 다양한 서비스를 제공하고 있으므로 통신사 전문가와 상담하여 가장 적합한 서비스를 구매하는 것이 좋다. 일반 무선 통신 기술을 비교하면 [표 2-2]와 같다.

[표 2-2] 일반 무선 통신 기술 비교

	3G	4G	5G
접속 방식	WCDMA CDMA 2000	LTE, LTE-Advanced WiBro	개발 중
전송 속도	144kbps~2Mbps	100Mbps~1Gbps	100Mbps~20Gbps
주파수 대역	1940MHz~1980MHz/ 2130MHz~2170MHz	800MHz~960MHz 1700MHz~1900MHz 2300MHz	28GHz(시범 서비스용)

② **사물 인터넷 관련 무선 통신 기술**: 사물 인터넷 관련 무선 통신 기술에는 와이파이Wi-Fi, 블루투스Bluetooth, RFID, 지그비Zigbee, 저전력 광역망LPWAN, Low Power Wide Area Netwok 기술 등이 있다. 우리나라에서 와이파이는 주파수 면허가 필요 없고, 주파수 사용료가 필요 없는 ISMIndustrial Scientific Medical 주파수 대역인 2.4GHz와 5GHz를 사용한다. 지그비, 블루투스도 같은 2.4GHz 주파수 대역을 사용하지만, 와이파이는 통신 가능

거리가 길고, 데이터 속도도 11Mbps~54Mbps로 상당히 빠르며, 국제 표준인 IEEE 802.11을 지원한다.

와이파이는 산업 현장에서도 이미 널리 사용되고 있다. 온도계, 전등 스위치, 도어락, 자판기, 커피 머신, 가전제품 등 많은 물건들을 와이파이를 이용하여 켜거나 끄거나 조절하고 있다. 설비 제조사들은 기계 설비들을 와이파이로 연결할 수 있는 와이파이 엑서스 포인트나 액세서리를 판매한다. 따라서 지금 보유하고 있는 설비 제조사의 기술을 잘 파악하여 어떻게 와이파이 네트워크를 구성할 수 있는지 살펴보아야 할 것이다.

스마트폰의 이어폰에 주로 사용되는 블루투스는 저전력, 100m 이내 근거리 무선 통신 기술이다. 가령 매점 근처에 가면 자동으로 스마트폰에 할인 쿠폰을 전송하거나 상점 내에서 결재 및 고객 관리를 하는 데 사용하기도 하며, 위치 정보 서비스에는 블루투스 비콘Beacon을 사용하기도 한다.

물류 유통에 많이 사용되는 RFID는 사물 인터넷 통신에 일찍이 사용되고 있는 기술 중 하나이다. RFID 시스템은 RFID 태그와 리더, 미들웨어로 구성되어 있다. RFID 태그는 가격이 100원 미만으로 저렴하여 교통카드나 여권, ID 카드, 의류, 상자, 제품 등 다양한 분야에 응용되고 있다. RFID 기술을 발전시킨 NFCNear Field Communication는 비접촉식 양방향 통신 기술로 10cm 이내의 근접 거리에서 사용하는 탓에 교통 카드, 도서, 할인 쿠폰, 휴대폰 결재 등에 많이 활용되고 있다.

소형, 저전력, 10~15m 이내의 근접 거리, 저속, 적은 데이터용에 사용되는 무선 통신 기술인 지그비Zigbee는 산업이나 의료 부문에서 조명 조절 등 작은 센서나 적은 양의 데이터를 전송하는 기기에 활용하고 있다.

LPWAN 무선 통신 기술은 장거리에 적은 양의 데이터를 전송하거나 배터리 수명이 오래 가야 하는 센서나 인터넷 기기들을 연결하는 데 유용하다. 하지만 기술에 따라서는 10km 정도의 장거리에도 사용이 가능하다. 메시지당 20~256bytes의 데이터를 하루에 몇 번만 50kbps 이하의 속도로 전송하는 경우에 이 기술이 적합하다. 배터리 수명이 10년까지 가능하여 도시가스 원격 검침 서비스, 공공 자전거 이용 서비스, 스마트 도시 서비스 등에 활용할 수 있는 기술로 각광을 받고 있다. 면허가 필요 없는 900MHz를 사용하는 로라_{LoRa}, 시그폭스_{Sigfox} 등의 기술도 있고, 면허 주파수 대역을 사용하는 협대역 사물 인터넷 기술_{NB-IoT: Narrow Band IoT}, LTE-M 기술도 있다.

산업용 무선 통신 기술은 간략하게 [표 2-3]에 비교하여 정리하였다.

[표 2-3] 산업용 무선 통신 기술 비교

	Wi-Fi	Bluetooth	ZigBee	LoRa	NB-IoT	RFID
주파수 대역	2.4GHz 5GHz	2.4GHz	868MHz 915MHz 2.4GHz	900MHz	700MHz 800MHz 900MHz	135KHz이하 (보안/이력 관리) 13.56MHz (도서/재고관리) 433MHz (컨테이너/자동차) 860MHz-960MHz (유통/물류) 2.45GHz (여권/ID카드)
데이터 속도	11Mbps ~ 54Mbps	1Mbps	250kbps	<50kbps	< 150kbps	40kbps ~ 640kbps
지원 토폴로지	Star Line Ring	Star Line Ring	Line Ring	Star Line Ring	Star	Star Line
통신거리	<200m	<10m	<100m	<11km	<15km	<3m (UHF 휴대용 RFID 리더)

데이터를 마음대로 관리할 수 있는
클라우드 컴퓨팅과 포그 컴퓨팅 기술

클라우드 컴퓨팅과 포그 컴퓨팅은 경쟁 관계나 배타적 관계가 아니라, 서로 연결하면 공장이나 기업에서 효율적으로 활용할 수 있다. 클라우드 컴퓨팅은 한 곳에 밀집된 컴퓨터들을 이용하여 멀리 있는 사용자들에게 필요한 서비스를 제공한다. 이에 비해 사용자 가까이에서 드문드문 분산되어 있는 컴퓨터들을 활용하여 필요한 서비스를 빠르게 제공하고, 필요하면 클라우드로 넘겨 통합적인 서비스를 제공할 수 있도록 구축하는 환경을 포그 컴퓨팅[6]이라고 한다.[그림 2-2 참조]

클라우드 컴퓨팅은 데이터 센터Data Center에 설치된 컴퓨터 시스템, 통신 네트워크 장비와 저장 장치인 스토리지 등을 활용하여 빅 데이터를 저장

[그림 2-2] 클라우드 컴퓨팅과 포그 컴퓨팅의 연계 예제

하고 분석하는 핵심 인프라를 갖추고, 사용자들이 필요한 만큼 컴퓨팅 용량을 사용할 수 있는 환경을 말한다. 보통 컴퓨터 서버들이 즐비하게 늘어서 있는 데이터 센터를 연상하면 쉽게 이해할 수 있을 것이다. 이러한 클라우드 컴퓨팅은 인터넷을 통해 활용할 수 있다.

국내 표준화 기구인 한국정보통신기술협회가 정의한 바에 따르면,[7] 클라우드 컴퓨팅은 '인터넷 기술을 활용하여 가상화된 정보 기술IT 자원을 서비스로 제공하는 컴퓨팅'을 말한다. 그리고 클라우드 서비스는 '사용자가 IT 자원소프트웨어, 스토리지, 서버, 네트워크 등을 필요한 만큼 빌려서 사용하고, 서비스 부하에 따라 실시간 확장성을 지원받으며, 사용한 만큼 비용을 지불하는 컴퓨팅 서비스'를 뜻한다.

클라우드 컴퓨팅은 모든 데이터를 중앙 집적형 클라우드에 집약하여 처리하는 일종의 중앙 집중형 컴퓨터로 이해하면 쉽다. 클라우드 컴퓨팅 서비스 사업자들은 대형 데이터 센터를 구축하고 수많은 컴퓨터를 포함한 인프라 스트럭처를 활용하여 클라우드 환경을 제공한다. 예를 들어 대표적인 클라우드 서비스인 아마존 웹 서비스의 경우, 전 세계 14개 지역에 38개의 가능지역AZ: Availability Zone을 운영하고 있다. 한 개의 가능지역은 한두 개의 데이터 센터로 구성되어 있고, 각각 독립된 데이터 센터는 전기, 네트워킹, 연결성이 모두 이중화 설계로 구축되어 있다. 아시아 지역은 서울2 AZs, 베이징2 AZs, 도쿄3 AZs, 싱가폴2 AZs, 시드니3 AZs, 뭄바이2 AZs에 데이터 센터를 운영하고 있다.[8]

아마존뿐만 아니라 마이크로소프트, IBM, 구글, 오라클 등도 클라우드 서비스를 제공하고 있다. 글로벌 사업자 외에도 우리나라의 SKT, KT, LG U+, 호스트웨이, 네이버 등이 다양한 클라우드 서비스 경쟁을 펼치고 있다. 클라우드 서비스 사업자들은 상상을 초월하는 컴퓨터 자원을 구축해서 이를 필요한 기업이나 개인에게 분배하여 제공한다. 가상화를 이용하여 가상 컴퓨터 자원을 제공하기도 하고, 스토리지를 제공하거나 소프트웨어를 임대하여 사용할 수 있는 서비스를 제공하기도 한다. 즉 사용자는 인터넷 공간에서 자신이 원하는 자원을 자기 소유인 양 활용하는 서비스를 제공받을 수 있다.

이에 비해 포그 컴퓨팅은 데이터가 생성되는 곳 가까이에 설치한 엣지 장비들 엣지 서버나 게이트웨이 장비을 통해 데이터를 빠르게 수집하고, 저장하며, 국지적 분석을 한다. 엣지 장비들은 공장 내 설비로부터 속도, 주파수, 전압, 진동값 등의 데이터를 실시간 수집하고 운전 상태나 모터의 미세한 상태 변화를 실시간으로 빅 데이터 분석을 한 후, 고장 등을 예측하여 즉각적인 조치를 취하게 한다. 이러한 상태 변화나 조치 결과는 포그 또는 클라우드 컴퓨팅 시스템을 통해 실시간 공유가 가능하다. 시스코, 델, HP 등 네트워크 장비 회사들이 이러한 엣지 서버나 게이트웨이 장비를 제공한다.

공장 설비에 장착한 센서나 데이터 생성 장치들과 가까운 장소에 설치되어 데이터를 빠르게 수집·저장분석하거나 서비스를 제공할 수 있는 네트워크 환경이 포그 컴퓨팅이다. 공장이 여러 장소나 다른 국가에 산재된 기업의 경우, 각 공장에서 생성된 빅 데이터를 멀리 있는 클라우드 센터까지 보내려면 오랜 시간과 많은 경비가 들어가게 마련이다. 따라서 공장 내부나 가까운 장소에 엣지 게이트웨이를 설치하여 필요에 따라 즉각적으로 데이터를 분석하여 그 공장에 맞는 조치를 취하도록 할 수 있다. 그리고 각 포그 컴퓨터에서 분석된 정보 중 전체 공장이나 본사 차원의 분석이 필요한 경우, 정보를 클라우드로 보내 통합적으로 분석하거나 전체를 감독·관리·조치할 수도 있다.

대량의 데이터에서 가치를 찾아내는
빅 데이터 기술

빅 데이터Big Data를 활용하기 위해서는 비즈니스 기획, 데이터 수집 및 처리 기술, 분석 및 시각화 기술이 필요하다. 비즈니스 기획은 분석 기회를 발굴하고, 분석 목표를 명확히 정의하며, 의사 결정 요소를 구체화하는 과정이다. 빅 데이터 수집과 처리를 위해서는 다양한 기술이 활용된다. 어떤 빅 데이터 플랫폼을 도입할 것인가에 따라 적용되는 기술이 조금씩 다를 수 있기 때문이다. 분석은 기획 단계에서 정의한 분석 목표를 분석 기법을 적용하여 구체화하는 단계이며, 필요에 따라 기획 단계로 피드백 Feedback을 하기도 한다. 시각화는 분석 결과를 잘 설명하기 위한 기술에 해당한다.

여기서는 빅 데이터의 모든 기술을 다루기보다는 4차 산업혁명에서 발생한 대량의 데이터를 어떤 기술을 이용해 축적하고, 어떤 분석 기법들이 있는지 알아볼 것이다. 먼저 4차 산업혁명의 스마트 공장 관점에서 빅 데이터의 정의를 살펴보자.

빅 데이터의 정의

빅 데이터란 디지털 환경에서 생성되는 데이터로 그 규모가 방대하고, 생성 주기도 짧으며, 형태도 수치 데이터뿐 아니라 문자와 영상 데이터를 포함하는 대규모 데이터를 말한다. 단순히 용량만 방대한 것이 아니라 복잡성도 증가해서 기존의 데이터 처리 애플리케이션이나 관리 툴Tool로는 다루기 어려운 데이터 세트를 지칭하기도 한다.

빅 데이터 정의는 사실 매우 다양하다. 데이터를 활용하는 규모의 측면에서 보면, 빅 데이터는 '일반적인 데이터베이스 소프트웨어로 저장관리·

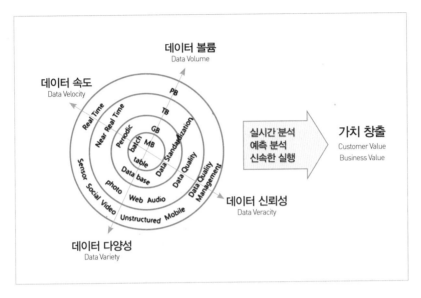

[그림 2-3] 스마트 팩토리 관점에서 본 빅 데이터의 4V

분석할 수 있는 범위를 초과하는 규모의 데이터'를 말한다.McKinsey, 2011 그리고 데이터의 분석 비용과 기술에 초점을 맞춘 측면에서 보면 빅 데이터는 '다양한 종류의 대규모 데이터로부터 저렴한 비용으로 가치를 추출하고 데이터의 초고속 수집·발굴·분석을 지원하도록 고안된 차세대 기술 및 아키텍처'라고 할 수 있다.IDC, 2011 또한 일본의 노무라 연구소는 데이터 처리·저장·분석 기술에서 의미 있는 가치 창출에 필요한 조직 및 인력도 포함시키고 있다.

빅 데이터의 특징은 3V로 요약하는 것이 일반적이다. 이는 가트너 그룹Gartner Group의 더그 래니Doug Laney가 정리한 것으로 데이터의 양Volume, 데이터의 유형과 소스 측면의 다양성Variety, 데이터 수집과 처리 측면의 속도Velocity를 의미한다. 최근에는 여기에 신뢰성Veracity, 가치Value, 복잡성Complexity을 덧붙이기도 한다. 이처럼 다양하고 방대한 규모의 데이터가 미래 경쟁력의 우위를 좌우하는 중요한 자원으로 활용될 수 있다는 점에서 최근 큰 주목을 받고 있다.

대규모 데이터를 분석해서 의미 있는 정보를 찾아내는 시도는 이전에도 존재했다. 그러나 현재의 빅 데이터 환경은 과거와 비교해 데이터의 양은 물론 질과 다양성 측면에서 패러다임의 전환을 의미한다. 이런 관점에서 빅 데이터는 4차 산업혁명에서 혁신과 경쟁력 강화, 생산성 향상을 위한 중요한 원천으로 데이터 자본주의 사회를 이끌어 갈 것이다.

빅 데이터는 제조 현장에서 수집된 방대한 데이터로부터 실시간 분석Real Time Analysis, 예측 분석Predictive Analysis, 신속한 실행Agile Action 등을 통해 새로운 가치를 창출하는 방식으로 정의할 수도 있다. [그림 2-3]은 4차 산업혁명의 스마트 공장 관점에서 본 빅 데이터의 4대 특징인 4VVolume, Velocity, Variety, Veracity이다.

여기서는 빅 데이터의 4V 중에서 특히 데이터의 신뢰성Veracity에 대해 다시 한번 강조하고 싶다. 왜냐하면 양질의 빅 데이터는 제조 현장의 새로운 가치 창출에 꼭 필요한 요소이기 때문이다. 많은 양의 데이터보다 신뢰할 수 있는 양질의 데이터가 가장 중요한 자산이다. 제조 현장에서 자동으로 생성되는 데이터지만, 생성되고 저장되는 시점에 차이가 있거나 데이터의 타임 스탬프 장치의 제한적인 기능으로 생성 시간이 다른 경우도 종종 있다. 데이터가 자동으로 생성되지 않아 사람이 직접 입력할 경우, 여러 가지 이유로 데이터가 왜곡되는 모습을 많이 볼 수 있다. 이와 같이 데이터의 신뢰성을 훼손할 수 있는 경우가 많은 만큼, 데이터를 분석하기 전에 데이터가 얼마나 신뢰할 만한가를 면밀히 검토해야 한다. 신뢰성 있는 데이터는 기업의 생존이 걸린 매우 중요한 사안이기 때문이다.

빅 데이터 관련 협업 인력

빅 데이터를 분석하고 활용하기 위해서는 데이터 과학자, 현장 제조 전문가, IT 전문가, 비즈니스 업무 전문가, 가치 사슬망 협력 파트너, 고객, 서비스 사용자, 외부 컨설팅 인력 등 다양한 관계자들과의 협업이 필요하다. 이들의 역할에 대해서는 [표 2-4]를 참고하고, 여기서는 데이터 과학자, 현장 제조 전문가, IT 전문가, 업무 전문가에 대하여 자세히 설명하고자 한다.

[표 2-4] 빅 데이터 관련 협업 인력

협업 인력	역할
현장 제조 전문가	설비와 자동 제어 기술을 이해하고 설비 운영·관리를 담당하는 전문가
데이터 과학자	데이터 분석 방법과 설계를 이행하는 데이터 분석 전문가
IT 전문가	IT 하드웨어, 소프트웨어, 통신망, IoT를 운영·관리하는 ICT 전문가
업무 전문가	산업 전반적인 이해, 기업의 사업, 업무 프로세스를 이해하는 전문가
프로젝트 관리자	원활한 프로젝트 수행을 위해 상호 조율과 관리, 리드하는 전문가
고객	제품이나 서비스를 구매하는 개인이나 기업
사용자	데이터 분석 시스템을 통해 서비스를 사용하는 인력
컨설팅사	데이터 분석을 위한 접근 및 분석 방법과 설계를 수행·자문하는 협력사
분석 협력사	데이터 분석을 수행하고 분석 서비스를 지원하는 협력사
IT 대행사	IT 하드웨어, 소프트웨어, 통신망, IoT 기술과 개발을 지원하는 ICT 협력사
비즈니스 협력사	부품, 배송, 서비스 제공 등 기업의 가치 사슬망 파트너 협력사

스마트 공장에 필요한 인지 능력과 지능을 축적해 가는 작업의 핵심 인

력은 데이터 과학자와 기업 내 현장 제조 전문가, 정보 통신 IT 전문가와 업무 전문가이다. 데이터 과학자는 데이터에 대한 이론적 지식과 분석 전략, 방법의 역량을 가진 과학자이고, 현장 제조 전문가는 제조 현장에 경험이 많은 설비, 공정, 생산 전문가이다. 데이터 과학자와 현장 제조 전문가는 제조 현장에서 데이터가 뜻하는 의미와 데이터 간의 연관 관계, 문제 원인 분석 및 해결 방안 등을 협의한다. 현장 제조 전문가는 오랜 현장 경험과 공정 운영 노하우를 바탕으로 데이터 수집분석과 해결 방안에 중

[그림 2-4] 빅 데이터 분석을 통한 가치 창출에 필요한 협업 인력들

요한 역할을 한다.

IT 전문가는 데이터가 생성되는 시간, 저장 시간, 통신망, 저장 공간, 빅데이터 분석에 관한 소프트웨어 등 모든 컴퓨팅과 정보 통신 기술에 관한 실행과 조언을 담당하며 최적의 컴퓨팅 환경과 신뢰성 있는 데이터를 지원한다. 업무 전문가는 데이터의 사업적 분석, 기업의 비즈니스 이슈, 경영진의 전략 등과 같은 통합적 시각으로 협업을 한다. 이렇듯 빅 데이터를 활용하는 데 있어서는 여러 분야의 전문가들이 공동으로 통찰력 있는 분석을 하고 가치를 창출한다.[그림 2-4 참조]

① **데이터 과학자**: 데이터 과학자 Data Scientist는 현장에서 생겨나는 대량의 데이터를 모아서 분석에 적합한 형태로 가공하고, 데이터가 의미하는 바를 이야기 Story에 담아 다른 사람에게 효과적으로 전달하는 역할을 한다. 데이터 과학은 컴퓨터 공학과 통계학 등 다양한 관련 학문이 통합된 의미로 사용되기 때문에 실무에서 이루어지는 데이터 분석은 다양한 전문가로 구성된 팀을 만들어 진행하는 것이 일반적이다. 그러나 팀을 이룬다고 해도 데이터 과학자는 한 사람당 최소한 2, 3개 분야에 정통한 학제적 배경을 가지고 있어야 한다.O'Reilly Media, 2012

데이터 과학자는 비교적 최근에 등장한 개념이기 때문에 정의에 대해서는 다양한 견해가 있다. 링크드인LinkedIn의 수석 과학자인 로가티Rogati는 "모든 과학자는 데이터 과학자다. 내 견해로 보았을 때 데이터 과학자는 반은 해커이고 반은 분석가다. 마치 반짝이는 눈을 가진 탐험가 콜럼버스와 의심 많은 형사 콜롬보를 합쳐놓은 존재다"라는 의미심장한 의견을 내놓았다.Guardian, 2012

데이터 과학자는 기본적으로 여기저기에 산재되어 있는 분석에 필요한

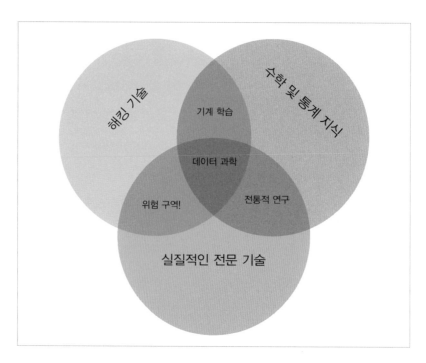

안에 텍스트:
해킹 기술

기계 학습

수학 및 통계 지식

데이터 과학

위험 구역!

전통적 연구

실질적인 전문 기술

[그림 2-5] 데이터 과학자 밴 도표 출처: drewconway.com

데이터를 모으고 가공하는 데이터 처리Data Management, 분석에 필요한 모형을 만들고 결과를 도출하는 분석 능력Analytics Modeling, 해당 업종에 대한 이해Business Analysis라는 세 가지 핵심 기술을 가져야 한다.Laney and Kart, 2012 그리고 데이터 과학이 예술의 경지로 진화하려면 이 외에도 의사 소통 능력, 협업, 리더십, 창의력, 규율, 열정이라는 요소도 겸비해야 한다.

데이터 과학자가 지녀야 할 덕목을 기술 전문성Technical Expertise, 호기심Curiosity, 데이터로부터 이야기를 만들어 내고 이를 효과적으로 전달하는 능력Storytelling, 문제 해결을 위해 창의적인 관점에서 접근하는 능력Cleverness으로 표현하기도 한다. 데이터에 기반한 기업의 활동 범위가 점차 넓어짐에 따라 데이터 과학자는 기업의 주요 의사 결정과 비즈니스 인텔리전스BI: Business Intelligence, 생산과 마케팅 분석, 사기 방지, 위험 관리, 보안, 데이터 서비스와 운용, 데이터 인프라 등과 같은 다양한 영역에서 활동하고 있다.Patil, 2011 [그림 2-5]는 데이터 과학의 정의와 데이터 과학자가 지녀야 할 역량을 도표로 표현한 것이다.

② **현장 제조 전문가**: 유능한 데이터 과학자가 열심히 데이터를 분석하더라도 기업의 제조 현장을 제대로 알지 못한다면 정확히 분석하는 데 한계가 생길 수밖에 없다. 기업의 현장 제조 전문가는 제조 현황, 제조에 관련된 각종 지수, 설비 상태, 데이터의 연관 관계 등을 알고 있어 데이터의 다양한 의미, 원인 분석, 결과에 대한 해석 등 제조 설비와 현장에 경험이 많은 인력을 말한다.

제조 현장과 데이터와의 연관 관계를 알고 있는 현장 제조 전문가들은 일반적으로 데이터 기술을 잘 모른다. 하지만 데이터 분석팀에 데이터 과학자와 현장 제조 전문가도 참여시켜 공동으로 작업을 수행한다면 합리적이고 현실적인 분석이 가능하다. 이때 현장 제조 전문가들의 경험이나 직감을 어떻게 경청하고 존중하는가가 데이터 분석팀에게는 매우 중요한 과제이다. 비록 사용하는 기술적 용어나 표현 방식이 다르더라도 존중하고 이해하려는 노력이 필수이다. 그들은 소리나 진동만으로도 설비의 작동 상태를 알 수 있을 만큼 오감이 발달해 있고 경험을 통한 직관도 탁월해 데이터가 말할 수 없는 많은 것들을 지적할 수도 있다. 제조 현장에서의 귀중한 자산과 경험을 지닌 그들의 데이터가 더 많은 것을 제공할 수도 있다.

③ **IT 전문가**: IT 전문가는 정보 통신 기술ICT: Information and Communications Technology 전문가로 통신망, 통신 기술, 컴퓨터 시스템, 소프트웨어 솔루션,

통합 비즈니스 시스템 등의 다양한 지식과 경험을 보유하고 있는 인력을 말한다. 제조 현장에 필요한 센서, 통신망, 컴퓨터 시스템, 정보 관리 시스템ERP, MES 등 등의 구축을 담당하기도 하고, 데이터 수집·저장·분석을 위한 컴퓨팅 기술과 서비스에 대한 계획·구매·구축 등에 관여할 수도 있다.

이들에게는 특히 설비에 장착하는 센서와 데이터의 타임 스탬프, 데이터의 신뢰성을 확보하기 위한 방안, 관련된 컴퓨터 시스템과의 통합적 기술 검토·추천·구축·자문을 위해 현장 제조 전문가와의 진솔한 소통이 중요하다. 또한 서로 다른 용어를 쓰는 현장 제조 전문가들을 이해하기 위한 지식 습득과 노력이 무엇보다 중요하다. 데이터 과학자나 업무 전문가들과 소통하기 위해서는 소통 능력은 물론 다양한 분야의 넓은 지식과 열린 마음이 요구된다. IT 전문가는 다른 분야를 융합하는 정보 통신 기반 기술을 보유한 인력이기 때문이다.

④ **업무 전문가**: 기업의 사업 담당 전문가를 말한다. 데이터를 분석하는 목적은 설비의 상태, 사전 문제를 파악하거나 미리 정비하기 위한 것뿐만이 아니라 이전에 알지 못했던 통찰력, 새로운 비즈니스 기회나 고객이 원하는 가치를 찾아내는 데 있다. 그러기 위해서는 현장 제조 전문가, IT 전문가, 데이터 과학자들과 더불어 업무 전문가의 기업 현황, 전략, 이슈, 시장, 고객 등의 정보가 필요하다.

업무 전문가는 비즈니스 인텔리전트, 마케팅과 영업, 시장의 변화, 고객의 요구 사항 변화, 지속 가능성의 요구 등 기업 내·외부의 다양한 환경 변화에 대한 전문적 지식을 가지고 있어야 한다. 이러한 지식과 경험은 다른 전문가들과 데이터를 분석할 때 큰 그림을 보고 전체 방향을 유지하도록 해준다. 그리고 정확한 정보와 데이터를 바탕으로 경영진은 올바른 의사 결정을 할 수 있다.

스마트 공장은 각 설비마다 지능형 센서를 부착해 공장 설비에서 발생되는 데이터를 클라우드 기술을 이용해 하나로 통합한다. 그러면 결국 취합된 데이터를 어떻게 분석할 것인가가 매우 중요한 사안이 된다. 넉넉하지는 않지만 대부분의 기업들은 현장 제조 전문가, IT 전문가와 업무 전문가들을 보유하고 있을 것이다. 그러나 많은 기업들이 데이터 과학자는 보유하지 않고 있다. 따라서 그들을 확보하는 것이야말로 생존을 위한 필수 요소가 된다. 장기적인 관점에서 기업 내에 데이터 과학자를 어떻게 보유할 것인지, 신뢰할 수 있는 파트너와 협력할 것인지 숙고하여 빠른 시일 내에 데이터 과학자 역량을 확보해야 할 것이다.

빅 데이터 플랫폼과 빅 데이터베이스 시스템

빅 데이터를 활용하기 위해서는 먼저 데이터를 수집·저장·처리하고, 비정형 데이터인 경우 비구조적 데이터로 저장하거나 정형 데이터로 변환하여 데이터베이스에 저장해야 할 것이다. 그리고 저장된 데이터를 처리·분석하는 다양한 빅 데이터 기술들도 필요하다. [그림 2-6]은 빅 데이터 관련 업무 프로세스와 관련 기술들을 도식으로 표현한 것이다.

빅 데이터 플랫폼은 빅 데이터 기술의 집합체이자 기술을 잘 사용할 수 있도록 준비된 환경을 말한다. 빅 데이터 플랫폼은 빅 데이터 수집 기능, 빅 데이터를 처리·저장·관리하는 데이터베이스, 빅 데이터 분석 기능, 시각화 도구, 개발 도구 등의 애플리케이션, 플랫폼 관리, 운영, 보안 기능 등으로 구성된다. 이것을 [그림 2-7]에 도식으로 표현하였다.

IBM, MS, SAP, Oracle, AWS, Pivotal, Google 등 많은 빅 데이터 플랫폼 업체들이 다양한 제품을 시장에 출시하였다. 각 업체의 플랫폼마다 장단

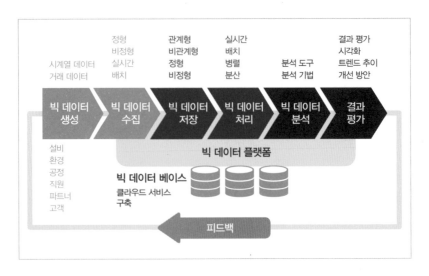

[그림 2-6] 빅 데이터 관련 업무 프로세스와 관련 기술들

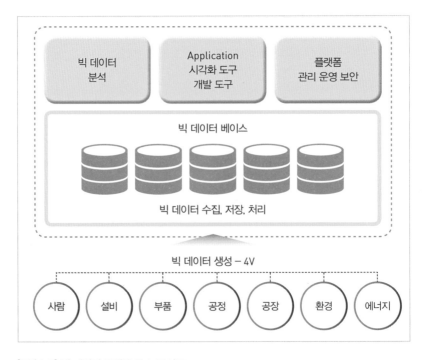

[그림 2-7] 빅 데이터 플랫폼 요소 구성도

점이 있기 때문에 한 업체의 패키지 솔루션을 구입하여 사용하기보다는 빅 데이터베이스, 분석 소프트웨어, 분석 기법, 시각화 도구 등을 개별적으로 선택하여 목적에 맞도록 사용하는 것이 일반적이다. 이에 빅 데이터 플랫폼 요소를 개별적으로 설명하고자 한다.

빅 데이터베이스는 빅 데이터를 쉽게 처리하고 관리하고 업데이트할 수 있도록 조직적으로 구성한 데이터의 집합체이다. 현장의 요구 사항에 적합한 빅 데이터 플랫폼을 도입하기 위해서 선택할 수 있는 다양한 데이터베이스 종류와 특징에 대해 살펴보자. [표 2-5]는 데이터베이스의 종류와 일반적인 차이점을 나타낸 것이다.

[표 2-5] 데이터베이스 종류별 차이점 비교 출처: Bloor Group White Paper, The Bloor Group

데이터베이스 종류	일반적인 적용 분야	주요 제품
전통적인 관계형 데이터베이스 관리 시스템(Relational DBMS)	온라인 트랜잭션 처리(OLTP), 데이터 마트, 데이터 웨어하우스 자료 질의	Oracle, Microsoft SQL Server, IBM DB2, MySQL, ProgreSQL
분석용 데이터베이스 관리 시스템(Analytical DBMS)	대용량 데이터 분석용 자료 질의	ParStream, Vertica, SybaseIQ
대용량 데이터 온라인 트랜잭션 처리(OLTP)	대용량 데이터 트랜잭션 처리	Aerospike, NuoDB, VoltDB
인메모리 데이터베이스 관리 시스템(In-memory DBMS)	비교적 저용량 데이터 온라인 트랜잭션 처리(OLTP) 및 자료 질의	HANA, Kognitio, Altibase
노에스큐엘(NoSQL)	문서/객체 저장 및 검색	MongoDB, CouchDB, MarkLogic
그래프 또는 RDF 데이터베이스 관리 시스템 (Graph or RDF DBMS)	그래프/관계 질의	Neo4j, SPARQLverse, Stardog
하둡 데이터베이스 관리 시스템(Hadoop DBMS)	주로 데이터 추출/변환/적재(ETL), 데이터 클린징 및 일부 분석	Apache HBase, Cloudera Impala, Splice Machine

위의 데이터베이스 종류는 일반적인 적용 분야별 특징을 반영한 것이다. 데이터베이스의 특징을 염두에 두고 기업의 요구 사항 및 목적에 맞는 빅 데이터 플랫폼을 도입하여야 소기의 목적을 이루는 데 한걸음 더 다가설 수 있을 것이다.

배치 분석, 실시간 분석용 빅 데이터베이스 시스템

우리는 주로 정보를 읽고, 처리_{수정/삭제}하는 목적으로 온라인 트랜잭션 처리_{OLTP} 데이터베이스 시스템을 도입하고, 축적된 정보를 활용하기 위해 온라인 분석 처리_{OLAP} 데이터베이스 시스템을 사용한다. 그러나 인터넷이 확산되면서 방대한 정형/비정형의 데이터를 처리하기 위해 배치 분석_{Batch Analytics} 데이터베이스 시스템이 애용되고 있다. 때로는 센서 등에서 발생하는 방대한 정형/비정형의 데이터를 실시간으로 저장하고 분석하기 위해 대규모 병렬_{MPP: Massively Parallel Processing} 실시간 분석_{Real-Time Analytical} 데이터베이스 시스템을 도입하기도 한다. 물론 데이터베이스의 기술적 특징을 감안해야겠지만, 빅 데이터를 어떤 목적으로 활용할 것인가에 따라 어떤 종류의 데이터베이스 시스템을 이용하여 빅 데이터 분석을 할지 결정해야 할 것이다.

우리는 앞으로 점점 더 많은 빅 데이터를 접하게 될 것이다. 생산 현장에서 발생하는 데이터는 트랜잭션보다는 빠른 분석을 요구하는 경우가 많다. 빅 데이터를 올바로 활용하기 위해서는 실시간으로 분석해야 하는지, 또는 시간을 갖고 배치로 분석해도 되는지를 결정하는 것이 중요하다.

'빅 데이터는 하둡_{Hadoop}이다'라는 인식이 많다. 하지만 하둡은 대량의 데이터를 모아서 분산 처리에 적합한 분산형 클러스터로 구성된 데이터베이스 시스템이다. 따라서 하둡은 실시간 분석보다는 일정 시간 후에 분

석 결과를 제공하는 배치 분석에 더 적합하다. 반면에 파스트림ParStream
은 대용량 시계열성 데이터를 인 메모리 및 온 디스크 기술을 결합하여
처리하는 데이터베이스 시스템으로 대규모 데이터의 실시간 분석에 적합
하다. 물론 하둡과 파스트림뿐만 아니라 다양한 제품들이 존재한다.

이 두 가지 데이터베이스의 기본 개념과 특징들을 통해 빅 데이터베이
스 시스템에 대해 알아보자.

① **배치 분석용 하둡 데이터베이스 시스템**: 하둡은 여러 컴퓨터로 구성된
클러스터를 이용하여 큰 사이즈의 데이터를 처리하기 위한 분산 처리 및
오픈 자바 소프트웨어 프레임워크이다. 하둡 분산 파일 시스템HDFS: Hadoop
Distributed File System으로 부르기도 한다. 구조를 보면 엔진 형태로 미들웨
어와 소프트웨어 프레임워크의 형태를 띠고 있고, 대용량 데이터를 분산
처리할 수 있는 솔루션이다. 웹과 같이 즉시 응답이 필요한 시스템보다
는 데이터를 모아서 처리한 후 일정 시간 이후에 응답을 주는 형태를 위
해 디자인된 시스템으로 몇 분에서 몇 시간, 며칠이 소요되는 대규모 데
이터 처리에 적합한 프레임워크이다.(출처: http://hadoop.apache.org) 하둡 기반
의 빅 데이터 기술 기업 글로벌 빅3를 꼽으라고 하면 클라우데라Cloudera,
호튼웍스Hortonworks, 맵알 테크놀로지스MapR Technologies를 들 수 있다. 하
둡은 오픈 소스 기반이므로 누구나 무료로 이용할 수 있다. 하지만 상업
용으로 운영하려면 많은 인적 자원이 필요하다. 하둡 빅 데이터 기술 기
업에게 라이선스를 지급하고 기술 및 운영을 지원받을 수도 있지만, 적지
않은 비용을 지불하여야 한다. 하둡의 특징에 대한 좀 더 전문적인 부분
은 전문 서적을 이용하거나 전문가의 도움을 받기 바란다.

② **실시간 분석용 파스트림 데이터베이스 시스템**: 실시간 분석용 데이터베이스 관리 시스템은 대용량 데이터를 빠르게 분석하는 용도로 활용된다. 파스트림은 시계열성 빅 데이터를 대규모 병렬로 처리할 수 있어 실시간 분석에 용이하다. 파스트림은 레코드 단위의 데이터를 처리하기보다는 칼럼Column 단위의 데이터를 처리하는 데 더 좋은 성능을 나타내고, 대용량의 데이터를 빠르게 적재하고 읽기 전용으로 실시간 분석에 적합한 데이터베이스이다. 하지만 온라인 트랙잭션 처리OLTP에는 적합하지 않다. 파스트림은 인 메모리 및 온 디스크 기술을 결합하여 데이터에 대한 초고속 액세스를 제공한다. 또한 데이터는 여러 차원으로 분할되어 클러스터된 비공유 아키텍처로 분산된다.

파스트림의 핵심은 자체 개발하고 특허를 보유한 고성능 압축 인덱스HPCI: High Performance Compressed Index에 있다. 일반적으로 대용량의 데이터를 빠르게 검색하기 위해 해당 데이터 칼럼에 인덱스를 하고 압축하여 저장장치에 기록한다. 해당 칼럼을 검색할 경우 압축된 인덱스 정보를 메모리에 올려 압축을 해제한 후 해당 값을 검색하는 과정이 필요하다. HPCI 특허 기술은 데이터 칼럼에 인덱스를 하고 압축하여 저장하는 과정은 동일하지만, 해당 칼럼을 검색하기 위해 다시 압축을 풀 필요가 없는 것이 특징이다. 즉 압축된 정보를 메모리에 읽어 들이고 압축을 해제하는 과정이 필요 없다 보니 굉장히 빠르게 검색할 수 있는 것으로 알려져 있다. 좀 더 상세한 내용은 각각의 솔루션 공급사에서 제공하는 기술 자료나 전문 서적, 전문가의 도움을 받기 바란다.

빅 데이터 분석 소프트웨어와 기법

스마트 공장을 구축하는 데 양질의 데이터 확보는 필수 요소이다. 인공 지능, 머신 러닝, 딥 러닝 모두 훌륭한 양질의 데이터를 통해 학습하기 때문이다. 아직 준비가 되지 않았다면 기초 공사인 데이터부터 확보해야 한다. 스마트 공장은 공장 설비에서 발생하는 방대한 생산 데이터를 취합하고 분석해 지능적인 생산 환경을 만들어 내는 것이다. 설비에는 지능적인 센서가 부착되고 사무실, 물류, 고객, 협력사 등의 정보도 연결된다. 여기서 얻어진 데이터를 하나로 통합하고 활용하려면 클라우드 기술도 도입해야 한다. 데이터를 취합하여 어디에 담아 활용할지, 목적을 달성하기 위해 어떤 분석을 해야 할지 많은 궁금증이 생길 것이다.

그러나 결국 제조 공장을 스마트하게 만드는 것은 빅 데이터 분석을 통한 정확한 판단과 통찰력이다. 예를 들어 '제품 조립 라인의 어떤 공정에서 정체가 많이 발생하는가?', '어떤 기계가 효율이 떨어지는가?', '어느 서보프레스[9]에서 고장이 발생할 것인가?'를 알고 싶다면 먼저 제품의 조립 공정에서 발생하는 이벤트 로그 데이터를 활용해야 한다. 공정 분석과 설비별 생산 효율 분석을 위해 프로세스 마이닝 기법을 적용하고, 서보프레스에 장착된 소음 센서에서 수집한 데이터를 머신 러닝 기법을 적용하여 분석한다면 고장에 대한 예측 분석PA: Predictive Analytics[10]을 할 수 있을 것이다.

자, 이제 빅 데이터를 활용하기 위한 분석 소프트웨어와 분석 기법들에 대해 알아보자.

기업은 축적한 방대한 데이터를 분석하기 위해 다양한 분석 소프트웨어를 활용할 수 있다. 분석 모델 개발 및 검증을 위해 활용하는 분석 소프트웨어와 분석 시스템 구축에 활용하는 도구는 다를 수도 있다. 요즘은 무료로 이용할 수 있는 분석 소프트웨어도 많으므로 용도에 적합한 분석 소프트웨어를 도입하면 될 것이다.

[표 2-6]은 2015년 분석 소프트웨어 학술 논문에 사용한 분석 소프트웨

어 목록이다.

[표 2-6] 2015년 분석 학술 논문에 사용한 소프트웨어 목록

분석 소프트웨어 목록
SPSS Statistics, R, SAS, Stata, MATLAB, Java, Statistica, Hadoop, Python, Minitab, Systat, JMP, Weka, C, C++, C#, Statgraphics, Spark, RapidMiner, KNIME, BMDP, Enterprise Miner, NCSS, SPSS Modeler, Tableau, Scala, Tibco, Salford Systems, Azure Machine Learning, Julia, Angoss, Megaputer, H2O, Alteryx, SAP KXEN, Prognoz, Alpine, Actuate, Lavastorm, InfoCentricy

2015년 분석 소프트웨어 학술 논문 수에 따르면 SPSS, R, SAS 순으로 많이 사용하였다고 한다. 이중 R은 무료로 사용할 수 있는 분석 소프트웨어이다. 하나의 분석 소프트웨어로 모든 것을 해결할 수도 있겠지만, 대개는 복수의 분석 소프트웨어를 활용한다. 각 기업의 요구 사항, 인적 자원, 예산, 빅 데이터 플랫폼 등을 고려하여 적합한 분석 소프트웨어를 도입하여야 한다. 다양한 분석 소프트웨어들의 특징들은 전문 서적을 참고하기 바란다.

다음으로 빅 데이터의 분석 기법에 대해 알아보자.

기업은 추구하는 목적을 이루기 위해 축적한 방대한 데이터를 활용할 것이다. 먼저 '데이터가 의미하는 바는 무엇인가?', '의미 있는 패턴이 있는가?'를 확인하고, 학습을 통해 데이터에서 미래에 발생할 일들을 예측할 것이다. 그러기 위해서는 어떤 분석 기법을 활용해야 할까?

산업 현장에서 요구하는 수없이 많은 문제들을 해결하기 위해서는 한 가지 분석 기법이 아니라 다양한 분석 기법들을 활용해야 한다. 분석 기법에는 통계 분석, 데이터 마이닝, 텍스트 마이닝, 사회 연결망 분석, 머신 러닝, 프로세스 마이닝 등 활용 목적에 따라 다양한 방법이 있다. 또한

CEP_{Complex Event Processing} 등 실시간 데이터 처리 기술들을 융합하여 빅 데이터 분석 시스템을 구축할 수도 있다. 여기서는 분석 기법에 대해서 간략하게 소개하겠다.

- **통계적 분석**Statistical Analysis: 전통적인 분석 방법으로 주로 수치형 데이터에 대하여 확률을 기반으로 어떤 형상의 추정, 예측을 검정하는 기법이다.
- **데이터 마이닝**Data Mining: 대용량의 데이터로부터 체계적이고 자동적으로 통계적 규칙이나 패턴을 찾아내어 숨겨져 있는 데이터 간의 상호 관련성 및 유용한 정보를 추출하는 기술이다.
- **텍스트 마이닝**Text Mining: 텍스트 기반의 데이터로부터 새로운 정보를 발견할 수 있도록 정보 검색, 추출, 체계화, 분석을 모두 포함하는 텍스트 프로세싱Text-processing 기술 및 처리 과정이다. 예를 들면 트위터는 자사 브랜드를 언급한 내용을 API로 읽어들여 분석하고 있다. 사용자와 시간별로 어떠한 내용을 언급하는지, 긍정적/부정적인 말을 하는지, 캠페인 진행 전후에 고객들의 키워드에 변화가 있는지, 프로모션 후 구전효과가 있는지를 체크한다. 이를 통해 평판 관리와 마케팅 활동을 실시간 관리할 수 있다.
- **사회 연결망 분석**Social Network Analysis: 개인과 집단 간의 관계를 노드와 링크로서 모델링해 위상 변화 구조와 확산 및 진화 과정을 계량적으로 분석하는 방법이다. 예를 들어 페이스북에서 친구들의 관계를 그래프로 보여주어 누구와 관계를 많이 하는지 쉽게 확인할 수 있도록 하는 방식이 여기에 속한다.
- **프로세스 마이닝**Process Mining: 시스템에 기록된 이벤트 로그케이스 아이디, 액티비티 명, 타임 스탬프; 프로세스 분석을 위한 최소한의 항목를 분석하여 프로세스에

대한 통찰, 병목 구간 발견, 프로세스 낭비 요소 제거, 프로세스 변경의 효과 검증, 업무 수행 규정 위반 검증, 감사, 공정 표준화 등의 목적으로 활용할 수 있다. 또한 프로세스 분석을 위한 최소한의 항목 외에도 분석 목적에 부합하는 항목을 추가하여 다양한 관점의 프로세스 분석을 수행할 수도 있다. 특히 이것은 생산 현장의 공정 분석, 설비 효율, 품질 분석 등에 많이 활용된다. 생산 현장에서 수집한 데이터를 충분히 활용하려면 사전에 어떤 데이터 항목이 수집되어야 하는지 충분한 검토가 필요하다.

- **CEP**Complex Event Processing: 시스템에서 발생한 여러 이벤트 로그를 시나리오 기반으로 실시간 분석하여 이에 대응하는 기능을 수행한다. CEP는 실시간 분석을 위해 필요한 데이터를 일정한 주기보통 몇 분로 메모리에 적재한다. CEP는 쇼핑, 주식 시장, 교통 정보, 기상 정보, 제조, 금융 등 다양한 분야의 실시간 분석에 활용되고 있다. 제조 현장에서 발생하는 시계열 데이터는 전형적인 복합 이벤트 처리 분석에 적합하지만, 모든 데이터를 메모리에 적재하여 분석할 수는 없으므로 용도에 맞게 시스템을 구성해야 할 것이다.

빅 데이터 시각화 기법

빅 데이터 시각화는 빅 데이터 분석 결과를 이해하기 쉽도록 시각적으로 표현하여 전달하는 과정을 말한다. 빅 데이터 분석에서 나타난 정보를 효과적으로 전달하기 위한 방법으로는 데이터 시각화Data Visualization, 정보 시각화Information Visualization, 인포그래픽Infographic이 있다. [표 2-7]은 그것들을 각각 비교한 것이다.

[표 2-7] 시각화 기법 비교

구분	활용 분야
데이터 시각화	• 그래프의 의미를 이용해 명확하고 효과적으로 정보를 전달하고 소통하기 위함 • 주로 원 데이터(Raw Data)의 아이디어를 효과적으로 전달하고 좀 더 쉽게 이해할 수 있도록 데이터들의 연결과 그룹핑을 시각화로 표현
정보 시각화	• 주로 대규모 수량이나 비수량 정보를 통계(도표, 그래프 등), 이미지, 색채 등을 활용해서 시각적으로 표현하기 위함 • 정보 시각화 방법으로는 시간, 분포, 비교, 공간 시각화로 구분
인포그래픽	• 정보를 전달하기보다는 설득적 메시지를 전달하는 데 주로 이용 • 원 데이터를 이용하기보다는 다양한 차트, 다이어그램, 일러스트레이션 등을 이용하여 다양한 정보, 데이터, 지식을 시각적으로 표현하는 설득형 메시지 전달

　최근 빅 데이터 시대로 접어들면서 규모를 가늠할 수 없을 만큼 많은 정보가 쏟아지고 있다. 이 때문에 필요한 자료를 정리하고 다양한 분석 결과를 쉽게 알아볼 수 있도록 효과적으로 전달하는 것이 더욱 중요해지고 있다.

인간의 지능적인 행동을 모방한 인공 지능 기술

　요즘 신문 기사를 보면 머신 러닝과 인공 지능에 관한 내용이 홍수를 이루고 있다. 머신 러닝은 인공 지능의 한 분야로, 인공 지능의 발전과 상업적인 응용에 매우 중요한 기술이다. 그렇다면 인공 지능은 4차 산업혁명에 어떠한 영향을 미칠까?

　인공 지능은 건강, 교육, 환경, 에너지, 자동차, 의료, 정부, 산업 등 다양한 분야에서 새로운 시장과 기회를 가져오는 동시에 그동안 풀지 못했던 난제들을 풀 수 있는 잠재력을 가지고 있다. 가령 자율 주행 자동차는 교통사고로 인한 사망률을 낮추고 노인과 장애인 등의 이동을 수월하게 해 줄 것이다. 또한 스마트 공장은 에너지 소비와 탄소 배출량을 감소시키고, 제품의 품질을 향상시키며, 실시간으로 주문과 생산으로 재고를 줄여줄 것이다. 이렇게 인공 지능 기술을 활용할 수 있는 것은 축적된 방대한 빅 데이터가 있기 때문이다.

인공 지능의 역사

인공 지능AI: Artificial Intelligence은 인간의 지능적 사고나 행동을 묘사하여 자동화하는 컴퓨터 과학의 한 분야이다. 이 용어는 1956년 여름, 미국의 다트머스 대학에서 개최된 한 워크숍에서 '인간과 같이 생각하는 기계'를 처음으로 '인공 지능'이라고 부르면서 시작되었다. 이는 앨런 튜링Alan Turing[11]이 1950년에 발표한 「생각하는 기계의 구현 가능성Computing Machinery and Intelligence」이라는 논문에서 아이디어를 얻어 시작되었다. 튜링은 "과연 기계는 생각을 할 수 있을까?"라는 질문을 제기했고, 기계가 어린아이 수준의 학습 능력을 갖출 수 있다는 가능성을 제시했다.

인공 지능은 두 번의 황금기와 암흑기를 거쳐 최근 세 번째 황금기를 맞고 있다. 첫 번째 황금기1970년에는 특정 분야에 전문적인 지식을 탑재한 전문가 시스템Expert System 개발에 막대한 연구 자금을 투입했지만, 목표 문제를 해결하지 못하자 인공 지능에 대한 뜨거운 관심은 약화되었다. 두 번째 황금기1985년에는 인공 신경망의 한 종류인 다층 퍼셉트론Multi-Layer Perceptron의 학습 방법인 오류 역전파법Error Back-propagation Method이 지능적인 문제를 해결할 수 있다는 가능성이 제시되면서 세간의 조명을 받았지만, 이 역시 제한적인 데이터, 컴퓨팅 파워 부족 등의 물리적인 한계로 인해 빛을 발하지 못했다. 세 번째 황금기2006년는 인공 지능의 부침에도 불

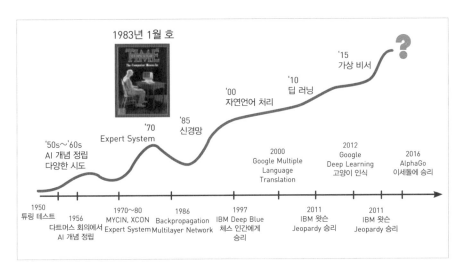

1983년 1월 호

'15
가상 비서

'10
딥 러닝

'00
자연언어 처리

'85
신경망

'70
Expert System

'50s~'60s
AI 개념 정립
다양한 시도

2000
Google Multiple
Language
Translation

2012
Google
Deep Learning
고양이 인식

2016
AlphaGo
이세돌에 승리

1950
튜링 테스트

1956
다트머스 회의에서
AI 개념 정립

1970~80
MYCIN, XCON
Expert System

1986
Backpropagation
Multilayer Network

1997
IBM Deep Blue
체스 인간에게
승리

2011
IBM 왓슨
Jeopardy 승리

2011
IBM 왓슨
Jeopardy 승리

[그림 2-8] 인공 지능의 70년 역사 출처: 소프트웨어정책연구소, 알파고의 능력은 어디에서 오는가?(2016)

구하고 지속적으로 연구를 수행한 토론토 대학의 제프리 힌튼Geoffrey Hinton 교수의 연구팀이 2012년 개발한 인공 신경망의 혁신적인 새로운 머신 러닝 방법인 '딥 러닝Deep Learning, 심층 학습'으로 새로운 황금기를 맞고 있다.

딥 러닝은 데이터를 바탕으로 컴퓨터가 스스로 특징을 찾고 이를 바탕으로 이미지를 분류한다. 현재의 인공 지능은 이미지 인식, 필기 인식, 음성 인식, 영어의 자연어 처리가 가장 성공적인 분야로 꼽히는데, 이미지의 객체 인식률은 이미 사람 수준에 버금가고, 필기체 인식은 99%에 육박하여 우편물 자동화 처리에 이미 적용 중이다. 또한 구글은 검색 엔진에 인공 지능을 접목했고, 페이스북은 97%의 정확도로 사진에서 사람의 얼굴을 인식하며, 아마존에서는 로봇을 활용하여 물류 시스템을 제어하고 있다.

인공 지능이란?

인공 지능은 아직 전문가들이 확실하게 동의할 만큼 정의되지 않은 상황이다. 인공 지능 교재로 인기있는 스튜어트 러셀Stuart Russell과 피터 노빅Peter Norvig의 『인공 지능: 현대적 접근법Artificial Intelligence: A Modern Approach』을 바탕으로 인공 지능은 다음과 같이 4단계 레벨로 나눌 수 있다.[12]

레벨1 단순한 제어 프로그램을 '인공 지능'이라고 지칭한다.

레벨1은 마케팅적으로 '인공 지능', 즉 'AI'라고 지칭하는 것을 말한다. 지극히 단순한 제어 프로그램을 탑재하고 있는 전자제품을 '인공 지능 탑재' 등으로 부르는 경우가 이에 해당한다. 에어컨이나 청소기, 세탁기는 물론 최근에는 전기 면도기에 이르기까지 세상에는 '인공 지능'을 자칭하는 상품으로 넘쳐나고 있다.

레벨2 고전적인 인공 지능을 지칭한다.

레벨2는 행동 패턴이 지극히 다채로운 경우에서의 지능을 말한다. 장기 프로그램이나 청소 로봇 혹은 질문에 대답하는 인공 지능 등이 여기에 해당한다.

레벨3 머신 러닝을 받아들인 인공 지능을 지칭한다.

레벨3은 검색 엔진에 내장되어 있거나 빅 데이터를 바탕으로 자동적으로 판단하는 인공 지능을 말한다. 추론의 구조나 지식 베이스가 데이터를 바탕으로 학습되는 것으로, 전형적으로 머신 러닝을 활용하는 경우가 많다. 머신 러닝은 표본 데이터를 바탕으로 규칙이나 지식을 스스로 학습하는 것을 말한다. 최근의 인공 지능은 대개 이 단계를 일컫는다.

레벨4 딥 러닝을 받아들인 인공 지능을 지칭한다.

머신 러닝의 윗 단계인 레벨4로, 머신 러닝을 할 때 데이터를 나타내기 위해서 사용되는 입력값Input 자체를 학습하는 딥 러닝Deep Learning이 여기에 해당한다. 최근 딥 러닝 관련 분야는 전 세계적으로 투자 경쟁, 기술 개발 경쟁, 인재 획득 경쟁이 극에 달해 있고, 가장 뜨거운 영역이기도 하다.

인공 지능의 현재와 성공 요인

인공 지능은 인간과 동일한 인지 능력으로 지능적인 행동을 구사하는 '범용 인공 지능Artificial General Intelligence'과 자율 주행, 영상 인식 등의 분야에 적용되는 '약한 인공 지능'으로 구분할 수 있다. 범용 인공 지능은 '강한 인공 지능'으로도 불린다. 현재 약한 인공 지능은 여행 계획, 소비자 추천 시스템, 광고 타기팅, 의학 진단, 교육, 과학 연구 등 많은 분야에서 다양한 서비스로 응용 기회를 모색하고 있고, 그동안 놀라운 발전을 이루었다. '범용 인공 지능' 또는 '강한 인공 지능'은 '지능 폭발'과 '기술적 특이점Singularity'이 일어나 기계가 인간의 지능 수준을 넘어 빠르게 진화할 것이라고 예상되지만, 아직까지는 실현되기 어렵다는 견해가 지배적이다.

인공 지능은 약 70년의 역사를 가지고 있다.[그림 2-8 참조] 하지만 현재만큼 인공 지능에 관심이 쏠리고 기업들이 앞다투어 기술 개발에 박차를 가한 시대는 없었다. 왜일까? 컴퓨터 환경의 고도화, 빅 데이터의 대중화, 공개 SW를 통한 공유의 확산 때문이다. 그 배경을 간략하게 정리해서 살펴보자.

- 기술의 발전으로 컴퓨터 연산 능력이 기하급수적으로 향상되고 가격은 매우 저렴해져 쉽게 컴퓨터를 사용하게 되었다.

- 인터넷을 통해 빅 데이터가 풍성하게 생성되고, 대중화된 빅 데이터는 인공 지능의 학습 기반이 되어 인공 지능 관련 기술이 빠른 속도로 발전하고 있다.
- 인공 지능 관련 공개 SW로 최신 연구 결과를 공유함으로써 누구나 쉽게 인공 지능 연구에 참여할 수 있어 인공 지능 연구의 진입 장벽이 현저히 낮아지고 있다.

머신 러닝이란 무엇인가?

머신 러닝Machine Learning은 인공 지능의 발전과 상업적 응용의 기본이며, 기존 데이터 세트의 규칙과 절차를 분석하여 미래의 데이터를 예측하는 통계적 프로세스라고 할 수 있다. 이는 전문가 시스템Experts System, 즉 프로그램과 전문 인력을 통해 규칙과 표준을 배우고 추리하여 소프트웨어로 구현하는 것과는 대조적이다. 머신 러닝은 데이터에 통계적인 방법을 적용하여 더욱 정확한 판단을 내리기 때문이다.

아서 사무엘Arthur Samuel은 머신 러닝을 "컴퓨터에서 배울 수 있는 능력, 즉 코드로 정의하지 않은 동작을 실행하는 능력에 대한 연구 분야"라고 정의하였다. 또한 톰 미첼Tom M. Mitchell은 "컴퓨터 프로그램이 어떤 유형의 과업들에 대해 성과 평가 지표의 관점에서 경험으로 배워서, 만약 성과 평가 지표의 값이 향상된다면 컴퓨터 프로그램은 학습을 할 수 있다"는 가정에서 머신 러닝을 정의하였다.

머신 러닝의 장점은 실행이 불가능하거나 문제 해결을 위한 명시적인 답안이 없는 경우에도 유용하다는 것이다. 예를 들면 기존의 사기 방지 시스템FDS: Fraud Detection System은 사전에 정의된 시나리오 안에서는 부정한 사용자를 찾아내지만, 정의되지 않은 행위를 찾아내지는 못한다. 그러나 머신 러닝을 적용한다면 예측하지 못한 사기 행위를 미연에 방지할 수 있다.

현재 머신 러닝은 상품이나 컨텐츠 추천, 신용카드 사기 거래 탐지, 암 유발 DNA 패턴 탐지, 스팸 이메일 분류, 주가 예측, 음성·영상·이미지 인식, 구매 행동에 기반한 고객 세분화, 제조업 불량 패턴 분류 및 원인 자동 분석, 설비 예지 분석, 자율 주행 자동차 등의 분야에서 우리 실생활에 깊숙이 활용되고 있다. 이러한 머신 러닝은 지도 학습Supervised Learning, 비지도 학습Unsupervised Learning, 강화 학습Reinforcement Learning의 3가지 유형으로 구분할 수 있다.

지도 학습은 과거의 데이터를 학습시켜 학습 모델을 만들고, 새로운 데이터에 적용해서 예측Prediction·추정Estimation·분류Classification 등을 한다. 지도 학습은 기본적으로 컴퓨터가 답을 도출하도록 많은 입력 데이터를 통하여 훈련시키는 학습 방법이다. 다음은 지도 학습의 주요 알고리즘이다.

- 선형 회귀Linear Regression
- 서포트 벡터 머신SVM: Support Vector Machine
- 딥 러닝Deep Learning
- K-최근접 이웃k-NN: k-Nearest Neighbor
- 신경망Neural Network
- 로지스틱 회귀 분석Logistic Regression
- 앙상블Bagging, Boosting, Random Forest
- 의사 결정 트리Decision Tree

비지도 학습은 영상Video, 이미지Image, 문자Text 등 관찰한 데이터로부터 숨겨진 그룹화Grouping, 차원 축소Dimension Reduction를 통하여 스스로 패턴

Pattern과 규칙Rule을 찾아내는 학습 방법이다. 주로 분석 초기의 탐색적 분석Exploratory Data Analysis 단계에서 많이 사용된다. 다음은 비지도 학습의 주요 알고리즘이다.

- 연결망 분석Network Analysis
- 연관성 분석Association Rule Analysis
- K-평균 군집화K-Means Clustering
- 주성분 분석PCA: Principal Component Analysis
- 텍스트 마이닝Text mining

강화 학습은 이세돌과 바둑 대결을 했던 알파고와 구글의 무인 자동차에 적용된 방법이다. 강화 학습은 지도 학습과 달리 정확한 입력/출력Input/Output상의 데이터라든지 최적의 행동 집합을 필요로 하지 않는다. 강화 학습은 사람의 뇌와 비슷하게 작용하는데, 많은 데이터를 인공 신경망 구조를 통해 학습하여 놀라운 효과를 발휘하고 있다.

머신 러닝을 적용하려면 빅 데이터 전문가가 과거 데이터를 훈련 세트Training Set와 테스트 세트Test Set로 구별하고, 모델Model이나 매개 변수를 통해 의사 결정 규칙을 구현할 수학 구조를 선정해야 한다. 그리고 훈련용 데이터 세트로 모델이 훈련하면, 테스트 세트를 사용하여 모델의 정확성과 효과를 평가한다. 머신 러닝의 목표는 일반화할 수 있는 훈련된 모델을 만드는 것이고, 훈련된 모델은 과거에 보지 못했던 미래의 사례에도 정확히 작동하여야 한다. 머신 러닝에서 의사 결정에 관한 모든 절차는 수학적 정밀함을 가진다고 알려져 있다. 결국 품질이 보장된 많은 신뢰성 있는 데이터를 필요로 한다고 할 수 있다.

딥 러닝이란 무엇인가?

딥 러닝은 머신 러닝의 발전된 개념으로 지난 몇 년간 가장 인상적인 발전 양상을 보였다. 딥 러닝은 뉴런 세포로 구성된 인간의 뇌와 유사한 구조를 가진다. 각 신경망의 층은 일련의 입력값을 결합하여 출력값을 생성하며, 출력값은 다른 뉴런의 입력값으로 전달된다.

머신 러닝은 인간이 통계학에 기반하여 설계한 특징을 학습하는 분류, 회귀 및 군집 모델이다. 그러나 딥 러닝은 뇌의 구조를 활용한 인공 신경망 기술로 새로운 머신 러닝 방법이다. 딥 러닝은 데이터를 바탕으로 컴퓨터가 스스로 특징을 만들고, 그것을 토대로 분류할 수 있는 역량이다. 인간이 설계한 특징을 학습하는 것이 아니라 컴퓨터가 스스로 특징을 만든다.

2016년 3월 이세돌과의 바둑 대결에서 4승 1패로 승리한 알파고가 바로 딥 러닝의 대표 주자라 할 수 있다. 1,024대의 컴퓨터로 연결된 알파고는 기보 16만 편으로 강화 학습을 하였다. 또한 여러 버전으로 서로 대결하며 스스로 학습한 알파고는 이세돌과의 대국에서 보여준 위력이 가히 위협적이었을 뿐만 아니라 두렵기까지 하였다. 이세돌에게 승리한 후, 더욱 업그레이드된 알파고는 최근 온라인 바둑 사이트에서 세계 최고의 고수들에게 60전 60연승[13]을 기록하며 더욱 강해진 모습을 보여주고 있다. 아마 이세돌 9단이 알파고를 상대로 이긴 마지막 인간으로 남을지도 모르겠다.

이와 같은 딥 러닝 기술이 알파고에만 적용되는 것은 아니다. 다른 분야에서도 응용하려고 많은 노력을 기울이고 있다. 예를 들어 페이스북의 얼굴 인식 시스템인 딥 페이스DeepFace가 그것이다. 딥 페이스는 페이스북을 이용하는 전 세계 이용자들의 얼굴을 인식하여 사진 이미지가 올라오면 어떤 이용자인지 판별하고 태그를 추천하는데, 정확도가 무려 97.25%에 이른다고 한다. 이는 사람이 눈으로 식별하는 97.5%와 거의 동일한 수준이다.

최근에는 구글도 딥 러닝 기술을 활용하여 이미지 패턴을 찾아내는 컴퓨터 비전 프로그램Computer Vision Program인 딥 드림Deep Dream을 개발했다. 이 기술을 활용하면 딥 드림 플랫폼Deep Dream Generator[14]을 통하여 그림을 그릴 수도 있다. 이처럼 딥 러닝 기술을 발전시키기 위한 연구에 미국의 페이스북과 구글뿐만 아니라 IBM, 중국의 바이두 등도 많은 인력과 경비를 투자하면서 시장을 선점하기 위해 각축전을 벌이고 있다.

▌작업자와 함께 일하고 협업하는
▌로봇 기술

1959년 세계 최초의 산업용 로봇인 유니메이트Unimate[15]가 GM에 처음 도입되었다. 유니메이트는 4천 파운드약 1.8톤나 되는 팔로 자동차 조립 라인에서 부품을 옮기는 일을 했다. 그 후 산업용 로봇은 제조 공장에 엄청나게 많이 설치되어 다양한 일을 하고 있다. 사람이 하는 단순한 일을 대체하는 것을 넘어 위험하거나 힘든 일을 이제는 로봇이 거의 다 하고 있다. 로봇은 휴가도 안 가고, 아파서 쉬지도 않고, 파업도 안 하고, 24시간 365일을 일해도 피곤해하지 않는다. 불평불만도 없고 쉬는 시간도 없이 시키는 일만 열심히 한다. 그 결과, 로봇이 이루어 낸 자동화로 제조업의 생산성은 크게 높아졌다.

그렇다면 제조 공장에서 일하는 로봇은 생산성 향상에 얼마나 도움이 될까? 오스트레일리아의 브리즈번에 위치한 드레이크 트레일러라는 회사에서 단순 용접을 하는 로봇을 도입한 결과, 생산성이 무려 60%가량 향상되었다고 한다.[16]

세계 최대 로봇 밀집 국가, 대한민국

최근 국제로봇협회는 2018년까지 전 세계에 산업용 로봇이 130만 대가량 운영될 것으로 예상된다고 발표했다.[17] 2014년 현재, 제조업 종사자 1만 명당 설치된 로봇 수는 전 세계 평균 66대이고, 그중 한국이 478대로 평균의 7배 이상 되는 세계 최대의 로봇 밀집 국가였다. 그 뒤를 이어 일본이 314대, 독일이 292대, 미국은 164대로 7위를 차지했다. 중국은 36대로 28위를 차지했지만, 2014년 한 해 동안 사상 최대인 57,100대의 로봇이 팔리면서 2018년까지 전 세계에 설치된 로봇의 1/3 이상을 차지할 것이라고 예상되고 있다.

2016년 국제로봇협회에서 보고한 「세계 산업용 로봇 현황」에 따르면,[18] 2015년에 판매된 로봇의 75%는 중국, 한국, 일본, 미국, 독일에 집중되었다. 이는 2014년의 70%보다 더 늘어났는데, 이들 5개 국가에서 얼마나 치열하게 로봇을 통한 제조업 자동화 경쟁을 하고 있는지 알 수 있다. 2013년~2015년 사이 산업용 로봇이 가장 많이 설치·운용된 제조업은 자동차 산업이었고, 자동차 산업과 전기·전자 산업이 전체의 60% 이상을 차지했다. 그리고 금속 산업과 화학 산업이 2015년에 로봇 판매 대수에서 가파른 성장을 기록했다.

그동안 공장 내 로봇은 프로그램에 짜여지고 정해진 대로 맡은 일을 반복하는 기계였다. 지능도 없고 스스로 하는 일도 없었다. 가격도 고가이고, 크기도 크고 무거워 한번 설치하면 옮기기도 어려웠다. 때로는 위험하기까지 하여 작업자들의 접근을 막기도 했다. 제조 공정에 따라 작업을 바꾸려면 프로그램을 변경해야 했고, 프로그래밍도 쉽지 않았다.

그러나 최근 들어 전자통신 기술의 발달로 산업용 로봇이 다른 설비들과 네트워크로 통합되고, 작업 변경도 한층 쉬워졌으며, 가격도 하락하기 시작했다. 최근 로봇이 공장에 확산되는 이유가 바로 여기에 있다. 급기야 프로그램에 따라 작동하던 로봇이 작업자로부터 직접 작업을 배우기 시작했다. 작업자가 로봇의 팔을 붙들고 일을 가르치면, 로봇이 그대로 기억하여 작업하는 학습 능력을 가지게 된 것이다. 인공 지능 기술 덕분이다.

물론 아직은 배운 것만 하는 어린아이 수준에 지나지 않지만, 프로그램된 대로 시키는 일만 하던 로봇이 작업자로부터 배우고, 나아가 협업하는 로봇으로 진화하고 있다는 것은 놀랄 만한 일이다. 최근 「포춘」에 따르면, 로봇은 가격이 많이 하락하여 25,000달러짜리의 경우, 일년 내에 초기 투자금을 회수할 수 있고, 비싼 프로그램을 다시 변경할 필요없이 다용도로 사용할 수 있다고 한다.[19]

협업하는 로봇, 코봇

코봇CoBot 또는 코-로봇Co-robot은 협업 로봇Collaborative Robot을 줄인 말로 작업 공간에서 인간과 물리적으로 상호 협력할 수 있는 로봇을 의미한다. 2008년 12월 덴마크의 로봇 제조 회사인 유니버설 로봇은 세계 최초로 코봇 UR5를 개발하고, 덴마크에서 공업용 플라스틱과 고무를 공급하는 회사인 리나텍스Linatex에 이를 설치하였다.[20]

로봇 기술의 발전으로 이제는 작업을 일일이 프로그램하던 방식에서 직접 붙들고 가르치면 배우고 그대로 실행하는 로봇이 등장하고 있다. 작아지고, 안전하고, 유연하여 작업자와 같은 공간에서 협업하는 코봇이 제조 공장을 변화시키고 있다. 예를 들어 쿠카 코봇의 경우, 무게가 20~30kg에 관절이 7개, 행동 반경도 1m가 안 돼 쉽게 작업자들과 일할 수 있다.

코봇이 발전하는 또 다른 이유는 로봇의 뇌에 해당하는 인공 지능이 머신 러닝이나 딥 러닝에 의해 지속적으로 발전함에 따라 더 똑똑한 로봇이 속속 등장하고 있기 때문이다. 최근 일본의 산업용 로봇업체인 화낙은 미국의 칩 제조업체인 엔비디아와 협력하여 공장 내에 있는 로봇의 팔에 머신 러닝과 인공 지능을 구축할 계획이라고 발표했다.[21] 작업자로부터 배우고 작업자와 같이 협업하는 코봇이 앞으로 제조 현장을 크게 변화시키고, 생산성과 효율성을 엄청나게 향상시키리라 예상된다.

제조 공정에서 코봇은 기존의 용접 등을 하던 로봇과는 다음과 같은 부분에서 차이점이 있다.

- 코봇은 인간과 파트너가 되어 협업한다.
- 작업자가 중요한 작업에 몰입할 동안 코봇은 뜨겁거나 다루기 어려운 작업을 한다.
- 작업자와 같이 일할 수 있을 만큼 더 안전하다.
- 유연하고 프로그램이 쉽거나, 작업자가 직접 가르친 것을 기억하여 협업한다.
- 기술의 발전에 따라 다양한 작업을 실행할 수 있으며, 작고 움직이기 쉬운 코봇이 시장에 출시되어 있어 경제적이다. 예를 들어, 리싱크 로보틱스의 백스터는 팔에 7개 관절을 가지고 100개 이상의 작업을 수행하는데, 가격은 25,000달러에 불과하다.[22]

코봇을 제조하는 업체로는 유니버설 로봇Universal Robots, 리싱크 로보틱스Rethink Robotics, 쿠카 로보틱스Kuka Robotics, ABB 등이 대표적이다. 제조 현장에 설치된 로봇들이 프로그램된 일만 하다가, 이제는 인공 지능과 머신 러닝 등 최신 기술을 활용하여 점점 더 똑똑한 로봇으로 변신하고 있다. 이뿐만이 아니라 물류 창고에서 제품 생산을 위한 재료나 부품을 운송하는 일은 물론 주문받은 제품을 배송하는 단계에서도 다양한 로봇들이 활용되고 있다.

물류 창고의 무인 자율 자동차 로봇, AGVAutomated Guided Vehicle

제품이 생산되면 유통센터로 보내지고, 적재되어 주문을 기다리게 된다. 주문이 들어오면, 유통센터 직원들은 정신없이 바빠진다. 직원들은 지게차를 이용하거나 걷거나 뛰어서 적재된 제품을 찾은 후 컨베이어 벨트 등을 이용하여 주문을 채운다. 이처럼 주문된 제품을 고객에게 빠르게 배송하기 위해서는 많은 인력이 필요하다. 그 이유는 사람이 제품을 찾아다니는 시스템으로 운영되기 때문이다.

하지만 최근 들어 이와 반대로 제품이 사람에게 오는 시스템이 설치·운영되고 있다. 아마존이 활용하고 있는 '키바 시스템Kiva Systems'이 바로 그것이다. 먼저 제품들을 운반 가능한 저장 선반 위에 쌓아 놓는다. 주문을 입력하면, 키바 시스템이 키바 로봇에게 해당 제품이 있는 가장 가까운 선반으로 가도록 명령한다. 그러면 키바 로봇은 바닥에 붙어 있는 바코드를 따라 해당 선반 밑으로 들어가서 선반을 살짝 들어 올린다. 키바 로봇이 최대 시속 6km로 주문 담당 직원의 창구로 이동하면, 주문 담당 직원은 키바 로봇이 가져온 선반에서 주문된 제품을 꺼낸다. 그리고 주문 제품은 포장되어 고객에게 즉시 배송된다.

키바 로봇은 작은 것의 경우 2.5'W x 2'D x 1'H(75cm x 60cm x 30cm) 크기로 센서가 붙어 있어 서로의 충돌을 막는다. 카바 로봇이 운반 가능한 선반은 작은 크기의 것은 39'W x 39'D x 6'~8'H로 1,000lbs까지 담을 수 있고, 이것이 가장 많이 쓰인다. 큰 것은 49'W x 49'D x 6'~8'H로 3,000lbs까지 담을 수 있다.[23] 아마존은 2016년 말 현재, 전 세계 120여 개 유통센터 중

20곳에 45,000여 대의 키바 로봇을 운영 중이라고 밝혔다.[24]

아마존 외에도 중국의 알리바바Alibaba, 인도의 플립카트Flipkart 등 대형 온라인 유통업체들이 다양한 로봇을 사용하고 있다. 최근에는 독일의 마가지노Magazino가 개발한 토루 큐브Toru Cube라는 로봇이 독일의 출판유통회사인 지그로흐Sigloch에 배치되어 일하고 있다. 이 로봇은 다른 로봇과 달리 직접 주문한 책이 있는 선반에 가서 정확하게 원하는 책을 뽑아서 주문을 채운다.[25]

4차 산업혁명 시대에는 사람과 기계가 협업하고, 사람과 시스템 간에 협업을 통해 수행하는 작업의 내용과 절차가 크게 달라질 것이다. 지금까지는 용접이나 도금 등 열악한 작업 환경에서 단순하고 반복적인 작업을 대체하는 데 활용했지만, 앞으로는 사람과 로봇의 협업시대가 도래할 것이다. 사람은 두뇌 역할만 하고 나머지는 모두 자동화된 기계, 시스템 그리고 로봇 등이 지원할 것이다. 따라서 이제는 인간을 지원하고, 더 높은 부가가치를 실현하는 파트너로 로봇을 활용하는 것을 목표로 해야 한다. 4차 산업혁명 시대에 사람들이 할 수 있는 일은 두뇌를 사용하여 로봇을 관리하고, 가르치고, 더 사람다운 창조성을 발휘하여 가치를 만들어 내는 부분이 될 것이다.

모든 것을 만들어 낼 수 있는
3D 프린팅 기술

4차 산업혁명 시대에는 3D 프린팅 기술 또한 제조 산업에 혁신적 변화를 불러일으킬 것으로 전망된다. 기존의 제조업은 연구·개발, 구매, 생산 등 각 공정 단계별로 점진적인 개선을 추진해왔다. 전통적인 제조는 '빼기' 제조 방식으로 약간 복잡한 제품은 여러 부품으로 나누어 원료를 자르고 깎아 부품을 만들고 조립하거나 용접하여 최종 제품을 생산했다. 이 과정에서 원료가 상당 부분 낭비되고 버려졌다. 항공산업에서는 이를 Buy-to-Fly 비율부품 생산에 필요한 총원료의 무게 대비 완성부품 총무게 비율로 부르는데, 보통 6:1에서 33:1이라고 한다. 많게는 원료의 97%가량이 버려진다는 의미이다. 자동차 산업의 경우에는 이 비율이 보통 20:1에 이른다.

그러나 3D 프린팅 기술은 '더하기' 제조 방식을 따른다. 따라서 아무리 복잡한 제품이라도 원료를 한 층 한 층 쌓아 원하는 제품을 생산할 수 있다. Buy-to-Fly 비율도 거의 1:1이다. 원료 측면에서 매우 경제적이고 낭비되는 원료가 없어 친환경적이다. 최근 들어 금속뿐 아니라 유리 제품도 3D 프린팅으로 제조하는 기술이 개발되었다고 한다.[26]

3D 프린팅 기술의 도입은 공정들을 통합하거나 공정별 구분을 무의미하게 만들어 파괴적인 혁신을 불러일으킬 것으로 전망되고 있다. 예를 들어 고객이 원하는 제품을 3차원 디지털 설계도나 모델을 활용하여 디자인하고, 금속 분말로 적층 가공하여 원하는 모양의 재질과 강도를 가진 제품을 만드는 완벽한 3D 프린터가 나온다면 제조업은 근본적인 변화를 겪게 될 것이다.

그렇다면 3D 프린팅 공정은 어떤 과정을 거칠까? 먼저 디자인 SW 또는 3D 스캐너를 활용하여 3차원 디지털 도면을 설계하는 3D 모델링 단계를 거친다. 그리고 나서 프린팅 단계를 거쳐 후공정, 즉 서포터 제거, 연마, 염색, 표면 재료 증착 등 최종 상품화를 위한 마무리 공정 단계로 끝난다.

3D 프린팅 기술의 장점과 단점

3D 프린팅 기술은 기본적으로 다음과 같은 장점을 지니고 있다.

- 시제품의 제작 비용 및 시간을 절감할 수 있다.
- 개인 맞춤형 다품종 소량 생산이 가능하다.
- 복잡한 형상 제작이 용이하다.
- 재료의 재활용으로 친환경적이다.
- 유통 구조가 간단하다. 즉, 소비자가 디자인하고 바로 3D 프린터로 제작해 프로슈머가 되는 구조이다.

그러나 이러한 장점에도 불구하고 3D 프린팅 기술은 느린 속도, 제품 크기의 제한, 원료의 제한 등 극복해야 할 숙제가 여전히 남아 있다. 그럼에도 불구하고 3D 프린팅 기술은 이미 항공 산업, 자동차 산업, 의료 산업 등에서 다양하게 활용되고 있다. GE는 제트 엔진에 장착되는 연료 노즐을 3D 프린팅 기술로 제작하고 있다. 2015년 4월에 GE는 미국 연방항공청Federal Aviation Administration으로부터 3D 프린팅 기술로 제작한 T25하우징 엔진 부품에 대해 공식 승인을 받았다. T25하우징은 온도 센서와 압력 센서를 감싸는 부품이다.

미국의 로컬모터스는 바퀴, 배터리, 모터 등을 제외한 차체, 의자 등을 3D 프린터로 제작하여 전기 자동차 한 대를 44시간 만에 만들고 있다. 차체도 고객이 원하는 대로 3D 프린터로 제작하여 만족도를 높이고 있다. 그리고 고속도로 주행이 가능한 전기 자동차 스윔Swim을 3D 프린터로 제작해 53,000달러약 6천만 원에 출시할 예정이다. 미국 워싱턴 D.C.에서는 3D 프린터로 제작한 12인승용 자율 전기 자동차 올리Olli를 시범 운행 중이며, 2017년에는 미국 라스베가스와 마이애미에서 상용 출시할 예정이다.[27][그림 2-9 참조]

속도 및 품질이 점차 개선됨에 따라 앞으로 생산 라인에서도 3D 프린터

[그림 2-9] 3D 프린팅 기술로 제작된 로컬모터스의 전기 자동차 스웜과 올리

사용이 급격히 늘어날 전망이다. 점차 개발 및 제조 부서에서 3D 프린터의 활용도가 높아짐에 따라 기업에서는 제품의 개발 속도가 빨라지고, 일단 소량을 제작해 시험 판매를 해본 후 생산 물량을 늘리는 것이 가능해졌다. 또한 기존의 제조 방식과 3D 프린팅 기술을 통합한 하이브리드 제조 방식을 효과적으로 활용하는 기업의 경우, 다른 기업에 비해 제품 혁신의 경쟁력이 높아질 것으로 보인다. 이러한 면에서 세계는 하이브리드 제조 방식을 통한 제품 혁신, 제조 공정 혁신 경쟁이 이미 시작되었다고 볼 수 있다.

하이브리드 제조를 가져온 3D 프린터

여기서 요즘 많은 업체가 관심을 갖고 제품을 출시하고 있는 3D 프린팅 기능과 CNC 기계 가공 설비를 결합한 하이브리드 제조에 대하여 살펴보자.

1970년대부터 제조 현장에서 널리 사용되고 있는 CNC 기계는 금속 가공에서 없어서는 안 되는 주요 기계 공구이다. CNC 기계는 기존의 '빼기' 제조Subtractive Manufacturing의 대표 주자로 그 공정에는 재료의 낭비라는 기본적인 단점이 존재했다. 이에 비해 3D 프린팅의 '더하기' 제조는 재료를 한 층 한 층 쌓아가는 방식으로 속도는 느리고 비싸지만, 자유롭게 원하는 모습으로 제조할 수 있다는 장점이 있다.

일반적으로 금속 3D 프린팅은 CNC 기계 가공에 비해 2배가량 느리고, 정밀하지도 않다. 하지만 3D 프린팅은 복잡한 구조 제작, 다양한 소재 결합, 적은 소재 폐기라는 전례 없는 장점을 가지고 있다. 그래서 CNC 기계로 작업하다가 필요에 따라 3D 프린팅 방식으로 작업한 후, 다시 CNC 기계로 후처리하는 것과 같이 두 가지 방식의 장점을 융합하는 하이브리드 제조 방식을 개발하기에 이르렀다. 하이브리드 제조 방식은 새로운 제품 생산뿐 아니라 기존 제품을 수리하는 데에도 매우 경제적이고 효율적이다. 이미 일본의 DMG Mori, Mazak, 독일의 Hamuel 등의 CNC 기계가 3D 프린팅 장착을 지원하고 있다.

3D 프린팅 기술의 활용

최근 들어 3D 프린팅 기술의 활용으로 개인 맞춤형 생산 및 거래가 확산되어 혁신이 가속화되고 있다. 게다가 디지털 데이터를 중심으로 제품 설계, 시제품 제작, 제조·생산, 유통 등이 통합되어 누구나 제조할 수 있는 시대가 열렸다. 우리는 이를 제조업의 민주화라 부른다.

앞으로 3D 프린팅은 아이디어 제품, 부품, 취미 활동용 장식품 등을 직접 생산, 소비하는 프로슈머Prosumer, 생산자 겸 소비자를 촉진할 것이고, 책상 위의 프린터에서 물건을 뽑아내는 데스크톱Desktop 공장을 불러올 것이다. 또한 소비자가 곧 생산자가 되는 구조적 변화를 불러와 전통적인 기획, 생산, 유통 단계가 기획, 유통, 생산으로 바뀌고, 수요처에서 바로 원격 생산으로 유통이 간소화되거나 없어지는 소비자 생산 방식이 확산될 것이다. 이것을 다른 말로 생산자Producer와 이용자User 조합을 의미하는 개념인 '프로듀저Produser', 소비자와 제조업자의 결합을 의미하는 '컨슈팩처러

Consufacturer'로 칭하기도 한다. 그리고 산업, 문화적으로는 온라인 또는 공용 제작 공간에서 소통을 통해 창의적 결과물을 산출하는 '집단지성 협업 문화'가 확산될 것이다

그러나 한편으로 3D 프린팅 산업의 발달은 다음과 같은 문제를 야기할 수도 있다.

- 저임금에 기반한 제조 국가의 위상을 약화시킬 수 있다.
- 고임금 노동자인 숙련 노동의 영역을 축소시킬 가능성이 높다.
- 지적 재산권에 대한 보호 문제가 이슈화될 수 있다.
- 사회적 가치 판단의 문제가 부각될 수 있다.

아울러 3D 프린팅 기술은 다음과 같이 규모의 경제와 범위의 경제라는 두 가지 기본적인 측면에서 변화를 요구한다.

먼저 3D 프린팅은 규모Scale의 경제를 달성하기 위해 쓰여야 할 자본 규모를 감소시킨다. 3D 프린팅 기술은 상당한 규모의 노동력이나 자본 없이도 소비자들의 요구 사항을 만족시키도록 해준다. 이 부분이 바로 장비나 가동 준비에 많은 투자 비용이 들어가던 과거의 생산 방식과는 차별화되는 점이라고 할 수 있다.

또한 3D 프린팅 기술의 유연성은 범위Scope의 경제를 달성시키기 위해 필요한 비용을 감소시킨다. 3D 프린팅 기술은 복잡한 구조를 가진 제품을 쉽게 저비용으로 생산할 수 있도록 다양성을 제공한다. 범위의 경제가 동일한 장비, 원재료와 프로세스를 활용해 다양한 종류의 다른 제품을 생산할 수 있게 해주는 것이다. 이처럼 3D 프린팅 기술은 전통적인 제조 방식 하에서는 불가능하거나 비현실적인 제조 방식을 구현하도록 해준다.

가령 기하학적으로 복잡한 구조를 가진 제품을 전통적 방식에서는 한 번에 제작할 수 없었지만, 3D 프린팅 기술로는 한 번에 쉽게 만들 수 있다. 따라서 3D 프린팅 기술로 인한 범위의 경제가 주는 혜택은 규모의 경제로 인한 혜택보다 더 클 수도 있다.

그럼에도 불구하고 전문가들은 3D 프린팅이 기존 제조 방식을 완벽하게 대체할 수 없다는 점에 대해서는 공감한다. 하지만 3D 프린팅 기술로 생산할 수 있는 제품과 그렇지 않은 제품이 공존할 것이며, 앞으로 5년 이내에 3D 프린팅 기술로 표준화된 부품을 대량 생산할 수 있을 것으로 예상된다.[28] 우리나라 제조업은 아직 3D 프린팅 기술 도입과 적용에 미온적이다. 우리나라 기업들이 하루속히 3D 프린팅 기술을 제조 현장에 적용할 수 있기를 기대한다. 3D 프린팅 기술은 향후 전자, 항공, 자동차, 의료, 교육 등 전통 산업에 재도약의 기회를 제공할 것이고, 기술 집약형 산업 구조화에 기여할 것이다. 그와 더불어 3D 프린팅 기술로 제조업과 정보 통신 기술의 융합 등 새로운 산업 형태가 창출될 것이다.

▎물리적 세계와 가상 세계가 공존하는
▎가상 물리 시스템 기술

가상 물리 시스템CPS: Cyber Physical System이란 물리적 프로세스와 디지털에 의한 가상 프로세스가 통합된 시스템, 즉 물리적 프로세스와 가상 프로세스가 교차하는 부분을 말한다. 물리적 사물과 가상 공간에 존재하는 사물의 디지털 복제품이 서로 소통하는 시스템인 것이다. 이를 위해 물리적 사물과 디지털 복제품을 통신 네트워크로 연결하여 물리적 사물과 디지털 복제품에 상호 영향을 끼친다.[29]

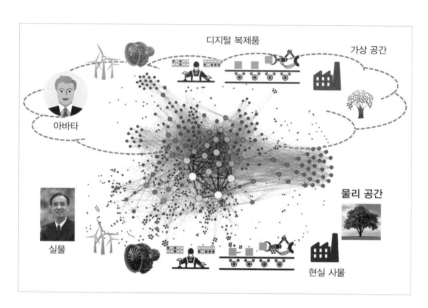

[그림 2-10] 가상 물리 시스템

본래 CPS라는 단어는 2006년에 미국 국가과학재단National Science Foundation
의 헬렌 질Helen Gill이 만들었다. 헬렌 질이 정의한 CPS는 오픈 시스템, 각
물리적 부품마다 디지털 역량, 다중과 광대한 연결, 다중 시간과 공간의
복잡성, 동적 재조직과 재변경 등으로 물리적 사물과 가상 공간의 디지털
복제품Digital Twin들이 복잡하고 광대하게 연결된 초연결성을 가지고 있다
는 특성을 갖는다.[그림 2-10 참조] 초연결되면 물리적 사물과 디지털 복제품
은 데이터로 소통하면서 서로를 관리하거나 영향을 주고받게 된다. 디지
털 복제품은 데이터를 분석하여 물리적 사물의 현황 등을 실시간으로 알
고, 미래의 상태나 문제가 될 상황을 예측하여 물리적 사물에 대하여 예
지 정비를 가능하게 한다.

이를 스마트 공장에서 설명하면 물리적 세계의 제품 개발, 검증, 기계,
설비, 센서, 공장, 제조 공정, 작업자, 부품, 제품, 주문, 구매, 공급망, 협력

사, 기업 등 모든 것과 이들의 디지털 복제품이 서로 긴밀하고 복잡하게 초연결되는 모습이라고 할 수 있다. 고객이 주문하면 이를 제조하여 배송할 모든 공정을 실제 생산하는 것과 똑같이 가상 공간에서 미리 시뮬레이션하여 언제 제품을 생산하고, 언제 배송이 가능한지를 검토한다. 제품이 조립되기 전에 미리 제품 제조, 배송 등을 검토하기 때문에 부품이나 제조 공정의 기계나 설비가 제대로 작동할지, 배송까지 얼마나 걸리고 예상 배송일이 언제인지 알 수 있다. 만약에 문제가 생길 것으로 예상된다면 물리적 세계와 소통하여 문제를 미리 해결하도록 조치할 수도 있다. 물리적 세계와 가상 세계가 실시간으로 소통하며 서로를 보완하여 전 공정을 최적으로 운영하는 것이다.

가상 물리 시스템은 컴퓨팅의 능력이 기하급수적으로 발전하고, 물리적 사물을 저렴하고 효율적으로 쉽게 만든 디지털 복제품과 연결할 수 있는 통신 네트워크의 발전으로 실현이 가능하게 되었다. 이 시스템에서 생성되는 데이터를 실시간으로 수집·저장·분석할 수 있는 다양한 기술이 발전하면서 가상 물리 시스템은 4차 산업혁명 시대를 이끌어 갈 주요 기술로 주목을 받고 있다.

가상 물리 시스템으로 운영되는 대표적인 사례로는 인도에 있는 GE의 '생각하는 공장', 암베르크와 청두에 있는 지멘스의 스마트 공장 등이 있다. GE는 이미 55만 개 이상의 디지털 복제품을 제작하여 활용하고 있으며, 전 세계 개발자들이 기업에서 필요한 디지털 복제품을 개발할 수 있도록 개발 환경을 공개하고 있다. 또한 자율 주행차, 원격 진료 서비스, 스마트 그리드 등도 물리적 세계와 가상 세계가 초연결되고 통합·운영되는 가상 물리 시스템의 실제 사례라 할 수 있다.

그렇다면 가상 물리 시스템이 중요한 이유는 무엇일까? 가상 공간에서 시뮬레이션 기능이 가능하기 때문이다. 공정의 개선 방안, 공장 설비 재배치, 주문 제품 생산 계획 등을 실제로 수행하기 전에 가상 공간에서 모의로 실험하여 실제 상황을 점검할 수 있다. 실제 상황을 점검하는 와중에 문제가 생기면 실제로 작업을 수행하기 전에 미리 준비할 수 있는 기반이 마련된 것이다.

예를 들어 고객이 제품을 주문할 경우를 생각해보자. 주문을 접수하는 시점에서 생산 계획과 배송 일자 등을 검토, 확인하는 작업은 수작업으로는 할 수 없는 복잡하고 오래 걸리는 일이다. 하지만 가상 물리 시스템을 활용하면 주문을 접수하기 전에 생산 현황과 준비 상황을 가상 공간에서 시뮬레이션으로 점검할 수 있고, 주문 제품을 생산하기 전에 시뮬레이션을 활용하여 부품, 재료, 설비 상황, 주문 배송 일자 등을 확인할 수 있다. 이를 통해 부족한 부분을 채울 수 있는 방안과 계획을 수립하고, 실행할 수 있다.

하지만 제조업에서 모든 공정을 한번에 가상 물리 시스템으로 통합하는 것은 불가능하다. 따라서 센서, 설비, 기계 등 쉽게 디지털화 할 수 있는 물리적 사물부터 디지털 복제품을 만들어야 한다. 예를 들어 설비의 디지털 복제품은 설비의 생산율, 품질 지표, 가동율, 오작동 상태, 각종 모니터링 정보 등 설비의 가능한 모든 정보를 몇 달에서 몇 년 동안 디지털로 모아 놓은 것이다. 실제 설비가 작동할 때의 상태 정보를 디지털 복제품의 정보와 실시간 비교·분석하면 설비의 상태를 정확히 알게 되고, 미리 언제 무슨 오작동이 일어날지 예지하여 사전에 대응할 수 있다. 즉, 디지털 복제품이 가치를 제공하게 된다.

물리적 사물의 디지털 복제품을 개발하기 위해서는 순차적으로 사물의 디지털화, 통신망으로 연결, 데이터 수집과 저장 과정을 거쳐야 한다. 데이터를 오래 수집하고 실시간으로 분석할수록 디지털 복제품은 더 많은 가치를 발휘하게 된다. 디지털 복제품의 개발은 기업 스스로도 할 수 있다. 사물 인터넷 장치의 경우, 사물 인터넷 플랫폼을 활용할 수도 있다. 국내 사례로는 모비우스와 앤큐브 플랫폼, MDS 테크놀로지의 ThingSPIN, 달리웍스의 씽플러스, 코무스 등이 있다. 해외의 경우에는 PTC의 씽웍스ThingWorx 플랫폼, AWS IoT 플랫폼, SAP PLAT.ONE 플랫폼, IBM IoT Foundation Device Cloud 등이 있다.

가상 세계와 현실 세계를 오버랩한 가상 현실과 증강 현실 기술

2016년 여름 스마트폰으로 포켓몬고Pokemon Go 게임을 하느라 부산, 울산, 속초에서 정신없이 화면만 보면서 거리를 배회하는 사람들이 TV에서 화제가 된 적이 있다. 그리고 2017년 1월에는 한국에서도 정식 출시되어 열풍을 이어가고 있다. 포켓몬고 게임은 증강 현실 기술이 이미 우리 옆에 와 있다는 것을 여실히 보여준 사례라 할 수 있다. 포켓몬고 게임은 구글 지도를 바탕으로 실제 거리 모습에 3차원 가상 포켓몬스터를 겹쳐서 보여주며 잡도록 구성했다.

증강 현실AR: Augmented Reality 기술은 이와 같이 현실 세계에 실시간으로 가상 세계의 정보나 물체를 합쳐 하나의 영상으로 보여주는 기술을 말한다. 그리고 가상 현실VR: Virtual Reality 기술은 현실과 유사한 상황이나 환경을 컴퓨터로 만든 가상의 공간에 가상 정보나 물체를 합쳐 하나의 영상으로 보여주는 기술을 말한다.[30]

두 기술의 차이는 현실의 모습이 증강 현실은 실제이고, 가상 현실은 허상이라는 점이다. 즉, 증강 현실은 스마트폰이나 태블릿 화면에 있는 실제 모습 속에서 가상 체험을 하는 것이고, 가상 현실은 VR 기기를 착용하고 가상의 세계로 들어가서 가상 체험을 하는 것이다. 증강 현실은 실제 현실 위에 가상의 물체를 보여주기 때문에 현실감이 높은 반면, 가상 현실은 VR 기기를 착용하고 가상 공간에서 가상 체험을 하기 때문에 몰입감이 높다.[31]

증강 현실 기술과 가상 현실 기술은 최근 게임이나 영화, 음악 등의 분야를 넘어 제조업으로도 활용 영역을 넓혀가고 있다. 가상 현실 기술을 활용하면 제조 현장을 컴퓨터의 가상 공장으로 만들어 작업자들이 VR 기기를 착용하고 가상 공장을 다니면서 가상 설비나 기계가 어떻게 작동하고 어떤 작업을 어떻게 해야 하는지 몰입감 높은 교육을 할 수 있다. 또한 증강 현실 기술은 작업자가 스마트 기기를 들고 실제로 공장을 돌아다니면서 사용할 설비나 기계를 화면으로 보며 가상으로 어떤 작업을 어떻게 해야 하는지 보여주어 현실감 높은 교육을 할 수 있다.

자동차 제조 공장 전체를 가상 현실 기술로 구현하면, 실제 부품을 조립하기 전에 자동차 제조 전 과정을 설계하고, 검증하고, 개선할 수 있다. 초기 실험 결과, 자동차 제조 공정을 모두 구현하는 데 기존의 기술은 3개월이 걸렸는데, 가상 현실 기술로는 3일밖에 걸리지 않았다고 한다.[32] 다음은 그에 대한 내용이 담긴 글을 번역한 것이다.

"증강 현실도 제조 현장에서 많이 활용되어 작업자의 생산성을 높일 전망이다. 스마트 공장에서 작업자들이 부품을 조립할 때, 스마트 글래스에 나타나는 조립 방법에 따라 조립하고 제대로 조립이 되었는지 바로 확인하면 작업자의 실수를 많이 줄일 수 있고, 결과적으로 품질과 생산성이 향상될 것이다. 증강 현실 기술의 완성도가 높아지면, 새로 취업한 작업자를 별도의 교육없이 현장에 투입하여 바로 작업을 수행할 날이 올 것을 예상할 수

[그림 2-11] 증강 현실 기술을 탑재한 스마트 기기를 착용하고 작업하는 모습

있다. 기업이나 작업자 입장에서 모두 만족하는 효율적이고 품질과 생산성, 가동성이 높은 환경이 될 수 있으리라 상상할 수 있다. [그림 2-11]에서 보는 바와 같이, 마이크로소프트의 홀로렌즈HoloLens와 같은 증강 현실 기술을 탑재한 스마트 기기를 착용한 작업자에게 수행 작업에 필요한 정보를 작업자 맞춤형으로 제공하는 날이 곧 오리라 예상된다."

제품 개발에서도 3D CAD 소프트웨어로 모델링한 제품을 가상 현실 기술을 사용하여 실제와 같은 모습으로 검증하는 방식이 이미 활용되고 있다. VR로 검증한 후, 원하면 3D 프린터로 제품을 빠르고 정확하게, 원하는 대로 제작할 수도 있다. 하지만 아직은 초기 단계인 가상 현실과 증강 현실 기술이 얼마나 발전할지는 아무도 모른다. 벌써 가상 현실과 증강 현실을 합친 융합 현실MR: Mixed Reality 기술이 등장하기 시작한 것을 보면 말이다. 제조업에 이 기술들이 도입되어 제조 현장을 변화시킬 날이 점점 더 빨리 다가오고 있다.

우리가 매일 손에 들고 다니며, 손에 없으면 불안해하는 스마트폰이나 태블릿 등 스마트 기기들도 제조업에 큰 변화를 일으키고 있다. 모든 설비, 기계, 공정 등이 서로 연결되어 생산 현황, 생산율, 가동률 등과 같은 생산 정보, 경영 정보가 클라우드를 통해 스마트 기기에 금세 전달되기 때문이다.

2007년 1월 출시된 애플의 아이폰은 가히 혁명이라고 할 만큼 우리 삶을 변화시켰다. 10년이 지난 지금, 우리는 스마트폰이 없으면 불안하거나 아무것도 할 수 없는 스스로의 모습에 놀라곤 한다. 지하철, 버스, 택시, 기차, 심지어는 길거리를 걸으면서도 스마트폰에서 눈을 떼지 못하고, 때로는 스마트폰 때문에 사고까지 일어났다는 뉴스를 접하곤 한다. 어디 그뿐인가. 스마트폰으로 게임을 하거나, 뉴스를 읽거나, 영화나 연속극을 즐기는 사람들을 우리는 주변에서 흔히 볼 수 있다.

또한 산업 현장에서도 스마트폰은 없어서는 안될 중요한 기기가 되었다. 스마트폰으로 업무 중에 이메일을 전송하거나, 정보를 공유하거나, 문서를 읽거나, 설비 상태 및 현황을 확인하거나, 이상을 알리는 알람을 받기도 한다. 또한 제조 현장에서도 태블릿이나 모니터에 작업 순서, 작업 일지, 생산 현황, 가동률, 환경 정보, 경영 정보 등을 나타내 작업자나 관리자들이 현황 파악, 알람 현황, 정비, 관리 등을 쉽게 할 수 있도록 지원하고 있다.

스마트 기기를 통한 협업

모든 설비나 기계가 연결되어 정보가 클라우드에 모이면 작업자나 경영자들은 필요한 정보를 찾아보고 활용할 수 있다. 스마트 기기를 통해 필요한 정보를 실시간으로 얻을 뿐만 아니라, 필요에 따라 각종 지표나 그래프로 표시하여 정보를 알기 쉽게 이해하도록 할 수도 있다. 그래서 중앙관제센터에서는 전체적으로 대시보드를 통하여 통합적으로 관리하면서도 작업자나 경영자들과의 소통을 위해 스마트 기기를 활용한다.

스마트 기기를 활용하면 제조업이나 제조 현장에서의 모든 정보뿐만 아니라, 경영자들이 주문, 영업, 구매, 가치망 정보 등 경영 정보, 생산 정보, 환경 정보, 원료/부품 수급 현황, 가동률, 품질 지수 등 의사 결정에 필요한 정보도 실시간으로 파악할 수 있다. 또한 작업자와 관리자, 경영자, 공급 사슬망 파트너, 서비스 업체 관계자, 개발자, 디자이너 등과 같은 사람들의 연결·소통·협업을 쉽게 한다.

스마트 기기를 통한 제조 및 경영 정보의 실시간 공유

최근 제조 공장에서는 모바일 기술의 응용과 비즈니스 모델의 개발이 빠르게 진행 중이다. 예를 들어 공장 설비의 유지·보수를 책임지는 부서의 직원들은 스마트 기기에 설치된 설비·보전 앱을 통해 부서원들을 팀원으로 등록한 후 부서장의 작업 지시는 물론이고 작업 상황을 실시간으로 팀원들과 공유한다. 이것은 사람 간의 연결이다. 더 나아가 스마트 기기는 무선 네트워크로 산업 설비와 연결되어 장비의 상태, 작업 정보를 실시간으로 모니터링하고 필요한 조치를 가능하게 한다. 산업 기계들이 인간과 소통하는 것이다.

스마트 공장 플랫폼은 데이터를 수집·저장·분석하기 쉽게 클라우드 환경을 지원하고, 스마트 기기를 통해 인간과 기계의 인터페이스를 쉽게 개발할 수 있도록 개발자 툴킷을 제공하기도 한다. 또한 스마트폰은 애플

iOS나 구글 안드로이드 앱을 지원하기 때문에 기업이나 제조 공장에 필요한 각종 정보를 쉽게 개발하고, 편리하게 표시할 수 있다는 장점이 있다.

고객에게 특별한 경험을 선사하라

스마트 기기의 앱을 통하여 기업 내 정보 소통을 넘어 제품이나 서비스를 사용하는 고객들과의 정보 공유 및 소통, 불편이나 불만 사항 접수 및 해결, 제품 및 서비스 제공 등도 필요하다. 제품을 생산·공급하는 기업들은 고객과의 소통으로 제품의 서비스를 강화하는 데 스마트 기기를 활용하는 것이 중요하다. 지금까지 기업들은 스마트 기기의 사용자 인터페이스UI: User Interface 기술을 활용하여 정보 제공에 많은 초점을 맞추었다. 그러나 스마트 기기가 활성화된 요즘은 UI는 물론 사용자 경험UX: User eXperience까지 고려하여 스마트 기기 앱을 개발해야 한다. 스마트 기기를 통해 기업의 제품 및 서비스를 포함하여 고객에게 특별한 경험을 선사해야 고객을 붙들 수 있는 세상이다. 고객이 느끼는 가치는 기업이 제공하는 제품 및 서비스와 이를 통한 경험이기 때문이다.

기업 내부뿐만 아니라 고객과의 소통 및 정보를 제공하는 데 스마트 기기를 활용하기 위해서는 고객의 입장에서 앱을 개발해야 한다. 앱은 고객이 사용하기 편리하고 쉬우며, 특별한 대우를 받고 있다는 경험까지 느낄 수 있도록 해야 한다.

산업의 잠재적 위험을 막는
보안 기술

공장이 스마트해진다는 것은 산업 설비들이 디지털화되고, 사물 인터넷으로 연결되며, 수집·저장·분석되는 데이터가 많다는 뜻이다. 하지만 연결의 확산은 곧 보안Security의 위험이 확산된다는 것을 의미한다. 스마트 장비, 스마트 공장 나아가 스마트 기업으로 나아가면 얻을 수 있는 가치가 엄청나다는 것은 누구나 쉽게 알 수 있다. 하지만 연결을 통하여 보안의 위험이 존재한다면 쉽게 추진할 수는 없을 것이다.

최근 「Ponemon Institute」에서 발표한 설문 조사에 따르면, 70%의 기업이 보안의 허점과 사고에 대하여 어려움을 겪고 있다고 답했다고 한다. 그러나 응답한 기업의 25%만이 산업 보안을 우선적인 개선 과제로 선정해서 추진 중인 것으로 나타났다고 한다. 이는 디지털 공장으로 급속히 진행되는 과정에서 보안의 위험과 필요성에 대한 인식이 부족하고, 전문 지식과 경험이 부족하여 구체적인 계획조차 수립하지 못한 기업이 대다수임을 알수 있다.

산업 보안은 기술적인 부분과 기술 외적인 부분사람, 프로세스 관련을 포함하여 총체적으로 접근해야 한다. 현재 대부분의 제조업체는 기술적인 준비미흡으로 기술 외적인 부분을 등한시하고 있다. 예를 들어 디지털화 도입을 거부하고 아날로그 방식의 연결을 고수하거나, 디지털화된 기기를 사용하지만 보안상의 이유로 인터넷 연결 자체를 거부하는 경우도 있다. 산업 보안에서 기업의 목표는 연결해서 혁명적인 생산성 향상과 경쟁력 확보를 위한 보안 시스템을 갖추는 것이다. 그러기 위해서는 기술적인 측면에서 전사적 차원의 계층별 보안, 다단계의 심층 보안 전략, 개방된 보안기술의 도입, 보안 기능을 갖춘 기기의 평가 및 도입 등의 내부 절차와 정책이 필요하다.

사람과 시스템에 대한 심층 보안 전략과 함께 보안 사고를 방지하기 위해서는 다음과 같은 3가지 형태의 종합적인 보안 기능이 갖추어져야 한다.

- Authentication (인증)
- Authorization (권한)
- Accounting (기록)

그리고 정기적이고 지속적으로 회사의 보안 위험도를 평가할 수 있는 시스템과 절차를 갖추는 것도 필요하다. 특히 최근 들어 급속히 확산되고 있는 사물 인터넷 센서나 장치에 대한 보안은 매우 시급하다. 앞에서 언급한 대로 전 세계에는 이미 약 229억 개의 사물이 연결되어 있고, 2020년에는 500억 개 이상의 사물이 인터넷에 연결될 것이라고 한다.[33] 이 중에서도 특히 산업용 사물 인터넷에 연결되는 센서나 장치들의 수는 기하급수적으로 증가할 것으로 예상된다.

지난 2016년 10월 미국에서 실제로 사물 인터넷를 악용한 대규모 보안 사고가 일어나기도 했다. 미라이 봇넷Mirai Botnet을 활용한 대규모 DDoSDistributed Denial of Service, 분산 서비스 거부 공격으로 미국 인터넷의 절반이 마비된 것이다. 특이한 사항은 미라이에 감염된 사물 인터넷 기기를 통한 봇넷에서 발생했다는 것이다. 그 당시 미국의 DNS 서비스 업체인 Dyn을 마비시킨 미라이 좀비를 유발한 사물 인터넷 기기의 6.2%가 한국에 있는 것으로 알려졌다.

이는 사물 인터넷 장치나 기기들이 강력한 보안 체계를 갖추기에는 제한적 요소가 많기 때문에 보안에 취약한 점을 공략한 것으로 보인다. 이러한 장치나 기기들은 대부분 물리적으로 크기가 작고, 배터리 용량이 제한적이며, 컴퓨팅 파워도 높지 않다. 이러한 환경으로 인해 강력한 보안 기능을 탑재하기가 매우 어렵다. 다행히 사물 인터넷 기기들의 보안 체계를 해결할 한 가지 방안이 국내에서 개발되어 출시되었다.

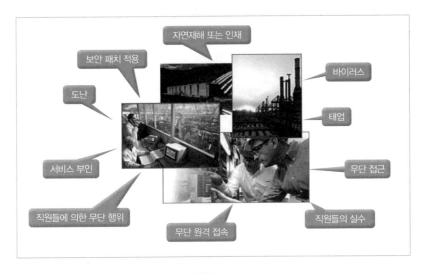

[그림 2-12] 제조업에서의 일반적인 보안 위협들

보안은 사실 아무리 강조해도 결코 지나치지 않은 매우 중요한 사안이다. 기업, 공장, 국가의 모든 것이 연결되는 초연결 사회, 4차 산업혁명 시대에 기업의 생존을 위협할 수 있기 때문이다. 물리적 공간과 가상 공간이 연결되기 때문에 한 곳의 해킹은 다른 곳에 큰 위험으로 전이될 수도 있다. 보안의 위험이 상시 존재하는 시대에 보안에 대한 준비는 그 어느 때보다도 중요해졌다. 회사 내에서 팀을 구성하거나 외부 전문가 또는 협력 업체와 보안 수준과 보안 이슈에 대해 상시적으로 논의하고 점검하고 관리해야 할 것이다.

▶ 4차 산업혁명의 어떤 기술을 먼저 도입해야 할까?

2016년 11월 한국인더스트리4.0협회에서 409개 기업의 혁신 담당자들을 대상으로 스마트 공장에 대한 실태를 조사했다. 그 결과에 따르면, 기업들이 스마트 공장을 구축하기 위해 생산 현장에 우선적으로 도입할 솔루션으로는 빅 데이터(21.9%)가 가장 높게 나타났고, 산업용 로봇(15.7%), ERP(12.3%), 3D 프린팅(11.5%), MES(10.4%) 순으로 이어졌다. 아직도 ERP나 MES를 우선적으로 도입해야 하는 기업이 상당수여서 우리나라는 디지털화를 해야 하는 기업들이 많다고 볼 수 있다.

그런데 3D 프린팅을 우선적으로 도입해야 한다고 생각하는 기업들이 11%나 된 것은 아주 고무적이라 할 수 있다. 3D 프린팅 기술과 응용에 대한 확신을 갖고 제조업에 변화를 꾀하려는 의도로 볼 수 있기 때문이다. 실태 조사 결과, 산업 분야별로 먼저 도입할 솔루션을 살펴보면 자동차 및 부품 업종은 산업용 로봇, 기계 업종과 전자 업종은 ERP, 전기 업종은 MES, 통신 업종은 클라우드, 철강 업종은 빅 데이터, 금속 업종은 3D 프린팅으로 나타났다.

최근 중소기업중앙회가 300개 중소 제조업체 대표들을 대상으로 실시한 〈4차 산업혁명에 대한 중소기업 인식 및 대응 조사〉[34]에서는 4차 산업혁명 시대에 전략적 육성이 필요한 분야로 '신소재 개발(40.7%)'을 가장 먼저 생각하고 있고, 'AI(27.0%)'와 'IoT(21.3%)'와 '빅 데이터 분석(21.0%)'이 각각 그 뒤를 이었다. 다행히 중소기업들이 신소재 개발에 관심을 갖고 전략적으로 육성이 필요하다고 생각한 것은 생산성을 넘어 제품 경쟁력에 대한 고민이 엿보이는 대목이다.

4차 산업혁명과 관련한 신산업 육성과 주력 산업 고도화에 소재와 부품 산업의 경쟁력은 그 전제 조건이 되고 있다. 소재와 부품 산업은 부가가치의 원천으로서 선진국 도약의 기준이 되고, 핵심 소재와 부품 개발 성공 시 장기간 시장 지배가 가능하다는 특성을 가진다. 이에 정부는 2016년 12월 소재와 부품 산업 발전을 위해 오는 2025년까지 첨단 신소재 100대 기술을 개발하고 인프라 구축, 국내 기업의 해외 진출 지원을 강화하는 것을 골자로 한 '제4차 소재, 부품발전 기본계획'을 발표했다.[35] 100대 기술은 4차 산업혁명 대응을 위한 소재와 부품 기술 50개와 주력 산업 고도화를 뒷받침할 수 있는 기술 50개로 구성되어 있다. 이외에도 100대 기술 개발에 기반이 되는 혁신적 물성의 소재 개발 등 원천 기술 확보를 위한 기초 연구를 지원 확대할 계획이다.[표 2-8 참조]

[표 2-8] 2025년까지 개발될 미래 첨단 신소재·부품 100대 유망 기술

4차 산업혁명 대응	IoT(21개): 5G 이동통신 모뎀, 전자 센서용 마이크로 광원 부품 등
	Big Data(3개): 클라우딩 컴퓨터용 고분자 소재 등
	Robot(18개): 고강도 · 고성형 알루미늄, 고효율 모터 부품 등
	AI(3개): 항공기용 고성능 항법 장치, 드론용 충돌 회피 시스템 등
	3D Printing(5개): 임플란트 바이오 세라믹 소재 등
주력 사업 고도화	산업 공통 (14개): 센서 부품, 리튬이온 전지, 에너지 고밀도화 기술 등
	자동차 · 선박(14개): 마그네슘 판매 제조 기술, 친환경 평형수 처리 기술 등
	철도 · 항공(8개): 동력용 배터리팩 모듈, 차세대 고형 고무 제조 기술 등
	반도체 · 디스플레이(8개): 파워 반도체 기술, OLED 엔진 기술 등
	바이오(6개): 바이오 의약품 기반 기술, 뷰티 케어 세라믹 소재 등

다음으로 융복합 소재·부품 개발을 효율적으로 지원할 수 있도록 인프라를 개선하고, 인력 양성을 위한 인적 자원 협의체로 철강협회를 지정했다. 이를 통해 가상 공학 전문 인력 등 융복합 소재 · 부품 관련 인력을 양성할 계획이다. 이 외에도 소재 ·부품 기업의 글로벌 진출 역량을 향상시키기 위해 지원을 위해 글로벌 파트너링 Global Partnering 사업을 확대해 추진할 예정이다.

2
지속 가능성에 대한
요구의 변화

2016년 11월 얼음이 다 녹아버린 알래스카에서 북극곰 한 마리가 고개를 떨군 채 몸을 웅크리고 있는 모습이 전 세계를 강타했다. 그것은 'No Snow, No Ice'라는 작품으로 미국의 사진작가인 패티 웨이마이어가 알래스카의 바터 섬을 방문했다가 찍은 사진이었다.[36]

2015년 9월 유엔 총회에서 193개국 정상들은 "지구의 문제는 우리 모두의 문제이다"라며 지속 가능성 개발 목표를 서명하고 의결했다. 2016년부터 2030년까지 17개 주요 목표와 169개 세부 목표를 정해 해결하자고 결의한 것이다. 여기에는 빈곤, 질병, 교육, 여성, 아동, 난민, 분쟁 등 인류의 보편적 문제와 기후 변화, 에너지, 환경 오염, 물, 생물 다양성 등 지구의 환경 문제와 기술, 주거, 노사, 고용, 생산 소비, 사회 구조, 법, 대내외 경제 등의 경제·사회 문제를 해결한다는 것이 포함되었다.

과거 제조업에서 가장 중요한 과제는 생산성, 품질 향상, 출시 기간 단축, 설비 가동률의 향상 등이었다. 하지만 근래에는 여기에 지속 가능성이 더해져 큰 과제로 대두되고 있다. 제조업 분야에서 지속 가능성의 과제는 산업 인력, 안전, 보건, 환경, 에너지 사용 등에 관한 것이다. 쉽게 설명하자면 아무리 좋은 제품을 만들고 판매해서 고수익을 올리는 기업일지라도 지속 가능성과 관련된 문제가 발생하면 하루아침에 심각한 위기에 빠질 수 있다는 것이다.

이와 같이 지속 가능성에 대한 변화에 제대로 대응하지 못하거나, 요구를 충족하지 못하면 시장에서 생존할 수 없는 시대가 되고 있다. 우리 삶에 미치는 지속 가능성의 과제들은 인류의 미래를 위해서 반드시 해결해 나가야 한다는 필요성이 점차 큰 흐름이 되고 있기 때문이다.

산업 인력의 급격한 변화

우리나라의 총인구는 2015년 5,101만 명에서 2031년 5,296만 명까지 증가하여 정점을 찍은 후 2065년에는 4,302만 명으로 1990년 수준에 이를 전망이다.[37] 우리나라는 현재 고령화 사회(총인구의 7%가 65세 이상인 고령인구)로 접어들었고, 2018년에는 고령인구가 14%를 넘어 고령사회로 들어설 전망이다.

그런데 인구가 줄어드는 것도 큰 문제지만 고령사회로 진입하는 것 또한 제조업 입장에서는 중요한 문제이다. 특히 2017년부터 생산 가능 인구가 감소하는 추세는 바로 대응해야 할 심각한 문제이다. 제조업에서 근로자들이 수행할 작업을 로봇이나 자동화 설비가 대신하여 기술 발전에 의한 실업도 발생하겠지만, 생산 가능 인구의 감소는 제조업 발전에 크나큰 방해 요소이자 도전 과제임에 틀림없다.

생산 가능 인구의 감소

급격한 고령화와 저출산으로 15~64세의 생산 가능 인구는 2016년 3,763만 명으로 정점에 도달한 후 2017년부터 감소하기 시작하여 2020년부터는 연평균 30만 명이 감소할 것이라고 한다. 15~24세의 생산 가능 인구는 점점 줄어들고 50~64세 생산 가능 인구는 늘어나지만 2017년부터는 전체 생산 가능 인구가 감소하는 것이다.

머잖아 인구 절벽에 고령사회 진입, 생산 가능 인구의 감소는 소비 절벽으로 나타날 것이다. 장기간 지속되는 국내 경기 침체에 최근 20대들의 취업 절벽으로 급속히 냉각되는 소비 절벽이 구조 조정과 글로벌 경쟁력 감소로 어려움을 겪고 있는 제조업에 더 큰 위기를 가져올 것으로 예측된다.

숙련된 산업 인력의 퇴직

우리 제조업에 더 큰 위기와 재앙은 지난 40년간 경제 발전의 주춧돌이 되었던 경험 많고 숙련된 역군들이 퇴직을 했거나 앞두고 있다는 것이다. 이들의 퇴직으로 귀중한 현장 경험과 기술이 산업 현장을 빠져나가면서 기업의 지속적인 발전과 국가 차원의 경제 성장이 위협받고 있다. 숙련된 수많은 산업 인력의 퇴직은 현재 우리나라를 비롯해 전 세계 제조업이 당면한 가장 큰 과제이다. 딜로이트와 제조업 연구기관이 발간한 보고서에 따르면, 미국의 경우 78% 이상의 제조 기업 임원진이 기존의 숙련된 인력과 새로운 기술 인력 간의 격차가 새로운 기술 활용과 생산성 향상에 큰 영향을 끼칠 것으로 답했다고 한다.

최근 우리나라는 베이비 부머 세대의 퇴직으로 그동안 우리 경제의 폭발적 성장을 견인했던 숙련된 인력들이 현장에서 급격히 빠져나가고 있다. 이들의 경험과 지식을 회사의 자산으로 만들고, 다음 세대에 어떻게 전달할 것인가가 기업뿐만 아니라 국가 차원의 큰 과제로 대두되고 있다. 또한 숙련된 노동자가 퇴직하면서 기존 인력에 대한 가용성이 전 세계적으로 축소되고 있으며, 해외 인력 도입 및 인력의 재배치 등의 방법은 그 효과가 떨어지고 있는 상황이다. 문제는 어떻게 전체적이고 포괄적인 접근 방법을 통해 장비와 설비를 디자인하고, 인력을 교육하며, 동시에 기술과 안전을 확보할 것인가이다.

인력의 가용성 문제는 주요 산업의 변화 과정에서 필연적으로 발생하고 있는 장기적인 도전 과제이다. 숙련된 기술자들은 기존의 제조 프로세스와 공정에 대한 깊은 이해를 가지고 있다. 이들의 퇴직과 함께 우리는 '젊은 인력이 기존 인력의 기술 역량을 어떻게 완전하게 전수받을 것인가'라는 문제에 직면해 있다. 또한 최근 제조 설비와 플랜트가 지속적으로 연결되면서 기존 인력도 새로운 기술을 익히고 관련된 역량을 확보해야 하는 문제를 가지고 있다. 앞서가는 제조업체는 이러한 당면 문제를 현재 인력에 대한 능력 개발과 교육 방향을 새롭게 정립함으로써 차별화된 경쟁력 확보로 연결하고 있다.

이제 제조업은 이를 확보하기 위해 두 가지 대책을 세워야 한다. 그 두 가지란 바로 숙련된 인력의 경험을 디지털화하는 것과 신입 인력의 교육이다. 그러기 위해서는 먼저 숙련된 인력이 퇴직하거나 은퇴하기 전에 노련한 운영 기술과 경험을 디지털로 변환하여 저장·축적·관리해야 한다. 축적된 경험 데이터를 통하여 운영 관리 방안, 개선 방안 등을 디지털 복제품으로 변환하여 활용해야 한다.

그리고 신입 인력을 얼마나 빠르고 효율적으로 교육할 것인가에 대한 전략과 실행도 뒤따라야 한다. 보유 역량과 필수 역량을 비교하여 부족한 부분에 대한 교육 과정을 수립하고, 다양한 교육방식을 도입하여 효율적이고 실제적인 교육이 필요하다. 또한 숙련된 인력이 축적한 경험 데이터를 신입 인력의 교육에 적극적으로 활용할 수 있어야 한다. 경험 전수와 시뮬레이션을 통해 운영 및 관리 기술, 문제의 사전 예방책 등을 교육하는 데 활용할 수도 있을 것이다.

에너지원의 다변화와 통합 에너지 관리

전 세계적인 산업화로 에너지 사용이 급격히 늘어나고 있다. [그림 2-13]은 2012년 에너지 소비량과 2030년 에너지 수요 증가를 예측해 비교한 것이다.

특히 중국, 인도 등 아시아에서 증가세를 주도하고 있는 모습이 눈이 띈다. 매킨지McKinsey는 한 보고서에서 향후 20년 후에는 지금보다 에너지 사용이 50% 이상 늘어날 것으로 예측했다. 특히 아시아 지역의 경우 70% 이상의 폭발적 증가가 예상된다고 하였다. 공장의 안정적인 작업을 위해 안정적인 에너지 공급은 필수이다. 또한 제조업에서 에너지를 최적으로 사용하려는 요구는 단순히 비용 절감을 넘어 자원 고갈과 환경 보호 측면에서 큰 이슈로 대두되고 있다.

산업체에서는 특히 사용 중인 물, 공기, 가스, 전기, 증기의 5대 에너지원W.A.G.E.S: Water, Air, Gas, Electricity, Steam을 종합적으로 관리하는 것이 무엇보다 중요하다. 실시간 에너지 비용을 비교해서 선택적으로 사용하거나 상호 간에 에너지를 변환해서 사용하도록 해야 한다. 그리고 제조업은 에너지 비용의 관리 방식을 간접비에서 직접비로 변환해야 한다. 지금까지 간

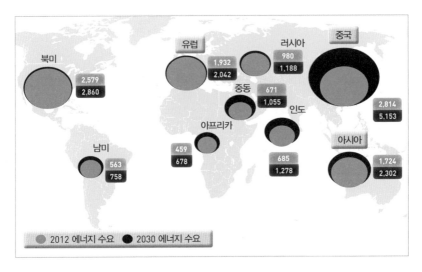

[그림 2-13] 2012년 에너지 소비량과 2030년 에너지 수요 예측 비교 출처: 매킨지

접비로 원가에 포함하는 방식은 연간 에너지 비용을 모두 산출해 생산된 제품의 수량으로 배분한 후, 단위 제품당 에너지 비용으로 책정하는 방식 이었다. 이렇다 보니 각 생산 공정에서 에너지 비용이 어떻게 발생하는지 알 수 없고, 관리가 불가능했다.

하지만 향후에는 각 단위 공정과 단위 기계에 에너지 사용을 인지하는 기능을 탑재해 에너지 비용을 자재 목록Bill of Material에 포함시켜야 한다. 다시 말해 모든 생산 설비 및 기기들에 에너지 인지 기능과 에너지 사용 정보를 에너지 공급원에 실시간 연결하여 에너지 비용을 제품의 직접 비로 관리해야 한다. 그리고 화석 연료 기반의 전기로부터 벗어나 다양한 에너지원을 지원하는 스마트 그리드와 연결해 운영하는 것도 필요하다.

에너지 관리의 현재와 미래

제조업에서 에너지는 대개 생산의 간접비용으로 간주되고, 생산 담당 부서의 관리 항목에는 포함되지 않았다. 사업장별 또는 회사 전반에 걸쳐 전기, 물, 가스 등 에너지 항목별 비용을 산출해서 관리하는 정도였다. 현재는 대부분의 기업에서 항목별 에너지 비용 산출과 함께 공정별, 주요 설비별 에너지 사용량을 계측해서 모니터링하거나 부서별, 단위 면적별 에너지 비용을 산출해서 관리하거나 내부/외부의 에너지 전문가와 상담을 하거나 도움을 받아서 개선을 하고 있는 추세이다.

하지만 미래에는 보다 적극적인 방법으로 실시간 에너지 구입 비용과 사용 비용을 비교·분석해서 스마트 그리드로부터 최적의 에너지원을 선택하도록 해야 할 것이다. 예를 들어 난방을 할 때에도 가스, 전기, 증기 등 에너지원의 비용을 비교해서 선택하고, 전기 에너지의 사용도 최적의 시간별 요금 체계를 선택하도록 에너지 데이터 분석을 이용해야 한다. 또한 에너지 비용은 생산의 전 과정에서 계측되어 기록·관리되고, 단위 제품별로 실제 사용한 에너지 비용을 계산해 자재비, 운송비 등과 같이 직접비로 산출하고 관리해야 할 것이다.

제조업에서 에너지 관리를 위한 단계별 과정을 소개하면 다음과 같다.

- **에너지 측정 인지 단계**: 에너지를 측정하고 사용량, 패턴을 인지하는 단계이다. 전기, 물, 가스, 증기, 공기 등 모든 에너지원의 사용량을 측정·기록·보관한다. 요일, 시간, 월, 분기, 계절, 온도, 날씨 등 다양한 요소별로 분석할 수 있는 에너지 데이터를 수집·저장·분석할 수 있도록 한다.
- **에너지 효율성 단계**: 에너지 사용 정보와 생산 정보를 상호 비교해서 상관 관계를 알아내고 효율성을 판단한다. 에너지원의 요금, 사용 시간, 생산 설비 에너지 요구, 사용량 등을 요일, 시간, 월, 분기, 계절,

생산량 등 다양한 요소로 분석하여 효율성을 분석할 수 있도록 한다.
- **에너지 최적화 단계**: 에너지 관리의 최고 수준이다. 제조업체의 경우 가장 비용이 효율적인 에너지원을 구매하여 사용하거나 최적의 에너지를 사용하는 운전 조건을 자동으로 조정해서 공장을 가동한다. 이것은 에너지 사용 정보와 공장의 운영 정보를 실시간으로 분석하여 공장을 에너지 효율적 조건으로 운전하는 것이라고 할 수 있다.

전략적 실행 로드맵이 중요하다

실행은 다음과 같이 에너지 사용 모니터링, 데이터 분석, 효율적 사용과 관리 단계를 거쳐 진행해야 한다. 따라서 기본적으로 현재 상태를 측정하지 못한다면 관리도 불가능할 것이다.

- **에너지 모니터링 단계**: 에너지 모니터링 단계에서는 에너지가 언제, 어디서, 어떻게, 얼마에 사용되고 있는지를 정확히 측정할 수 있어야 한다. 에너지 비용이 어떻게 산출되었는지도 정확히 비교할 수 있어야 한다. 에너지 비용은 시간과 조건에 따라 변하기 때문에 사용량이 같다 하더라도 실제로는 차이가 있게 마련이다. 또한 비정상적인 에너지 사용이나 비용이 발생하면 즉시 경고하는 시스템이 가동되어야 한다.
- **에너지 데이터 분석 단계**: 다음으로 에너지 인지 기기를 통해 실시간 측정된 에너지 데이터를 에너지 구입 및 생산 관련 데이터와 비교·분석하는 단계이다. 에너지 인지 기기나 스마트 그리드 지원 장비는 기존의 모터 제어용 기기에 에너지 사용, 품질, 비용 정보를 계측해서 전송할 수 있도록 개발된 장치이다. 이 장치는 제품 생산의 각 공정에서 단위 기계가 수행한 업무 정보와 에너지 사용 데이터, 품질, 장비의

상태 변화에 대한 정보를 동시에 계측해서 전송한다. 이때 산업용 이더넷 표준 통신망은 실시간 생성되는 제어, 에너지, 안전 등의 실시간 데이터를 한번에 전송할 수 있어서 매우 중요하다.

- **효율적 에너지 사용과 관리 단계:** 마지막 단계로 에너지를 효율적으로 사용하는 것이다. 그러기 위해서는 에너지를 효율적으로 사용하는 공장이 되도록 실시간으로 관리, 지능화해야 한다. 에너지 효율적인 공장 운영의 예를 들어보자. 전기의 경우에는 대개 한국전력과의 계약 전력이 있고, 이를 초과하면 비싼 요금이 부과된다. 에너지 지능을 갖춘 공장은 갑작스런 전기 사용으로 피크 전력에 가까워지면 생산, 안전 등에 중요하지 않은 일부 조명, 세탁기, 냉방 장치의 사용을 자동으로 줄인다. 결과적으로 고가의 피크 요금을 피할 수 있는 것이다.

또 다른 예로 어떤 공장에서는 모터가 전기 사용의 50% 이상을 차지한다. 이때 모터의 운전 속도를 20%만 줄이면 에너지 비용을 50% 절감할 수 있다. 따라서 최적의 운전 속도를 실시간 제어할 수 있다면 많은 에너지 비용을 절감할 수 있다. 그러기 위해서는 장비가 운전 모드에 따라 에너지 사용 정보를 스스로 인지하고, 생산 속도에 맞추어 운전할지, 에너지 효율성을 우선해서 운전할지 선택할 수 있어야 한다. 그리고 작업 조건, 운전 방식, 장비의 상태에 따라 에너지 비용의 변동을 분석하고 에너지 최적화에 대한 경험을 축적해서 기계의 지능을 높여갈 수 있어야 한다.

제조업체는 복수의 공장이나 관련 공급망과 서로 연결해서 에너지를 관리할 수도 있다. 또한 스마트 공장을 스마트 그리드로 연결하면 통합적으로 에너지 관리를 할 수 있을 뿐만 아니라 에너지원도 다양화하고 사용 요금도 최적으로 관리할 수도 있다. 아울러 스마트 그리드를 활용하면 필요에 따라 빌딩, 공장, 사무실 등에 친환경적 에너지를 직접 생산하고, 사용하고 남는 에너지를 저장한 후 필요한 시점에 사용할 수도 있으며, 남는 에너지를 팔 수도 있다.

통합적 관리로 에너지 최적화를 달성하라

제조업체는 전기, 보일러, 냉각수, 물, 가스 등 모든 에너지원의 사용과 흐름에 대한 데이터를 종합적으로 수집·관리하는 것이 중요하다. 이를 최적화하기 위해서는 에너지의 사용을 공장 운영 중에 실시간으로 제어할 수 있어야 한다. 실시간으로 보일러에서 생산된 증기 에너지가 1차 사용 후 어떻게 낭비되는지, 재사용할 수 있는 곳은 없는지, 에너지 사용을 예측해서 에너지 공급을 최적으로 준비할 수는 없는지 등 전반적인 흐름을 관리하는 것도 매우 중요하다.

에너지를 제대로 관리하기 위해서는 에너지원의 다양성, 가격 변동성, 생산 활동과 밀접한 연관성, 재활용 가능성, 날씨와 같은 환경적 요인 등과 같이 매우 복잡한 관계를 고려하여 통합적으로 이루어져야 한다. 그러기 위해서는 모든 에너지 관련 정보를 디지털화하고 연결하여, 데이터를 실시간으로 분석·대응하는 것이 필수이다. 통합적 에너지 관리는 스마트 공장에서 가장 중요한 기능이자 핵심 요소이다.

▌환경 규제의 서막,
▌온실가스 배출 감축

2005년 2월 지구 온난화를 초래하는 온실가스 배출을 감축하기 위해 교토의정서가 공식 발효되었다. 교토의정서는 구속력 있는 의무 감축 국가인 41개 선진국들로 하여금 2008년~2012년에 이산화탄소 등 6가지 종류의 온실가스 배출량을 기준연도인 1990년에 비해 평균 5.2% 줄이도록 규정하고 있다. 교토의정서에서 우리나라는 감축 의무가 없이 일반 의무만 있는 국가이다. 하지만 온실가스 배출량이 1990년에 비해 2007년에는 113.1% 증가하여 매우 가파른 증가세를 기록했다.

2016년 11월에는 2020년에 종료되는 교토의정서를 대체하는 파리기후 변화협정이 발효됐다. 기후변화협정은 2015년 12월 프랑스 파리에서 열린 제21차 유엔기후 변화협약 당사국총회COP21에 참여한 197개국이 만든 새로운 기후 체제다. 협정은 지구의 평균 온도가 산업화 이전 대비 2도 이상 상승하지 않도록 온실가스 배출량을 줄이는 것을 목표로 삼고, 각 국가가 스스로 온실가스 감축 목표치를 정하는 것을 골자로 한다. 2015년 6월 우리나라도 2030년까지 배출전망치BAU 대비 37% 감축한다는 계획을 세웠다.[38]

환경부에서 발표하는 국가 온실가스 배출 현황에 따르면,[39] 2013년 현재 배출 비중은 총배출량 중 에너지 분야 87.3%, 산업 공정 7.6%, 농업 3.0%, 폐기물 2.2%로 나타나 에너지 산업에서 온실가스 배출 감축이 중요한 과제로 나타났다. 우리나라는 발전량의 34%를 석탄에 의지하는 발전 에너지 산업이 온실가스를 가장 많이 배출하고 있다. 이어서 철강, 석유화학, 시멘트, 유리, 정유, 산업단지, 집단 에너지, 비철금속, 반도체 산업의 순이다.

앞에서 살펴본 것처럼 우리나라 경제의 중추를 담당하고 있는 발전 산업과 제조업이 온실가스 배출을 감축하는 데 매우 중요한 역할을 담당하고 있어 기업들의 설비 개선과 적극적인 감축 방안이 요구된다. 외부 전문가의 자문을 받아 빠른 시일 내에 다양한 감축 방안을 수립하고, 구체적·지속적으로 온실가스를 감축해 나가야 할 것이다.

제조업의 경우, 생산 과정에서 환경을 저해하는 배출 가스, 화학 물질 등은 생산성, 품질 이력 관리를 넘어 철저히 관리해야 한다. 제품의 제조, 유통 과정에서 환경의 피해는 우리뿐 아니라 후대에게도 심각한 피해를 줄 수 있다. 안전에 관한 문제가 발생하면 회사는 순식간에 생존의 문제로 빠져드는 것을 우리는 자주 접한다. 스마트 공장은 배출 가스 등을 정확히 측정해서 데이터화하고 스마트하게 제어할 수 있는 기능을 갖추는 것을 필수 조건으로 하고 있다.

설비나 기계, 제조 공정에서 발생하는 온실가스 배출에 대하여 정기적으로 점검하여 노후된 설비나 기계를 교체하기 위한 계획과 투자를 고려해야 한다. 그리고 탄소 배출권 제도를 이해하고, 적극적으로 미리 대처하는 노력도 필요하다. 기업 내부뿐만 아니라 파트너 기업들, 서비스 파트너들도 동참하여 공급망 전체를 아우르는 온실가스 배출에 대한 전략과 실행도 생존을 위해 반드시 필요하다. 2017년 개선될 온실가스 배출권 거래 제도와 감축 설비 투자로 배출량 감소 기업에게 주는 인센티브에 대해서도 관심을 가져야 한다.

위험과 사고로부터의
안전 시스템 구축

2015년 4월 경기도 이천의 한 반도체 공장 신축 현장에서 가스 유출로 인한 사고가 발생해 작업자 3명이 질식사했다. 또한 2016년에는 울산 석유화학 산업단지에서 폭발 사고가 끊이지 않았다.[40] 연일 보도되는 이러한 사고들은 안전 불감증이 주된 원인이라고 할 수 있다.

우리나라의 안전 불감증은 우려 수준을 넘어 산업의 생존을 위협하고 있다. 조선업이 구조 조정 대상으로 선정된 지 얼마 지나지 않은 2016년 6월, 부산에서 열린 '한국 조선소 안전 표준화 작업'이라는 행사에 참석한 데이빗 커민스 쉘Shell 코리아 부사장은 "한국 조선소가 중국이나 동남아시아 조선소와의 경쟁에서 이기려면 안전사고를 없애야 한다"고 강조했다.[41] 그리고 커민스 부사장은 "세계적인 석유업체들이 조선소에 일감을 줄 때 가장 중요하게 생각하는 요소는 안전"이라며 "안전 문제가 해결되지 않으면 프로젝트 입찰에도 참여할 수 없다"고 덧붙였다. 이처럼 안전은 생존을 위한 필수 요소이다.

안전은 경영자뿐만 아니라 작업자들도 스스로 지키고 해결해야 할 주요 과제이다. 주변의 안전하지 않은 설비, 시설, 기계, 가스, 유해 물질, 화학 물질, 소방 시설, 폐기물 등 이루 말할 수 없이 많은 안전 관리물에 대한 철저하고 구체적인 안전 수칙과 실행이 절대적으로 필요하다.

안전 관리 체계 구축

그렇다면 안전 관리 체계는 어떻게 구축해야 할까? 먼저 제품을 안전하게 생산할 수 있는 시설이나 환경에 대해 철저하게 안전 관리를 해야 한다. 근무 환경이 사회가 요구하는 수준에 미치지 못해 문제가 발생한다면 국가의 법적 조치를 통해 불이익을 받는 것은 물론 근무자의 사기를 저하시키고, 고객의 신뢰도 잃게 된다. 최근 이러한 작업 환경 개선에 대한 요구 사항은 하루가 다르게 늘어나고 있다. 또한 법적 조치나 불이익의 범위도 점점 더 넓어지면서 엄격해지고 있다. 따라서 안전과 관련된 스마트 공장의 기능적 요구 조건과 표준을 만들고 실행해야 한다.

그러기 위해서는 설비나 시설, 제조 현장 곳곳에 안전 관리를 위한 센서와 기기를 설치하고, 중앙관제센터와 관리자들이 실시간으로 현황을 공유하는 체계를 갖추는 것이 필요하다. 또한 경영자와 직원 모두가 이상 유무를 판단할 수 있도록 정보 공유와 상황 공유 체계를 사전 훈련을 통해 정착시키는 것도 매우 중요하다. 미리미리 안전 관리를 몸에 익혀야 유사시에 빠르게 대응할 수 있기 때문이다. 소방 안전 관리, 유해 화학 물질 관리, 가스 안전 관리 등 각종 제도적인 장치가 잘 되어 있어도 현장에서 지키지 않으면 제조 현장은 절대 안전할 수 없다. 법 준수 여부를 떠나 내 공장, 내 기업, 내 이웃, 내 가족, 내 자신을 안전하게 보호하고 관리하는 데 책임과 의무를 다하도록 최대한 노력해야 한다.

안전한 제품 생산과 공급 체계 구축

또한 안전한 제품을 만들어 공급해야 한다. 이를 보장하기 위하여 생산된 제품이 어떠한 원료와 부품을 사용했는지, 언제 어떠한 과정에서 만들었는지, 품질 검사는 잘 되었는지, 언제 어떤 경로로 유통되었는지, 제품의 품질과 안전에 관한 정보를 투명하게 데이터화해서 저장하고 추적해야 한다. 예를 들어 운전 중에 충돌 사고가 발생했는데 에어백이 제대로 작동하지 않아 인명 피해가 발생했다고 생각해보자. 문제의 에어백에 대하여 생산, 품질, 유통 이력 등이 투명하게 기록되거나 추적되지 않는다면, 제조업체는 사고 원인을 명확히 규명하기 힘들 뿐만 아니라 인명 피해에 적절히 대응할 수도 없을 것이다. 우리는 몇 년 전 이와 유사한 차량 안전에 관한 문제로 위기에 처했던 도요타자동차의 사례를 기억해야 한다.

최근 중국에서 짝퉁 달걀 등 많은 모조품이나 안전과 건강을 위협하는 많은 제품들이 범람하는 것을 보며 우리는 코웃음을 칠지 모른다. 그러나 우리 주변에서도 그런 일은 비일비재하다. 모조품까지는 아니어도 우리의 안전과 건강을 위협하는 많은 제품들이 존재하는 것은 부인할 수 없다. 안전하지 않은 음식, 장난감, 제조 툴 등으로 우리의 안전이 위협받고 있지는 않은지 늘 관심과 철저한 관리가 필요하다.

그리고 철저한 준비나 감독을 했음에도 불구하고 안전사고가 일어났을 경우에는 신속히 대응하고 원인을 파악·분석해서 개선해야 한다. 또한 언론이나 시민들에게 사고 원인, 대응 방안, 개선책 등을 올바르고 정확하게 알리는 데에도 적극적이어야 한다. 최근의 가습기 사건이나 자동차 연비 조작 사건 등에서 나타나는 기업의 안이한 대응 태도와 미흡한 개선 방안이 얼마나 많은 손해를 야기했는지 숙지하고, 사전 홍보에 관한 대응 방안도 수립할 필요가 있다. 안전 대응 방안과 더불어 정보 공유와 대외 홍보 활동도 기업의 중요한 책임과 의무라는 것을 잊어서는 안 될 것이다.

3장

스마트 공장 프레임워크와 플랫폼, 기본 인프라 구축

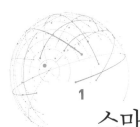

1

스마트 공장
프레임워크

여기서는 먼저 급속도로 발전하는 기술과 지속 가능성에 대한 지대한 관심과 요구에 어떻게 하면 물리적 공장을 스마트 공장으로 구축할 수 있을지 논의할 것이다. 또한 스마트 공장을 구현하기 위한 디지털화, 연결화, 스마트화가 어떤 의미이고, 왜 중요한지, 기술의 융합과 제조 공정 프로세스에 필요한 부분과 통합하기 위한 실제적인 스마트 플랫폼과는 어떠한 관계인가를 설명한다. 스마트 플랫폼을 통해 우리가 생산하는 제품과 서비스가 고객에게 미치는 경험이 중요해지는 이유는 무엇인지. 그리고 기업이 생산하는 제품, 서비스, 고객의 경험을 통해 개인 맞춤형 가치를 어떻게 제공해야 생존할 수 있는지 혜안을 찾아보기 바란다.

4차 산업혁명 시대에는 고객이 원하는 개인 맞춤형 가치를 제공하는 기업만이 살아남는다. 이를 위해서는 제조원가를 이상원가 수준으로 낮추고, 품질과 생산성을 확보하며, 공장을 유연하고 똑똑하게 운영해야 한다. 그 답은 스마트 공장인가 아닌가의 여부에 달려 있다. 스마트 공장의 뇌는 스마트 공장 플랫폼이다. 뇌가 우리를 움직이듯이 스마트 공장 플랫폼이 공장을 스스로 알아서 똑똑하게 운영한다.

그러기 위해서는 무엇보다 먼저 오래된 기계나 설비에 센서를 장착하여 소통이 가능하도록 물리적 신호를 디지털 신호로 변환하는 것, 즉 디지털화가 이루어져야 한다. 프레딕스 같은 스마트 공장 플랫폼은 공장 내의 기계, 사람, 공장, 제조 공정, 부품, 제품, 공급망 파트너 등을 서로 연결한다. 현실 세계의 모든 것들과 이들의 아바타인 디지털 복제품도 연결한다. 디지털 복제품을 만드는 것도 디지털화의 일부분에 속한다.

또한 모든 사물, 디지털 복제품, 공장, 사람, 외부 협력 파트너는 물론 현실 세계와 가상 세계를 유선, 무선 통신망을 통해 연결해야 한다. 이것이 곧 연결화이다. 현실 세계의 모든 사물, 설비, 사람, 협력 파트너를 연결하고, 가상 공간의 디지털 복제품들을 연결하며, 물리적 공간과 가상 공간을 연결한다. 이것이 이른바 가상 물리 시스템CPS: Cyber Physical System이다.

그리고 나면 기계에 있는 센서가 보내는 데이터를 실시간으로 수집·저장·분석해야 한다. 그래야 기계 상태, 성능, 부품 상태, 제품 품질 상태 등 모든 것을 한 눈에 알 수 있다. 데이터를 분석하여 기계 운영, 점검 사항, 사전 정비 등을 미리 예측해야 문제를 사전에 방지할 수 있다. 이것이 바로 스마트화의 전형적 모습이다. 그러면 기계 효율과 생산성을 높이고, 좋은 품질의 제품을 생산해 공장을 최적으로 운영할 수 있다. 그렇게 하면 종국에는 데이터와 정보를 통해 지능을 갖추고 공장 스스로 운영할 수 있는 스마트 공장이 된다.

[그림 3-1]은 스마트 공장의 프레임워크를 나타낸 것이다. 얼핏 보면 수직적 관계로 보이지만, 실제로는 수평적 관계이다.[그림 1-2 참조]

4차 산업혁명 시대의 제조업에서도 현장은 역시 물리적 공장이다. 물리

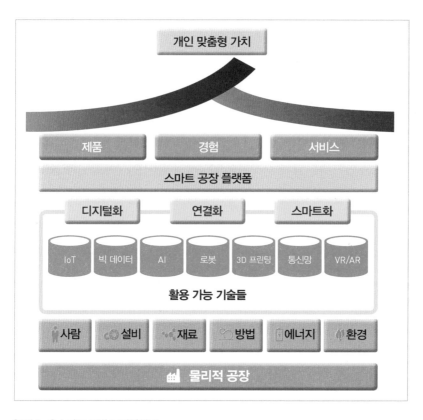

[그림 3-1] 스마트 공장 프레임워크

적 공장은 앞에서 4M1E, 즉 Man, Machine, Material, Method와 Energy 요소로 구성되어 있다고 말했다. 하지만 이제는 지구를 보호하기 위한 환경 Environment을 필수 요소로 생각해야 한다. 물리적 공장의 요소를 4M2E Man, Machine, Material, Method, Energy, Environment 또는 4M1S Sustainability 지속 가능성 = Energy + Environment로 부르는 이유가 바로 여기에 있다. 2장에서 설명한 것처럼 이 6가지 요소는 기술의 발전과 환경의 변화에 따라 시대가 요구하는 방향으로 적극 대응해야 한다. 그럼 물리적 공장의 디지털화, 연결화, 스마트화에 대해 좀 더 자세히 알아보자.

물리적 세계와 가상 세계의 소통을 위한
디지털화

정보 통신 기술과 컴퓨터의 발명으로 시작된 디지털 혁명은 지난 30여 년간 우리 삶을 엄청나게 바꿔 놓았다. 손 안의 스마트폰을 통해 우리는 언제, 어디서나 원하는 사람과 연결할 수 있고, 정보를 구할 수 있게 되었다. 또한 인터넷을 통해 온라인 쇼핑몰에서 물건을 구매할 수도 있고, 영화도 온라인에서 즐길 수가 있게 되었다. 어디 그뿐인가? 디지털과 온라인을 뺀다면 우리 삶을 영위할 수조차 없는 현실에 직면하게 되었다.

그렇다면 우리의 일상생활에 비해 산업계의 현실은 어떤 모습일까? 아직도 많은 제조업체들이 디지털 혁명의 변화에 제대로 대응하지 못하고 있다는 연구 결과가 나왔다. 2016년 「하버드 비즈니스 리뷰」의 한 보고서'는 "아직도 대부분의 산업이 디지털 기술을 활용하지 못해 더 높은 효율성이나 더 나은 고객 경험을 제공하기 위한 기회를 놓치고 있다"고 지적했다.

물리적 공장이 스마트 공장으로 발전하기 위한 첫걸음은 설비나 공장이 디지털로 소통하며 세상과 교류하는 것이다. 따라서 오래된 설비나 공장, 환경 시설에 센서가 장착되어 있는지 점검해야 한다. 그리고 센서를 장착하여 디지털 신호로 외부와 소통할 수 있도록 디지털화해야 한다. 모든 자산을 디지털화하고, 설비뿐 아니라 공정도 말하고 소통할 수 있도록 해야 한다. 공장과 공장, 공장과 가치 사슬망의 다른 협력 업체와도 디지털 신호로 소통할 수 있도록 공정의 디지털화를 완성해야 한다. 마지막으로 제일 중요한 부분인 사람도 디지털화하여 기계, 설비와 소통하고 말할 수 있도록 해야 한다.

디지털 복제품

디지털화에서 가장 중요한 부분은 디지털 트윈Digital Twin, 즉 디지털 복제품이다. 이것은 디지털 쌍둥이라고 할 수 있다. 모든 사물, 기계, 설비, 공정, 환경 시설, 공장, 가치 사슬망 파트너, 외부 협력 업체 등이 디지털화되어 디지털 복제품으로 만들어져야 한다. 디지털 복제품은 사물이나 설비에서 생성되는 데이터를 근간으로 개발할 수 있다. 디지털 복제품으로 설비의 상태, 문제의 원인과 결과, 환경과의 관계 등의 데이터를 축적하고, 나아가 향후에 나타날 이상 징후를 감지하여 미리 대응하거나 개선할 수 있도록 해야 한다.

근로자, 관리자 등 인력의 디지털 복제품, 즉 아바타도 중요하다. 근로자의 역량, 경험 등을 담고 있는 아바타가 공정의 디지털 복제품과 연결되어 작업 라인에 서게 되면 근로자의 역량에 맞게 모니터에 공정을 제시할 수 있어야 한다. 그리고 어떤 인력이 작업현장에 투입되더라도 아무런 문제없이 올바로 생산할 수 있는 환경도 마련해야 한다.

디지털 복제품은 제품 개발, 부품 조달, 생산, 유통, 고객의 사용, 폐기라는 제품 생애 주기의 모든 과정을 포괄해야 한다. 그리고 현실 공간에서 모든 사물이 연결되어야 한다. 또한 모든 사물의 디지털 복제품이 가상 공간에서 연결되어, 현실 공간과 실시간으로 소통해야 한다.

자산의 디지털화

제품, 부품, 생산, 설비, 인력 등 모든 것을 디지털로 바꾼다. 다른 모든 사물들의 디지털 복제품을 소프트웨어가 구현하고, 제품을 3D 소프트웨어로 디자인하도록 해야 한다. 디자인 파일을 3D 프린터로 보내 프린트하면, 바로 제품이 되어야 한다. 공장 전체를 디지털화하여 가상 세계에 가상 공장을 만들고, 오래된 기계나 설비에 센서를 달아 디지털 신호로 소통하도록 해야 한다. 조립되는 제품도 디지털화해 설비와 소통하도록 해야 한다. 부품이나 원자재도 디지털화하고, 작업 현장에서도 디지털 도구들을 활용하도록 해야 한다. 이와 같이 모든 자산들이 디지털화로 통합될 수 있어야 가상 공간에 가상 공장이 세워진다.

GE는 항공 엔진과 그것의 디지털 복제품을 실시간으로 연결하고, 분석하여 운항 시 엔진 상태를 최적으로 유지한다. 만약 정비가 필요한 경우, 비행기가 착륙하기 전에 정비팀이 대기하여 착륙하자마자 정비를 완료할 준비를 한다. 이러한 역량을 바탕으로 GE는 항공사들이 엔진 운항 시간당 비용을 지불하는 새로운 비즈니스를 창출하여 항공사들로부터 큰 호응을 얻고 있다. GE는 현재 55만여 개의 디지털 복제품을 활용하고 있다고 한다.

공정의 디지털화

프로세스는 작업과 작업, 사람과 기계, 제조 현장과 경영진을 이어주는 연결고리이다. 우리나라의 제조 공정이나 운영 기술은 전 세계적으로도 탁월하다. 다만 그것이 사람 중심이라는 것이 문제이다. 따라서 이제는 프로세스도 디지털화하여 연결하고, 언제 어디서든 한 눈에 상황을 알 수 있도록 해야 한다. 기계나 설비는 자동화되어 있을지라도 프로세스는 아직도 사람이 없으면 작동하지 않은 부분이 많은 것이 현실이다. 공장이나 회사에 작업 일지, 작업 지시서, 생산 일지, 가동률 등 사람 손으로 이루어지는 것은 없는지 살펴보아야 한다.

그리고 제조 공정도 디지털로 변환해야 한다. 모든 디지털 복제품들을 실제 공장과 똑같이 연결하면 가상 공장 프로세스에 의해 실제 공장이 똑

같이 운영되는, 가상 세계의 디지털 공장이 생긴다. 그러면 가상 디지털 공장을 통해 실제 공장에서 일어나는 모든 작업들과 소통하며 설비 상태, 부품 공급 현황, 제품 조립 상태, 품질 상태 등 모든 것을 실시간으로 알 수 있다. 제품 주문을 받기 전에 미리 가상 디지털 공장을 돌려보면, 제품 생산을 위해 부품은 있는지, 공장은 설비가 준비되어 있는지, 언제 제품 생산이 완료되고 출하되는지, 배송 날짜는 언제일지 사전에 시뮬레이션 할 수 있다.

실제 공장에서 제품을 생산하기 전에 가상 공장에서 미리 모든 상태를 점검할 수 있는 가상 물리 시스템의 첫걸음이 바로 디지털화이다. 가상 공장이 완성되면 제품도 가상 공간에서 개발·생산하는 것을 시뮬레이션 할 수 있다. 제품을 실제로 생산하기 전에 가상 공간에서 검증하고 더 나은 공정과 설비를 준비할 수도 있다.

지멘스는 물건을 생산하기 전에 컴퓨터에서 먼저 만들어 본다. 공장과 똑같은 조건으로 꾸며진 가상 현실에서 생산 라인을 만들고 물건을 찍는다. 실제와 똑같은 물건이기 때문에 디지털 복제품, '디지털 쌍둥이'로 불린다. 디지털 쌍둥이를 보며 상품성이 있는지, 오류는 없는지 등을 검사한다. 실제 물건에서는 실수나 시행착오가 나오지 않게 하기 위해서다. 일종의 시뮬레이션인 셈인데, 디지털 쌍둥이는 상품 개발-생산-사용의 모든 과정을 포괄한 개념이다.

인력의 디지털화

인력의 디지털화를 위해서는 인력의 디지털 복제품, 즉 아바타를 만들어야 한다. 아바타는 개발자나 작업자나 관리자의 경력, 역량, 습관 등을 보유한다. 제품과 작업도 모두 작업자의 아바타에 기록된다. 아바타를 통해 작업대 앞에 서 있는 작업자에게는 모니터나 스마트 안경에 수행 절차가 실시간으로 제공될 수도 있다.

그리고 작업자나 경영자들이 언제 어디서나 스마트 기기를 통해 공장, 설비에 접속할 수 있도록 휴먼 머신 인터페이스Human Machine Interface를 친화적으로 개발, 활용하도록 해야 한다. 작업자의 아바타에는 제품 생산 현황, 역량, 작업 시간, 작업 내용, 생산성, 건강 상태 등의 정보가 차곡차곡 쌓여 피곤하거나 평상시와 다른 실수 등을 감지해야 한다. 그리고 관리자는 이를 통해 작업자의 작업 현황, 생산성, 실수, 필요한 역량과 교육, 휴가 등 다양한 정보를 관리해야 한다.

디지털 세상은 연결이 쉽고 투명하다. 가상 세계와 쉽게 연결할 수도 있고, 무한 복제가 가능하다. 비용도 덜 들고, 전 세계 어디든 연결된 곳이라면 실시간으로 소통할 수도 있다. 시간, 장소, 무엇을, 어떻게, 어떤 상태, 누가 등 모든 것을 기록할 수도 있고, 쉽게 찾을 수도 있다. 그러기 위해서는 디지털 도구, 스마트 기기, 디지털 프로세스, 온라인 학교, 가상 현실/증강 현실 기술 등과 같은 디지털 기술을 활용한 교육으로 인력들의 역량을 높이고, 새로운 역할을 부여하기 위한 준비를 해야 한다.

통신 네트워크를 통한 사물의 연결화

연결화를 실행하기 위해서는 먼저 기계들을 연결해야 한다. 센서나 로봇도 네트워크, 인터넷, 클라우드로 현실 세계와 가상 세계를 연결해야 한다. 그러기 위해서는 모든 것을 활짝 열고 손을 내밀고 손을 잡아야 한다. 제품, 고객 등 모든 것을 연결해 초연결을 이루어야 한다. 나와 외국인, 남과 여, 나이 많은 사람과 젊은 사람, 우리 기업과 다른 기업, 우리 공장과 외국 공장, 제품과 설비가 연결되어 서로 소통해야 한다.

만약 제품이 어떻게 생산할 것인가를 연결된 설비에게 지시할 수 있다고 가정해보자. 화장품에 장착된 센서가 설비에게 "A재료는 20% 적게, C향기는 30% 많게, 노란색은 50% 많게, 고객의 피부가 건성이니 E재료는 건성용으로 첨가해 주세요"라고 고객이 원하는 제품을 생산하도록 소통한다. 이렇게 생산된 제품은 품질 검사대로 옮겨간다. 로봇이 품질을 검사한 후 그 결과를 보내면 품질 검사 시스템이 고객의 요구 사항을 토대로 정확하고 일관되게 실시간으로 확인하고, 합격/불합격을 바로 판단하고 지시한다. 그러면 고객이 원하는 제품이 포장되어 고객에게 배송된다. 고객은 본인이 원하던 바로 그 화장품이 배송되니 놀라움을 금치 못한다. 대만족이다. 그러면 이렇게 엄청나게 생성되는 데이터를 통신 네트워크를 통해 포그 컴퓨팅이나 클라우드 컴퓨팅 시스템에 보낸다.

최근에는 포그 컴퓨팅 시스템인 엣지 게이트웨이에서도 데이터를 수집·저장하고 빠르게 분석할 수 있을 정도로 기술이 발전하고 있다. 엣지 게이트웨이를 사용하면 공장 설비 가까이에서 분석 작업이 가능하므로, 이상 감지나 예측이 효율적이고 빠르게 이루어질 수 있다. 산재해 있는 공장들이나 사업 부문 전체에서 통합적 분석이 필요한 데이터들은 클라우드로 보내 통합적 분석과 판단이 이루어지게 할 수 있다. 이러한 연결을 위해서는 유무선 통신 네트워크 기술, 시스템, 솔루션이 필요하다.

유무선망으로 연결된 모든 설비와 장치들은 기본적으로 디지털 복제품과 연결된다. 실제 설비와 장치들과 디지털 복제품이 연결되면, 디지털 복제품은 수집하고 분석하는 데 활용된다. 설비나 장치들은 개발자, 작업자, 관리자, 제조 공정과도 연결된다.

설비의 연결

오래된 아날로그식 온도계, 습도계, 압력 계기, 전압 스위치 등을 사용하는 경우, 아날로그 디지털 변환기ADC: Analog to Digital Converter와 통신 모듈을 탑재한 장치를 활용하여 아날로그 수치를 디지털로 변환하거나 통신망에 연결할 수 있다. 실제로 시중에는 다양한 디지털 변환기와 통신 연결 장치가 출시되어 있다.

오래된 설비는 센서를 장착하고 통신 모듈이나 통신 네트워크에 연결해야 한다. 울랄라랩의 솔루션처럼 센서 모듈과 통신 모듈을 설치하여 통신망에 연결할 수도 있다. LoRa나 NB-IoT 사물 인터넷 모듈과 같이 센서와 통신 기능이 한 모듈에 탑재된 경우에는 간단하게 통신망에 연결이 가능하다. 최근 나오는 설비는 이미 센서와 통신망 인터페이스가 장착되어 공급되고 있다. 설비에 따라 다양한 산업용 이더넷망에 바로 연결할 수도 있다.

제조 현장의 모든 설비는 산업용 이더넷망으로 쉽게 다른 생산 관리 시스템이나 경영 지원 시스템과 연결할 수 있다. 또한 유무선 통신망을 통해 스마트 기기나 대시보드에서 생산 현황, 이상 유무, 알람, 경영 정보 등을 관리하기도 한다.

공정의 연결

공장 안의 다양한 설비나 장치뿐 아니라, 제조 공정도 연결해야 한다. 제조 공정과 공정의 디지털 복제품도 연결해야 한다. 제품, 설비와 장치, 개발자, 작업자와 관리자들도 공정과 연결해야 한다. 작업자가 제조 라인에 서면 제품과 공정은 작업자의 역량, 경험 등을 참고하여 합당한 공정을 수행하도록 지도해야 한다. 제품에는 작업자 이름, 표준 작업 시간 대비 작업자의 수행 시간, 공정 설비 상태 등 작업자와 공정 정보를 저장한다. 공정은 생산 관리 시스템이나 경영 지원 시스템과 연결해 실시간 운영·관리해야 한다. 공정상 설비나 장치의 재배치가 필요한 경우, 공정의 디지털 복제품에서 시뮬레이션을 통해 검증한 후 실행해야 한다.

이미 많은 공장이 자동화 설비나 로봇으로 자동화 공장 체계를 갖추고 있다. 하지만 아직도 공정의 많은 부분이 자동화되지 않았거나 종이 문서 등을 사용하고 있다. 독일의 유명한 스마트 공장인 암베르크 공장도 75%가 자동화되어 있지만, 아직도 중간중간에 종이 문서를 사용하고 있어 연결이 쉽지 않기 때문에 개선 작업을 하고 있다고 한다.[2] 전 세계에서 최대의 로봇 밀집 국가인 우리나라에는 자동화 공장이 많지만, 아직도 연결되어 있지 않은 설비나 공정이 있는지 면밀히 살펴볼 필요가 있다.

공장의 연결

그러고 나면 기업 내 모든 공장을 본사와 연결한다. 또한 가치 사슬망의 파트너들, 서비스 협력 업체, 원자재와 부품 공급 협력사들도 연결하고, 공장과 사무실, 연구소도 연결해야 한다. 제품 기획, 개발, 연구, 생산, 구매, 물류, 유통, 고객 서비스 등 모든 공급망을 연결하는 것도 잊지 말아야 한다. 공장 간의 연결은 생각보다 매우 어렵다. 통신망으로 연결하는 것은 가장 쉬운 일이고, 그 위에 서로 간의 소통 방식, 어떤 정보를 언제 어떻게 어떤 양식으로 소통할 것인지 등 사전에 정하고 풀어야 할 사안들이 매우 많다. 표준화 작업 시 여러 공장들과 기업들이 머리를 맞대고 오랫동안 함께 일하는 이유가 여기에 있다. 힘들더라도 반드시 풀어야 하는 난제이다.

이렇게 연결되고 나면 너무나 일하기 편하고 얼마나 많은 혜택이 있는지 모른다. 물리적 공장과 가상 공장도 연결해야 한다. 이들을 산업용 이더넷이나 인터넷으로 연결하고, 외부와의 연결이므로 철통같은 보안망을 구축해야 한다. 관련 인력들은 모두 철저하게 보안 교육을 실시하여 돌이킬 수 없는 보안 사고의 가능성을 미연에 차단해야 한다. 특히 외부 인력이 시스템을 업그레이드하거나 시스템에 접근할 경우, 사전에 합의한 방법을 준수하는지 철저히 관리하고 감독해야 한다.

인력의 연결

작업자와 관리자뿐 아니라 개발자, 구매, 생산, 영업, 마케팅 부서원 등 모든 직원들도 연결해야 한다. 경영자도 물론이다. 이 모든 사람들의 아바타와 설비, 장치, 공정, 공장의 디지털 복제품을 연결하고, 인력과 스마트 기기도 연결해야 한다. 스마트 기기를 통해 인력들과 설비, 공장을 연결하여 설비, 공장의 상태를 실시간으로 확인하고, 문제가 발생하면 바로 조치하도록 한다. 문제가 발생하기 전에 준비하거나 예지 정비할 수 있는 시스템과 인력도 연결해야 한다. 현실 공간과 가상 공간을 연결해 실시간으로 소통해야 한다. 이를 통해 가상물리적 시스템을 구현해야 한다.

그러면 물리적 공장에서 제품의 첫 번째 부품을 조립하기 전에, 가상 공장에서 제품 개발부터 생산의 모든 공정을 완벽하게 검증할 수 있다. 만약에 문제가 발생하면 이를 사전에 해결할 수 있는 조치도 가능하다. 부품이 부족하면 제시간에 부품을 조달할 수 있고, 필요하면 공장 설비를 재배치할 수도 있다. 그것도 가상 공장에서 설비를 재배치하여 최적의 공정을 실험한 후 물리적 공장에서 설비를 자유자재로 바꿀 수 있는 트랜스포머와 같은 공장이 된다. 한 조립 라인에서 다양한 제품을 생산할 수 있는 꿈의 생산 라인을 구축할 수 있는 이런 모습이 바로 스마트 공장인 것이다.

최적의 운영을 꾀하는
스마트화

모든 것을 디지털로 바꾸고, 연결하면 정보가 세상 밖으로 나와 서로 격의없이 소통하게 된다. 그리고 이런 정보가 쌓인 데이터를 분석하면 전에 모르던 새로운 정보를 알게 된다. 이러한 정보는 제품을 더 효율적이고 가치 있게 만들 뿐만 아니라 공장을 최적으로 운영할 수 있도록 해준다. 가령 부품 상태를 파악해 언제 고장날지 미리 알려줘 교체 부품을 주문할 수도 있다. 이 모든 것을 공장이 척척 알아서 한다.

우리는 스마트화를 지능화라고 말하기도 한다. 지능화는 기계 등 사물에 감각 기능과 인식 기능을 가지도록 한다는 사전적 의미가 있다. 지능을 심리학에서는 새로운 대상이나 상황에 부딪혀 그 의미를 이해하고 합리적인 적응 방법을 알아내는 지적 활동 능력이라고 정의한다. 지혜와 재능을 통틀어 이르는 말이기도 하다. 어떤 사람들은 스스로 한다고 해서 자율화라고 말하기도 한다. 그래서 이 책에서는 스마트화, 지능화, 자율화를 다 같은 의미로 사용한다.

데이터의 수집·저장·분석

스마트화에는 데이터를 실시간으로 수집·저장·분석하는 기술이 필요하다. 모든 것이 네트워크로 연결되면, 클라우드 컴퓨팅이나 포그 컴퓨팅, 빅 데이터 관련 기술을 통해 데이터를 분석할 수 있다. 빅 데이터 분석을 위한 인공 지능 기술도 나날이 발전하고 있는데, 지능을 가진 공장이 바로 스마트 공장이다.

기계 학습에서 심층적 기계 학습인 딥 러닝으로 발전하면서 스마트 공장과 기업들 간의 경쟁은 앞으로 점점 더 치열해질 전망이다. 통신 네트워크와 빅 데이터 인프라를 구축하는 것은 스마트 공장을 향한 첫걸음이다. 통신 네트워크로 모든 설비와 장치, 공정, 공장, 사무실이 연결되면, 빅 데이터 인프라에는 빅 데이터가 수집·저장된다. 이러한 빅 데이터를 분석하면 통찰력을 키우고, 가치를 찾아낼 수 있다. 빅 데이터 분석과 인공 지능 기술을 활용할 수 있는 스마트 공장 구축 방안은 4장과 5장에서 자세히 다룰 것이다.

빅 데이터와 인공 지능의 관계

빅 데이터를 분석하거나 공장을 운영·관리하는 데 인공 지능 기술이 다양하게 활용되고 있다. 그렇다면 빅 데이터와 인공 지능 기술은 과연 어떤 관계일까? 인공 지능이 자동차 엔진이라면 빅 데이터는 연료인 휘발유라고 할 수 있다. 아무리 대단한 엔진, 자동차라 할지라도 연료가 없으면 절대 움직일 수 없다. 인공 지능은 데이터로 학습한다. 좋은 데이터가 좋은 인공 지능을 만든다. 나쁜 데이터는 엉터리 인공 지능을 만든다. 쓰레기가 들어가면 쓰레기가 나오는 것이 컴퓨터이기 때문이다.

그런데 우리나라는 기본적으로 자료와 데이터에 취약하다. 자료나 데이터의 양도 많지 않고, 다양하지도 않으며, 데이터를 생성하거나 수집하는 속도도 빠르지 않다. 빅 데이터의 특성인 4V_{Volume, Variety, Velocity, Veracity}를 생각하면 큰 일이 아닐 수 없다. 그중에서도 데이터의 신뢰성이 매우 낮다는 것은 큰 문제이다. 다행인 것은 우리나라 제조업이 이제나마 데이터의 중요성을 인식하여 제일 우선적으로 도입할 솔루션으로 빅 데이터를 꼽았다는 조사 결과가 있었다는 사실이다.[3]

제조 현장의 기계나 설비에서 나오는 데이터가 신뢰성이 있고 정확한가를 철저히 검증하는 것은 매우 중요하다. 만약 데이터가 정확치 않아 필요한 데이터를 다시 생성·수집해야 한다면 시간과 인력, 예산을 투입하여 빠른 시일 내에 정확하고 신뢰할 수 있는 데이터를 축적해야 한다. 이 작업은 오래 걸리고 지리하며 많은 자원이 투입되므로 경영진의 책임과 지원 하에 지속적으로 꾸준히 추진해야 한다. 모든 데이터의 분석은 정확하고 신뢰할 수 있는 데이터가 기반이 되기 때문이다.

신뢰성 있는 데이터는 시간이 갈수록 더 많이 쌓이고 더 훌륭한 정보를 제공하게 된다. 그러면 더 똑똑한 인공 지능을 지닌 스마트 공장을 구축할 수 있다. 데이터 자본주의를 향한 첫걸음은 신뢰성 있는 데이터를 쌓아 가는 것이다. 데이터가 돈이고, 데이터를 가진 기업이 세상을 제패하는 시대이다.

똑똑한 제품과 서비스, 인력의 중요성

제품이나 서비스도 똑똑해져야 한다. 제품도 생산 라인에서 원료에 따라 스스로 어떻게 제조되어야 하는지 설비와 소통할 수 있어야 한다. 고객들에게 서비스를 제공할 경우에는 미리 고객과 제품에 대한 정보를 가지고 서비스에 임할 수 있는 체계도 필요하다. 다양한 채널소셜 미디어, 모바일, 유통 접점, 고객 서비스, 빅 데이터 분석 등을 통해 수집된 고객 관련 정보를 통합하여 고객의 경험을 디지털화하는 방법도 강구해야 한다.

그래야 이를 바탕으로 고객에게 더 나은 가치를 제공할 수 있는 기반을 갖출 수 있다. 고객에게는 제품과 서비스를 통하여 특별한 좋은 경험을 갖도록 해야 한다. 과연 우리 기업은 얼마나 스마트한 제품, 서비스, 경험을 제공하고 있는지, 그래서 고객이 가치를 확인하고 지속적으로 사랑하는 기업인지 점검해 보기를 바란다.

또한 인력도 똑똑해야 한다. 한국인더스트리4.0협회가 제조업체 409개를 설문 조사한 바에 따르면,[4] 스마트 공장 구축의 방해 요소로 31%의 기업이 '종업원의 불충분한 역량'을 꼽았다. 또한 기업들은 인재들이 '문제 해결 능력24%'과 '창의성20.5%'을 갖춰야 한다고 답했다. 종업원들의 역량이 충분치 않고, 기대하는 인재상은 문제 해결 능력과 창의성을 갖춘 똑똑한 인력인 것이다. 이것은 곧 4차 산업혁명 시대에 필요한 인재들이 그만큼 부족하다는 의미이다.

따라서 이제부터라도 스마트 공장과 관련된 기술 역량을 가진 인력들을 지속적으로 육성하고, 교육해야 한다. 특히 현장 제조 전문 인력, 빅 데이터와 인공 지능 관련 인력은 매우 중요하기 때문에 지속적인 관심을 갖고 육성해야 한다. 때로는 외부의 전문가와 협업하는 것도 대안이 될 수 있다. 기업들은 문제 해결 능력과 창의성 있는 인재를 찾고 있지만, 이런 능력과 자질은 현재의 교육 시스템만으로 배울 수 있는 것이 아니다. 새로운 생각으로 새로운 배움의 터전을 마련해야 하고, 오랜 시간을 갖고 실패를 용인하는 문화, 도전하는 문화를 가꾸려는 사회적 노력도 필요하다.

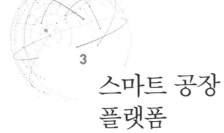

3

스마트 공장
플랫폼

운영 기술에 정보 기술과 데이터 기술을 융합하여 효율적으로 스마트 공장을 운영하기 위해서는 기본적으로 스마트 공장 플랫폼이 필요하다. 스마트 공장 플랫폼은 설비나 기계, 공장의 사물들을 기술과 융합하고, 디지털 복제품과 연결하며, 보안성을 보장하고, 데이터를 수집·저장·분석 역량을 지원하는 서비스를 제공하여 공장이 스스로 알아서 운영할 수 있도록 개발된 운영 체계를 말한다. 스마트 공장 플랫폼은 앞에서 설명한 디지털화, 연결화, 스마트화를 체계적이고 구체적이며 쉽게 구현할 수 있도록 다양한 기능을 제공한다. 스마트 공장 플랫폼을 활용하면 해당 산업에 필요한 다양한 앱을 개발하여 생산성을 향상하거나 혁신을 이룰 수도 있다.

스마트 공장 플랫폼은 다음과 같은 기본적인 기능을 포함하고 있다.

- **센서 및 기기 관리**: 설비, 기계, 공장 등에 장착 혹은 설치된 센서나 사

물 인터넷 기기 운영 관리 기능

- **디지털 복제품 개발 및 관리**: 설비, 기계, 공장, 인력, 사물 등의 디지털 복제품을 개발하기 위한 개발자 키트와 디지털 복제품의 운영 관리 기능
- **통신망 연결 및 관리**: 실제 물리적 설비, 사물 등과 디지털 복제품을 다양한 유무선 통신망에 연결, 관리하는 기능
- **빅 데이터 수집·저장·분석**: 사물과 디지털 복제품에서 생성되는 데이터를 포그 컴퓨팅이나 클라우드 컴퓨팅에서 빅 데이터 관련 솔루션을 활용하여 수집·저장·분석하는 기능
- **스마트 기기 연동 관리**: 스마트 기기로 데이터를 작업자, 경영자, 파트너들에게 쉽게 표출하는 앱 개발자 키트와 앱을 통해 사용자 경험을 극대화하는 기능
- **보안 관리**: 센서나 기기에서부터 통신망, 데이터, 스마트 기기를 활용하는 사용자에 이르기까지 전 과정의 철저하고 강력한 보안 기능

스마트 공장 플랫폼은 위의 기본 기능 외에도 플랫폼과 호환하는 다양한 하드웨어나 애플리케이션 파트너들의 솔루션들을 제공하여 기업들의 요구 사항을 만족하는 통합적 솔루션의 설치·운영·관리를 편리하게 해준다. 미국 기업 GE의 프레딕스, 독일 기업 지멘스의 마인드스피어 등 글로벌 제조 대기업들은 이미 스마트 공장 플랫폼을 개발해 출시했다. 또한 2012년 7월 설립되어 56개 기업들이 참여하고 있는 미국의 스마트제조선도기업연합회SMLC: Smart Manufacturing Leadership Coalition가 개발한 오픈 스마트 제조 플랫폼Open Smart Manufacturing Platform도 있다. 최근 많은 기업들이 자체 공장에 스마트 공장 플랫폼을 활용하고, 다른 기업들과 협력·적용하며 플랫폼 사업을 넓히고 있다. 국내에서는 포스코, LS산전, 현대제철, SK

C&C, 울랄라랩 등이 스마트 공장 플랫폼을 개발하였다. 여기서는 시장
에 상용 제품으로 출시되어 있는 해외 기업인 GE와 지멘스, 그리고 국내
기업인 SK C&C와 울랄라랩의 스마트 공장 플랫폼을 간략하게 소개한다.

GE의
프레딕스

프레딕스Predix는 산업용 운영 체계이며, 산업용 인터넷 플랫폼Industrial
Internet Platform이다. GE의 기계 운영 기술OT에 정보 기술IT과 데이터 기술DT
을 융합한 플랫폼이다. 스마트 공장 플랫폼 프레딕스는 기계나 설비들을
센서나 엣지 게이트웨이Edge Gateway를 통해 유무선 통신 네트워크로 클라
우드에 연결할 수 있는 솔루션이다. 기계나 설비의 데이터를 수집·저장·
분석할 수 있는 빅 데이터 솔루션, 기계나 설비에서부터 작업자나 임직원
들이 실시간으로 정보를 모니터링할 수 있는 단말기에 이르기까지 보안
기능을 제공한다.

2015년 8월 상용 출시된 프레딕스는 2016년 2월 전 세계 개발자들
에게 공개되었다. 2016년부터는 매년 프레딕스 개발자 컨퍼런스Predix
Transformation를 열어 주요 산업군 기업들이 필요한 앱을 개발하는 개발자
들 간의 교류와 개발자들에게 프레딕스에 대한 다양한 정보와 개발 환경
을 제공하고 있다. 2016년 7월 미국 라스베가스에서 열린 컨퍼런스에는
38개국 1,800여 명의 개발자가 참석하여 성황을 이루었다.

프레딕스는 클라우드 기반의 플랫폼이지만, 포그 컴퓨팅 기반의 엣지
게이트웨이를 지원하여 공장 가까이에서 효율적인 데이터 분석이 이루지
도록 할 계획이다. 프레딕스 플랫폼은 개발자들에게 응용 프로그램 인터

페이스API: Application Program Interface가 개방되어 다양한 앱을 개발할 수 있도록 하고 있다. 또한 다양한 기계, 설비, 서비스 등 물리적 자산을 가상의 디지털 복제품으로 개발할 수 있도록 해주고 있다. 이 디지털 복제품들과 물리적 자산이 프레딕스 플랫폼으로 연결되어 생각하는 공장을 최적으로 관리·운영하고 있으며, 현재 55만 개 이상의 디지털 복제품이 개발되어 활용되고 있다. 디지털 복제품은 실제와 가상의 센서를 통해 데이터를 수집·분석하여 현재 상태와 이상 징후를 정확하게 파악할 수 있고, 이를 바탕으로 향후 상태를 예측, 예지할 수 있는 가치를 제공한다.

GE가 가동 중인 인도 푸네와 미국 그린빌 등의 '생각하는 공장'은 프레딕스 플랫폼이 중추적인 역할을 하고 있다. 프레딕스는 GE가 운영하는 생각하는 공장의 뇌라고 할 수 있다. 또한 다른 산업분야에서 GE와 협력하고 있는 다양한 기업들도 프레딕스 플랫폼을 활용하여 생산성을 향상시키고, 제조 공정을 최적화하고 있다. 예를 들어, 글로벌 전자 상거래 관련 솔루션과 우편물 발송 전문 기업인 미국의 피트니 보우스Pitney Bowes는 프레딕스를 활용하여 기계당 생산성을 20% 개선하고, 부품 교체 비용을 15% 절감했다. GE의 프레딕스는 소프트뱅크 등 통신회사와 시스코, 인텔, 사이버 보안 솔루션 업체인 월드테크, 액센츄어, 인포시스 등 IT 회사와 Pivotal 등 클라우드 업체와 PTC 등 IoT 플랫폼 회사와 협력하여 생태계를 확장해 가고 있다.

지멘스의 마인드스피어

지멘스의 산업용 클라우드 솔루션인 마인드스피어MindSphere는 산업 현장에서 물리적 제품과 공장들을 서로 연결하고, 설비로부터 생성되는 디지털 데이터를 모으는 데이터 호스팅 플랫폼이다. 이를 활용하여 제품과 혁신적인 솔루션을 시장에 더 빠르고 효율적으로 출시할 수 있도록 한다. 즉 마인드스피어는 마인드커넥트MindConnect 장치를 통해 데이터를 수집하여 클라우드로 전송한 후, 빅 데이터 분석 플랫폼인 시날리틱스Sinalytics로 데이터를 분석하여 고객들이 새로운 비즈니스 기회나 모델, 새로운 가치를 창출할 수 있도록 해주고 있다. 한마디로 클라우드 기반의 오픈 IoT 운영 체계Operating System인 것이다. 더 나아가 오픈 플랫폼으로 필요에 따라 다양한 앱을 개발하여 산업 분야에서 활용토록 하고 있다. 마인드커넥트는 마인드커넥트 나노와 마인드커넥트 IoT 2000 장치로 출시된 IoT 게이트웨이로, 이를 통해 설비들은 다른 설비들과 연결되고, 소통할 수 있다.

시날리틱스 플랫폼은 산업 현장의 공장, 설비를 센서 등으로 연결하는 사물 인터넷을 통하여 수집되는 데이터를 분석할 수 있는 빅 데이터 분석 플랫폼이다. 이것은 원격관리와 최적화 역량과 데이터 분석, 사이버 시큐리티 기능이 합쳐져 있다. 시스템 웹지멘스 사물 인터넷 명칭의 기반이 되며, 현재 공장, 철도 시스템, 풍력 발전용 터빈, 영상 시스템 등의 30여만 개의 장치가 연결되어 있다. 제조업체들은 마인드스피어 플랫폼을 활용하여 전 세계에 산재해 있는 설비 기계, 플랜트, 작업 현장 설비들을 모니터할 수 있다. 또한 지멘스나 파트너가 개발한 마인드 앱으로 예측 정비, 에너지 데이터 관리, 리소스 최적화를 위해 작업 현장 자산으로부터의 운용데이터를 사용할 수도 있다. SAP, AtoS 등 다양한 클라우드 인프라 스트럭처를 지원한다. 마이크로소프트 클라우드 서비스인 '애저Azure'도 제공하여 고객들이 쉽게 사용할 수 있는 환경을 지원하고 있다.[5]

최근에는 빅 데이터 분석을 시각화와 대시보드를 통하여 쉽게 활용할 수 있도록 IBM의 인공 지능 기반 데이터 분석과 시각화 서비스인 '왓슨 애널리틱스Watson Analytics'와 다양한 분석 도구를 마인드스피어와 통합하여 빅 데이터 분석 능력을 높이려는 계획도 발표하였다.[6] 이외에도 SAP, PwC, Senseye, accenture, AtoS, Tata, McKinsey, Omnetric, bluvision 등과 생태계를 구축하며 새로운 사업 기회를 확장하고 있다.

SK C&C의
스칼라

SK C&C는 스마트 공장 플랫폼을 개발하고 2016년 7월 스마트 공장 솔루션 브랜드인 스칼라Scala를 출시하였다. 스칼라는 '시뮬레이션', '가상 물리 시스템 기반 플랫폼', '스마트 제어', '통합관리 시스템'으로 구성되어 있다. '시뮬레이션' 모듈은 생산, 설비, 공정, 품질 등을 가상 세계에서 검증할 수 있는 기능이다. '가상 물리 시스템 기반 플랫폼'은 사물 인터넷 플랫폼, 빅 데이터 분석과 예측을 위한 플랫폼, 클라우드 플랫폼으로 구성되어 있다. '스마트 제어' 모듈은 생산 일정 관리, 생산 라인 통제, 자재 통제, 실시간 일정 관리 등을 담당한다.

스칼라의 장점은 시뮬레이션 기능을 활용하여 제조 일정과 공장 상황을 사전에 적용하고, 예측하여 점검할 수 있는 기능에 있다. 이는 가상 물리 시스템의 장점이기도 하다. 즉 주문을 받았을 때, 주문되는 제품을 언제 어떻게 제조하기 위해 필요한 부품, 제조 공정, 제조 일정, 설비 현황 등 제반적인 제조 공정을 시뮬레이션을 통해 확인하고, 주문을 받고, 배송 일정을 예측할 수 있다. 제품을 실제 제조하기 전에 시뮬레이션을 통해 점검하고, 확인하기 때문에 필요한 부분을 미리 조치할 수도 있다.

이를 위해서는 실제 설비, 부품, 제조 공정 등이 이것들의 디지털 복제품들과 연결되고 소통이 가능해야 한다. 빅 데이터 플랫폼은 IoT 플랫폼을 통해 수집된 데이터를 바탕으로 인공 지능을 가미하여 생산성, 수율, 품질 관리 등에서 발생하는 문제점과 개선 이슈들을 빠르게 찾아내는 분석과 예측을 담당한다. '스마트 제어' 모듈은 생산 일정을 관리하고, 실시간으로 생산 공정 모니터링하여 이상 상황을 감지했을 때 즉각적인 대응이 가능하게 해준다.

SK C&C는 '스칼라'를 기반으로 대만 홍하이 그룹의 중국 충칭 폭스콘 공장의 프린터 생산 라인 중 한 곳을 스마트 공장 모델라인으로 선정해 성공적으로 운영하고 있다. 향후 충칭 공장 24개 전 생산 라인으로 확대할 계획이라고 한다. SK C&C의 스칼라는 고객의 기존 시스템과 상호 운영이 가능하며, 특정 업체에 의존하지 않고 다양한 장비와 솔루션을 통합할 수 있는 유연성을 특징으로 하고 있다. 또한 다양한 분야의 업체들과도 협력 관계를 구축하고 있는데, 지멘스, SAP, IBM, BISTal, Pivotel, PROTEC, TOPTEC, DAIFUKU, 현대중공업 등이 대표적이다.

울랄라랩의
윔팩토리

중소 제조업체를 위한 IoT 및 Data 기반의 고객 맞춤형 스마트 공장 플랫폼을 개발하고, 상용화하여 시장에서 실적을 내고 있는 기업으로 울랄라랩이 있다. 2011년 설립된 울랄라랩은 윔팩토리Wimfactory라는 스마트 공장 플랫폼을 상용 출시하였다. 윔팩토리는 기계 설비에 측정 센서와 스마트 공장 IoT 기기인 '위콘WICON'을 장착하여 설비 데이터를 실시간 수집·

보관·측정·분석하고, 효율적으로 관리하도록 개발된 스마트 공장 플랫폼이다.

웜팩토리는 데이터 측정 및 송신 기기인 '위콘'과 스마트 공장 통합 관리 솔루션인 '웜-엑스WIM-X'로 구성되어 있다. 위콘은 센서 컨트롤러와 무선 통신 모듈을 장착할 수 있는 독립 부착형 장치로 온도, 압력, 습도 등의 측정 센서와 결합하여 생산 설비에 부착하면 제조 공정에 필요한 데이터를 측정하여 통신 모듈을 통해 클라우드 서버로 전송해준다. 위콘 센서는 상용화되어 있는 온도, 습도, 압력 등 13종 약 170여 개의 센서와 호환이 가능하다. 3G, LTE 와 Wi-Fi도 지원한다. 위콘은 기존 설비에 담당자가 직접 설치할 수 있을 만큼 설치도 용이하다.

클라우드 서버에 수집된 정보들은 '웜-엑스' 솔루션을 통해 오작동 현황, 동작 현황, 작업량 현황 등을 가공된 형태의 데이터로 모니터링할 수 있다. 그리고 빅 데이터 분석과 기계 학습 기술을 통해 설비 오작동에 대한 예측 및 알림 서비스에 활용할 수도 있으며, 생산 설비에 대한 빅 데이터 분석 보고서를 제공하는 데 사용할 수도 있다. 자체 클라우드 서버를 갖추고 있지 않은 기업에게는 비용을 절감할 수 있도록 월 이용 서비스도 제공하고 있으며, 웜팩토리 어플리케이션을 통해 PC, 현장 내의 모니터, 스마트폰이나 태블릿에서 생산 설비 현황을 실시간 모니터링하고, 효율적인 공장 관리도 가능하다.

울랄라랩은 비록 3년 된 창업 기업이지만 이미 중국, 인도네시아 등 해외 4개국에 스마트 공장 플랫폼을 수출 중이며 국내에서도 중소 제조업체를 타깃으로 비즈니스 영역을 확대하고 있다. 현재 인도네시아 나이키 공장과 국내의 사출 공장, CNC 단조 공장 등에 웜팩토리 플랫폼을 성공적으로 구축하였다. 국내 사출 공장의 경우에는 웜팩토리 플랫폼을 구축 후 불량과 품질 저하율이 18%에서 8%로 낮아졌다고 한다.

올랄라랩의 스마트 공장 솔루션인 윔팩토리는 하드웨어와 소프트웨어를 함께 제공하면서도 모든 설치 과정과 애플리케이션의 사용 방법이 쉽고 간편하게 되어 있다는 특징을 지니고 있다. 이에 중소 제조업체들이 스마트 공장을 도입하는 데 드는 시간과 노력을 상당히 줄일 수 있었다.

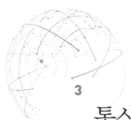

3

통신 네트워크와
빅 데이터 인프라 구축

본격적으로 스마트 공장을 구축하기에 앞서 선결해야 할 것이 있다. 바로 통신 네트워크와 빅 데이터 인프라 구축이 그것이다. 스마트화를 위해 연결은 기본이기 때문이다.

여기서는 그에 대해 자세히 알아볼 것이다.

▌통신 네트워크
▌인프라 구축

기업들은 제조 현장에 여러 가지 제조 설비와 장치, 경영 관리를 위한 다양한 시스템을 보유하고 있다. 이러한 모든 설비와 장치, 공정, 공장, 인력 등을 디지털로 변환하고, 통신 장치를 사용하여 유무선 통신 네트워크로 연결한다. 통신 네트워크는 제조 현장의 모든 설비와 장치의 센서는 물론 PLC와 DCS, 모니터, 인력들을 연결한다. 그리고 생산 관리 시스템, 경영 관리 시스템, 자원 관리 시스템을 비롯해 외부 협력 업체와도 연결하고, 소통하도록 하는 기업의 기본 인프라로 연결된 설비, 장치, 공장, 인력들이 어떤 제약이나 의식없이 매끄럽게 소통할 수 있도록 철저한 보안을 제공해야 한다. 아울러 기업은 통신 네트워크를 통해 언제 어디서나 음성뿐만 아니라 데이터나 동영상 등을 전송하거나 받을 수 있어야 한다.

우리는 이미 2장에서 산업 현장에서 활용할 수 있는 유무선 통신망과 기술에 대하여 알아보았다. 여기서는 어떤 통신 네트워크를 어떻게 구성할 것인가에 초점을 맞출 것이다.

4차 산업혁명의 핵심은 산업 데이터 자산의 활용이 근간이 된다. 즉, 철저한 보안이 유지되고, 사통팔달 연결된 통신 네트워크 환경에서 공장의 실시간 정보와 ERP, CRM, SCM 등과 같은 경영 관리 시스템 정보를 소통하고 분석하여 기업 경영에 활용하는 것이 중요하다.

통신 네트워크 인프라를 설계할 때 가장 중요한 사항은 국제적 표준 통신 기술과의 호환성이다. 호환성 있는 통신 장비들은 대개 유지 보수나 업그레이드도 용이하고, 많이 사용되기 때문에 취급하는 전문가도 많으며, 상대적으로 가격도 저렴할 수 있다. 그리고 다른 장비와도 쉽게 호환되기 때문에 연결이 아주 용이하고 지원과 업그레이드도 오랫동안 받을 수 있다. 2장에서 살펴본 표준 산업용 이더넷으로 공장 설비와 기업 정보망을 단일의 이더넷 인프라 내에서 연결하는 것이 일반화되고, 스마트 공장을 위한 기초가 되고 있다.

두 번째로 중요한 사항은 통신의 요구 사항을 충분히 지원하는 통신 네트워크의 용량이다. 이를 위해서는 전송 데이터의 양과 네트워크의 속도에 대한 요구 사항을 정확히 이해하고 예측해야 한다. 얼마나 큰 데이터를 얼마나 자주 생성하고 전송할 것인지, CCTV 영상과 같은 영상 데이터는 얼마나 큰지, 실시간으로 전송하고 받을 것인지, 빅 데이터의 수집·저장·분석을 어디서 할 것인지 등을 잘 정리한 후에 전문가와 상의해야 할 것이다.

그리고 사용료나 유지 보수비도 중요한 요소이다. 자체로 망을 구축할 것인지, 외부 인터넷망이나 클라우드 서비스를 사용할 것인지도 철저하게 검토해야 한다. 이를 위해서는 유무선 통신 기술의 장·단점을 이해하고 통신망을 구축하는 것이 필요하다. 또한 철저한 보안 네트워크를 구축하는 것도 명심해야 한다. 통신 네트워크 인프라 구축은 외부 전문가나 통신 회사의 자문을 받기를 권한다. 또한 통신 네트워크 관리 부서를 내부에 조직하거나 외부 전문가에게 맡기는 것도 검토해야 한다.

센서 네트워크

기계 설비와 환경 장치에 장착된 센서들은 통신 모듈이나 통신 장치를 통하여 공장 전용의 다양한 네트워크 또는 산업용 이더넷 유선망RAPInet, EtherNet/IP, Profinet, EtherCAT, Powerlink, CC-Link/IE에 직접 연결할 수 있다. 또한 Wi-Fi나 3G, LTE와 같은 일반 무선 통신망으로도 연결이 가능하다.

공장 내의 센서와 액추에이터는 간단하게 통신망으로 연결할 수 있는 산업용 센서 네트워크의 국제 표준인 IEC 61131를 활용하는 것도 바람직하다. 공장의 실시간 제어 특성, 연결의 편리성, 디지털 및 산업 데이터 처리 기능 그리고 비용의 효율성을 고려하면, IO-Link는 간단하면서도 탁월한 선택이 될 수 있다. 이 표준 방식은 지점 대 지점 간 통신 회선point-to-point communication link 기술로 장치와 자동화 시스템 사이에 필요한 데이터나 정보를 전송한다.

통신 기능이 없는 오래된 설비나 기계에는 센서를 달고 통신 모듈이나 통신 장치와 연결할 수도 있다. 이때 통신 모듈이나 통신 장치는 표준 통신 기술과 호환성이 있는 제품을 사용해야 통신망과 쉽게 연결할 수 있다. 울랄라랩의 '위콘'과 같은 IoT 센서 모듈을 장착하는 것도 좋은 방안이다. 센서 네트워크Sensors Network에 연결될 사물들은 운영 체제, CPU 유형, 메모리 등과 같이 다양한 소형 장치들이다. 대부분은 온도, 습도, 압력 센서와 같이 기본적인 네트워크 연결 기능만을 갖춘 저렴하고 작은 장치일 것이고, 보안이 취약하거나 보안 기능을 탑재하기 어려운 장치일 수도 있다. 이러한 장치는 사람의 개입이나 관리가 거의 불가능한 원거리나 접근이 용이하지 않은 위치에 있는 경우가 많다.

센서는 그것들이 감지하는 영역에 내장되어 있기 때문에 새로운 시설을 건설할 때 계획 단계에서부터 어떤 데이터나 상황 정보를 수집하고 모니터링할 것인가를 감안해야 활용 방안을 고려할 수 있다. 설치 후에 통신이 끊어지거나 통신이 어려울 경우에는 오류 분석이나 대처에 도움이 될 수 있으므로 보조 연결망도 구축 계획에 포함해야 한다. 그리고 장치의 초기 설치와 구성, 사물 인터넷 인프라의 최종 설치와 구성 간의 데이터 인증, 센서에서 수집기까지의 경로 및 연결 인증 등 다양한 경로에서 신뢰성이 보장되어야 한다.

엣지 네트워크

여러 공장이 멀리 떨어져 있고, 많은 데이터를 수집·저장·분석하는 경우에는 각 공장마다 통신 네트워크를 구축하여 실시간으로 데이터를 처리하는 것이 더 효율적이고 경제적일 수 있다. 이를 위하여 구축된 각 공장의 통신 네트워크를 엣지 네트워크Edge Network라고 한다. 필요에 따라서는 각 공장의 엣지 네트워크를 연결하는 클라우드 서비스나 유선망을 활용하여 기업 전반의 경영 분석이 필요한 데이터를 취합하거나 분석할 수도 있다. 엣지 네트워크는 설비나 센서들과 교신하는 통신 장치와 PLC, DCS 등을 유무선으로 연결하는 엣지 서버와 게이트웨이를 포함한다. 엣지 서버와 게이트웨이는 빅 데이터 솔루션을 내재하여 공장 내에서 생성되는 데이터를 실시간으로 수집·저장·분석할 수도 있다. 데이터가 본사나 다른 공장에 필요한 경우, 엣지 장비들은 데이터를 전송하는 역할을 담당한다.

멀티 서비스 엣지 장비는 멀티 모드로 유무선 연결을 지원한다. 또한 Zigbee, LoRa, NB-IoT, Sigfox, Wi-Fi, 3G, LTE와 같은 다양한 통신 기술을 지원하여 여러 사물 인터넷 환경을 수용할 수도 있다. 위에서 이야기한 대로 보안 기능이 취약한 IoT 장치도 있으므로 정보 보안이 본질적으로 안전하지 않은 장치를 보호하는 것은 필수적 기능이다. 또한 확장 가능한 모듈 형태로 구성되어 기업의 사업 성장에 따라 엣지 네트워크가 제공하는 서비스나 구성 요소도 쉽게 확장할 수 있어야 한다.

클라우드 서비스

기업은 공장이나 사무실의 데이터 통신 요구에 따라 자체 통신망을 구축하거나 외부의 클라우드 서비스Cloud Service를 활용할 수도 있다. 클라우드 서비스는 SKT, KT, LG U+ 같은 통신사나 호스트웨이, 네이버, 아마존, IBM, 마이크로소프트 등과 같은 클라우드 서비스 업체로부터 제공받을 수도 있다. 또한 자체 엣지 네트워크를 구축하고, 이를 클라우드 서비스를 활용하여 본사나 기업 전체의 정보를 통합적으로 분석할 수도 있다.

클라우드 서비스는 계약에 따라 수수료를 납입하면 기업이 필요한 만큼 컴퓨팅 자원을 할당하고, 통신과 데이터 서비스를 제공하기 때문에 편리하고 효율적이다. 기업에 따라서는 자체 클라우드 네트워크를 구축해 사용하기도 하지만, 구축·유지·보수 비용과 효율성 등을 고려할 때 시장에 출시된 클라우드 서비스가 더 매력적일 수도 있다. 상용 클라우드 서비스 제공업체들은 기업의 필요에 따라 다양한 서비스를 제공하고 있다.

보안 네트워크

보안은 아무리 강조해도 결코 지나치지 않다. 그렇다고 해서 사용자들이 네트워크에 접속하거나 데이터를 전송하는 데 불편을 겪어야 한다는 말은 아니다. 센서에서부터 산업용 인터넷, 사무용 인터넷, 공공 인터넷 접속 등 필요에 따라 보안 네트워크를 철저하게 구축해야 한다. 이를 위해서는 IT 보안 전문가의 자문과 협조를 받기를 강력히 권한다. 또한 보안 관련 부서와 IT 부서의 전문가들은 지속적으로 교육을 받고, 보안 관리에 최선을 다해야 한다. 이를 위한 정확한 매뉴얼을 작성하고, 모든 임직원들에게 보안 교육을 정기적으로 실시하며, 방문자나 협력 업체 직원들도 철저하게 보안 관리 지침을 지키도록 해야 한다.

연결된 장치와 네트워크는 전사적 보안 관리를 지원하는 물리적·인적 프로세스가 구축되어야 한다. 물론 이미 많은 기업들이 통신 네트워크를 구축해 운영·관리하고 있을 것이다. 따라서 보안 네트워크를 얼마나 철저하게 구축해 운영·관리하는지 정기적으로 진단하고, 필요한 부분을 보완해 나가야 할 것이다. 이를 위해 한국인터넷진흥원이 『보안 서버 구축 안내서』를 만들어 보급하고 있으니 참고하기 바란다. 보안 서버를 통합적이고 체계적으로 구축하거나 오류 시 대처 방법과 개발 시 점검 항목, 보안 서버 전문 구축업체 목록과 연락처 등 자세한 정보를 담고 있는 이 안내서는 한국인터넷진흥원의 기술 안내서 가이드 웹페이지http://www.kisa.or.kr/

public/laws/laws3.jsp에서 누구나 무료로 내려받을 수 있다.

그리고 국제 사이버 보안 표준도 제정되어 있으니 참고하는 것도 좋다. 국제표준기구ISO: International Organization for Standardization와 국제전기기술위원회IEC: International Electrotechnical Commission가 제정한 국제 표준 ISO/IEC 27002는 정보 보안 관리 시스템을 구축·운영·관리하는 데 필요한 관리적 보안, 물리적 보안, 기술적 보안의 통제 실행 지침을 제시하고 있다. 제조 산업의 자동화와 제어 시스템 부분은 국제자동화협회ISA: International Society of Automation와 공조하여 사이버 보안 표준을 정하고 보안 네트워크 모델을 공유하기 바란다. 국제자동화협회가 정한 산업 자동화 및 제어 시스템 분야에 필요한 사이버 보안 표준은 ISA 홈페이지https://www.isa.org에서 볼 수 있다.

IoT 시스템 내 보안 문제

IoT 장치와 기기들이 확산되면서 이들의 보안 이슈는 날로 심각해지고 있다. 이미 사물 인터넷 장치를 활용한 보안 사고도 자주 일어나 우리의 주목을 끌고 있다. 보안 사고를 근본적으로 차단하기 위한 IoT 장치나 시스템을 설계·구축할 때 고려할 사항으로는 다음과 같은 것이 있다.[7]

① 물리적 보안이 거의 없거나 일반적으로 작고 저렴한 장치에 대한 보안

② 메모리 및 처리 성능 제약으로 인해 복잡하고 진화된 보안 기능 지원 여부

③ 네트워크 연결 이전에 대부분 설치되어 전반적인 시동 시간의 증가, 시동 중 또는 시동 후에 안전한 원격 관리의 필요

④ 기본 연결이 끊어지면 백업 연결없이 현장에서 자율적으로 작동하

도록 설계

⑤ IoT 생태계에 구축된 수많은 사물의 개체 운영 관리

- 개인(예: 스마트 홈 관리기)

- 그룹(예: 방 / 집의 모든 전구)

- 개인 대 그룹의 확장성 문제

- 다양한 IoT 장치의 수명에 따른 소프트웨어 관리

- 때로는 위치가 개별 식별자 번호(ID)보다 더 중요

- 위·변조 감지 기술과 관리 – 항상 감지, 정기적 감지에 따른 이슈들

⑥ 다자간 네트워크 관리

- 이해 당사자 관리: 예를 들어 스마트 교통 신호 체계의 경우, 응급 서비스 (사용자), 지자체(소유자), 솔루션 제조업체 (공급 업체)

- 누가 관리·운영 권한을 갖고 있나?

- 누가 통합적 관리 책임의 소재인가?

⑦ 물리적 보호

- 모바일 장치는 도난 당할 수 있는 가능성에 대한 대비책

- 고정 장치는 타인에 의해 이동될 수 있는 가능성에 대한 대비책

일반적으로 IoT 장치는 단일 소유자가 관리하는 일회용 솔루션이 아니다. 데이터가 생성되고 공유될 수 있는 장치와 제어 플랫폼은 서로 다른 소유권, 정책, 관리 요소를 가지고, 여러 통신망과 연결될 수 있다. 결과적으로 보았을 때, 장치는 많은 소비자와 관리자에 대해 동등하고 개방된 접근을 요구하면서 소비자 간에 필요한 개인 정보와 독점권을 유지해야 한다. 일반 고객 간의 데이터를 격리하여 보안성과 독립성을 제공하면서도 정보의 가용성을 유지하는 것이 중요한 것이다. 따라서 적절한 보안

접근을 통제할 수 있도록 관리하고, 사용자 간의 신뢰성을 보장하며, 올바른 정보를 공유해야 한다.

대부분의 IoT 플랫폼은 보안에 대한 규정과 절차가 정리되어 있다. 따라서 IoT 장치나 시스템을 구축하기 위해서는 보안 요구 사항을 철저하게 검토하여 이에 합당한 IoT 플랫폼을 선정하고 구축해야 한다. 특히 중요한 제조업 공정은 안전하고 정확한 실시간 측정 데이터에 의존할 수도 있다. 예를 들어 온도 측정 장치가 DDoS 공격을 받은 경우, 공정 관리 시스템은 즉시 이 상황을 알아채야 한다. 그리고 DDoS 공격으로 인한 것인지, 장치의 치명적인 문제로 인한 것인지를 실시간에 구분할 수 있어야 한다. 또한 보조 연결망에서 데이터를 가져오는 것과 같은 적절한 조치를 실시간으로 실행하거나 정보 전송을 지연할 수 있어야 한다. 기계 학습 기술을 사용하여 합당한 조치를 취할 수도 있다. 이와 같은 다양한 보안 요구 사항을 정리하고, 우선순위를 정하여 이를 수용할 수 있는 IoT 플랫폼을 정하는 것이 바람직하다.

빅 데이터 활용을 위한
인프라 구축

통신 네트워크가 구축되어 제대로 운영되고 있다면, 이를 통해 설비나 장치, 공정에서 많은 데이터를 수집할 수 있다. 그러나 데이터를 기반으로 하는 빅 데이터, 인공 지능, 머신 러닝, 딥 러닝 등의 기술을 생산 현장이나 업무 프로세스에 적용하기 위해서는 데이터를 모아서 저장하는 빅 데이터 인프라를 올바로 구축해야 한다.

철강, 반도체, 화학, 자동차 등 장치산업의 경우, 한번에 모든 공정의 데이터를 수집하려고 네트워크를 구축하거나 개선을 시도하는 경우가 있다. 이런 경우에는 많은 비용이 들기 때문에 공정을 잘 분석하여 네트워크 구축의 우선순위를 정하는 것이 필요하다. 가장 돌발적으로 설비 고장이 많이 발생하고, 품질이 균일하지 않고, 작업자의 능력에 따라 품질이 좌우되는 고질적인 문제를 가지고 있는 공정을 먼저 인프라 구축과 개선 대상으로 선정한다.

디지털 공장을 통신망으로 연결한 기업들은 그동안 쌓아온 공장의 운영 노하우를 모두 데이터로 축적하고 있을 것이다. 대부분의 기업들은 회사 여러 곳에 흩어진 데이터를 어떻게 모으고 활용해야 할지, 어떻게 시작하고 누구와 시작해야 할지 막연할 것이다. 한 제조 기업은 공장에 흩어진 데이터를 빅 데이터 플랫폼을 도입하여 수집·분석했는데, 정작 데이터 활용에는 실패했다고 한다. 왜일까? 데이터 수집에 앞서 어떻게 활용할 것인지 데이터 활용에 대한 개념 증명POC: Proof of Concept을 충분히 수행하지 않았기 때문이다.

기존의 정보 통신 기술은 투자하여 구축하면 어느 정도 성과를 낼 수 있었다. 그러나 빅 데이터 분석은 지식 기반의 과제이다. 단순히 돈과 사람만 투자한다고 해서 단시간에 성과를 올리기가 어렵다. 철저한 사전 준비가 필요하고, 데이터를 통해 무엇을 개선하며, 개선을 위해 어떤 데이터가 필요하고, 이를 위해 누구와 협력할 것인가를 고민해야 한다. 이 모두를 성공적으로 이끌 수행 방법이 필요하다.

기존의 자동화 공장은 자동화 설비를 구축하고, 현장 엔지니어의 경험에 따른 판단으로 자동 또는 수동으로 생산 설비를 운영하였다. 그러나 스마트 공장은 사람, 사물, 자연 등에서 발생하는 데이터를 기반으로 머신 러닝, 인공 지능 등의 기법을 적용하여 자동 생산 모델을 만들고, 이를

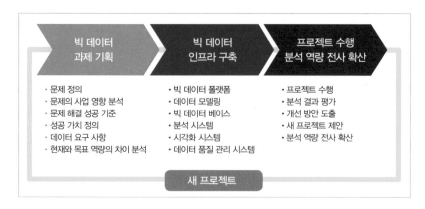

[그림 3-2] 빅 데이터 활용을 위한 빅 데이터 인프라 구축 프로세스

활용하여 스스로 분석하고 판단하는 자율 생산 공장, 즉 '생각하는 공장'을 만들어 가는 것이다.

그렇다면 기업은 어떻게 스마트 공장을 위한 빅 데이터를 생성·수집·저장·분석하고, 활용할 빅 데이터 인프라를 구축할 수 있을까? [그림 3-2] 처럼 빅 데이터를 활용하기 위한 과제 기획, 인프라 구축, 분석 작업을 수행하고, 결과 평가 후 개선 방안을 도출하는 과정을 거친다면 스마트 공장을 구축할 수 있을 것이다.

과제 기획 단계에서는 먼저 문제를 정의하고 무엇을 개선할 것인가를 구체적으로 정의하고 실행 방안을 수립해야 한다. 인프라 구축 단계에서는 빅 데이터 활용을 위해 필요한 인프라를 구축해야 한다. 그러나 빅 데이터를 활용하려면 최소한 3개월에서 1년 정도 데이터를 축적하여야 한다. 프로젝트 수행 및 분석과 역량의 전사 확산 단계에서는 축적된 데이터를 기반으로 기획 단계에서 수립한 목표를 달성하고, 분석 결과를 전사로 확산하여 경쟁력을 극대화해야 한다.

빅 데이터 과제 기획

빅 데이터 과제 기획은 생산 현장에서 축적한 데이터를 어떤 목적으로 활용할 것인지, 스마트 공장 구축을 위해 어떤 데이터를 수집하고, 어떤 분석 시스템을 어떻게 구축할 것인지를 기획하는 단계로 빅 데이터 활용 프로세스 중에서 가장 중요한 단계라고 할 수 있다. 이것은 [그림 3-3]과 같이 문제 정의, 분석 목표 설정으로 나누어 정의할 수 있다.

문제 정의는 현재 당면 과제를 파악하고 비즈니스적 측면, 고객 가치 측면 등 다양한 측면에서 문제를 도출하고 해결 방안을 모색한다. 현장 엔지니어들이 축적한 노하우를 어떻게 활용하고, 공장을 스마트하게 만들기 위해서는 무엇을 알아야 하고, 무엇이 더 필요한지 구체적으로 문제를 정의한다.

분석 목표 설정은 기업이 지향하는 목표를 구체적으로 설정하고, 목표 달성을 위해 어떤 데이터를 수집하고, 어떤 데이터 분석 기법을 활용할 것인가를 검토한다. 담당자, 조직 체계, 세부적 계획과 일정, 예산, 의사 결정 요소, 데이터 분석 체계, 분석에 필요한 내·외부 데이터, 투자 수익률 ROI: Return on Investment, 분석 정의서, 분석 결과물 등을 구체적으로 작성하

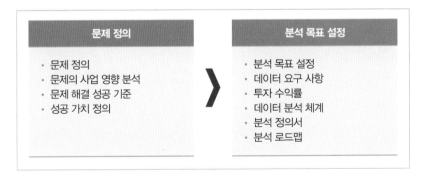

[그림 3-3] 빅 데이터 활용을 위한 과제 기획 절차

여 실제 프로젝트 수행에 앞서 충분한 검토를 진행하는 단계이다.

핵심 가치를 발굴하라

빅 데이터의 과제 기획 과정에서는 기본적으로 기업의 당면 과제가 무엇이고 빅 데이터 분석을 통해 무엇을 달성할 것인지, 즉 장·단기적 목표와 함께 정확한 시점을 구체적이고 정량적으로 정의한다. 이때 기업의 핵심 가치를 발굴하기 위한 방식으로는 비즈니스 모델로부터 핵심 경쟁력 향상을 위해 전사적 관점에서 접근하는 톱다운 방식Top Down Method과 핵심 프로세스를 먼저 분석하고 점차 전사적으로 확산하는 보텀업 방식Bottom Up Method이 있다. 또한 빅 데이터 활용 사례를 벤치마킹해 새로운 아이디어를 적용할 수도 있을 것이다. 각각의 방식에 대해서 상세하게 살펴보자.

① 톱다운 방식

톱다운 방식은 전사적 관점의 큰 그림에서 시작해 고객의 요구 사항을 파악하고, 분석 목표에 맞는 데이터를 자세히 분석하는 방식으로 진행한다. 먼저 기업의 비즈니스 모델을 이해하기 위해 시장과 환경의 변화를 파악한다. 또한 고객의 요구 사항 변화도 살펴야 한다. 비즈니스의 전체적인 상황을 파악하기 위해서는 시장 요인, 산업 요인, 주요 트렌드, 거시경제 동향 등 비즈니스 컨텍스트 분석으로 기업이 당면한 외부의 환경 변화 요소를 검토한다.[그림 3-4 참조] 그리고 이후에 기업 내부의 이슈 및 당면한 과제를 정의하는 방식이다.

주요 트렌드 분석은 사회, 문화, 경제, 기술, 규제 트렌드를 분석한다. 시장 요인 분석은 니즈와 수요, 기대 수익, 마켓 이슈, 마켓 세그먼트, 전환 비용을 분석한다. 거시경제 요인 분석은 글로벌 시장 환경, 자본시장, 원

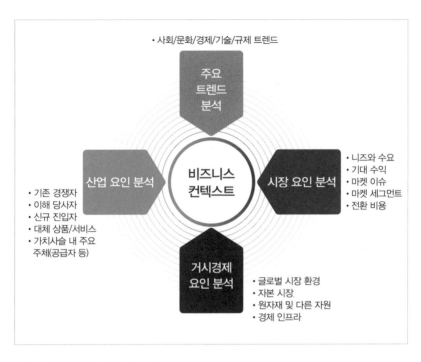

거시경제
요인 분석
• 글로벌 시장 환경
• 자본 시장
• 원자재 및 다른 자원
• 경제 인프라

산업 요인 분석
• 기존 경쟁자
• 이해 당사자
• 신규 진입자
• 대체 상품/서비스
• 가치사슬 내 주요
  주체(공급자 등)

주요
트렌드
분석
• 사회/문화/경제/기술/규제 트렌드

비즈니스
컨텍스트

시장 요인 분석
• 니즈와 수요
• 기대 수익
• 마켓 이슈
• 마켓 세그먼트
• 전환 비용

[그림 3-4] 비즈니스 컨텍스트 분석 요소 출처: 한국데이터베이스진흥원의 데이터 분석 전문 가이드, 재구성

자재 및 다른 자원, 경제 인프라를 분석한다. 산업 요인 분석은 기존 경쟁자, 이해 당사자, 신규 진입자, 대체 상품 및 서비스, 가치 사슬 내 주요 주체를 분석하고 파악한다.

시장과 환경의 변화를 파악했으면, 이제는 다음의 4가지 가치 유형을 통해 고객 니즈를 명확히 파악한다.

• 기능적 가치Functional Value: 물리적 속성, 특징 등 기능적 측면
• 재무적 가치Financial Value: 무료, 낮은 가격, 높은 가격
• 무형의 가치Intangible Value: 공유성, 확장성, 이동성, 접근성
• 감성적 가치Emotional Value: 즐거움, 자긍심, 자유

톱다운 방식은 시장과 환경의 변화를 파악하여 큰 그림을 가지고 고객이 원하는 것, 가치를 갖는 것을 찾아 현재의 제품과 서비스를 강화하거나 새로운 제품, 서비스, 경험을 제공하는 새로운 비즈니스 모델을 창출하는 데 활용할 수 있다.

② 보텀업 방식

보텀업 방식은 기업의 생산 라인 중에서 가장 중요하거나 가장 용이한 설비부터 우선순위를 정하여 점진적으로 확산하는 방법으로, 업무 프로세스 중심의 분석 방법이라 할 수 있다. 이를 통한 빅 데이터 분석 기획 절차는 [그림 3-5]와 같다.

'업무 프로세스 분류' 단계에서는 전사의 업무 프로세스를 단위 공정에서 전체 공정으로 구조화해 단계적으로 정의한다. '업무 프로세스 흐름 파악' 단계에서는 전체 업무 프로세스를 도식화하고, 우선순위가 높은 업무 프로세스인 경우 세부 업무 프로세스의 현황을 파악해 상세화한다. 이를 위해 빠른 시간에 업무 프로세스, 이상 패턴, 병목 구간 등을 발견하는 데 많은 도움이 되므로 프로세스 마이닝Process Mining[8] 기법을 적용해도 좋을 것이다. '데이터 분석 요건 식별' 단계에서는 각 업무 프로세스에서 무엇을 개선할 것인가에 대한 의사 결정 요소를 식별한다. '데이터 분석 요건 정의' 단계에서는 각 업무 프로세스의 의사 결정 시점에 필요한 사항을 구체

[그림 3-5] **보텀업 방식 – 업무 프로세스 분석을 통한 빅 데이터 분석 기획 절차**

적으로 정의한다.

③ 벤치마킹 사례 활용 방식

벤치마킹 사례를 활용하는 방식은 산업과 업종에 관계없이 성공 사례를
활용하여 데이터 분석에 대한 아이디어를 얻고, 기업에 적용할 후보 목록
을 도출하는 것이다. 다음은 NTT-미쓰이 화학의 생산 공정에서 인공 지
능을 적용해 품질 예측화에 성공한 사례이다.[9]

*NTT커뮤니케이션즈코퍼레이션*이하 NTT컴*과 미쓰이 화학*Mitsui Chemicals*은 생
산 과정에서 온도, 압력, 유량 같은 시간 기반의 공정 데이터 51개 유형의 다양
한 데이터 세트와 가스 품질을 표시하는 X 가스 농도 간의 관계 모델링에 기
반한 딥 러닝 기술을 이용해 최종적으로 가스 제품 품질에 대한 정확한 예측
이 가능해졌다. 두 회사는 예측 모델을 통해 예측한 X가스 농도와 실제 X가스
농도 간의 차이를 ±3% 이내로 유지하는 데 성공한 것이다.*

*화학 공장은 전통적으로 다양한 벤치마크를 통한 생산 데이터 비교와 숙련
된 직원의 육안 검사로 품질 문제를 해결해왔다. 그러나 NTT컴과 미쓰이 화
학이 공동 개발한 이 기술은 수집 데이터에 대한 철저한 분석과 결과에 대한
예측을 통해 화학 산업 전반에 걸쳐 오류 탐지의 정확도를 개선했다. 각 공정
에서 발생하는 데이터의 시간 동기화는 매우 중요한 사항이다. 만약 수집된
데이터가 오류 데이터였다면 아무리 많은 데이터를 축적했어도 원하는 결과
를 얻기는 어려웠을 것이다.*

지금까지 우리는 기업의 비즈니스 핵심 가치를 발굴하기 위한 접근 방
식을 살펴보았다. 빅 데이터 과제 기획 단계에서 구체적이고 실행 가능한

프로젝트 계획을 수립하기 위해서는 다양한 이해 당사자들을 참여시켜 의견을 수렴하는 것도 필요하다. 아울러 현장 제조 전문가, 데이터 과학자, IT 전문가, 업무 전문가 등 다양한 전문가들과 통합적인 시각으로 과제를 기획하고, 단기간에 성과를 내려고 하기보다는 신뢰를 바탕으로 장기적으로 협력하는 것이 바람직하다.

빅 데이터 인프라 구축

산업 현장에서 발생하는 빅 데이터를 활용하려면 먼저 데이터를 수집·저장하고, 양질의 데이터를 확보해야 한다. 과거에는 생산 현장에서 발생하는 데이터와 ERP 등 사무 현장에서 발생하는 데이터가 분리되어 서로 다른 데이터베이스에 저장되고, 따로 활용되었다. 그러나 스마트 공장을 구축하기 위해서는 전사 차원의 데이터 통합은 물론 외부 데이터도 활용해야 한다. 또한 빅 데이터를 기반으로 하는 스마트 공장을 운영하기 위해서는 최소한 3개월에서 1년 정도 데이터를 축적해야 한다. 빅 데이터 활용을 위한 빅 데이터 플랫폼 선정, 데이터 모델, 데이터 품질 관리, 빅 데이터 분석 소프트웨어 등 빅 데이터 인프라 구축에 대해 살펴보자.

빅 데이터 플랫폼 선정

산업 현장에서 발생하는 데이터를 단위 공장별로 또는 조직의 목적에 맞게 별도로 수집하는 곳도 있을 것이다. 그리고 아직 데이터를 수집하지 못하는 곳도 있을 것이다. 여기서 중요한 것은 데이터를 한 곳에 모아야 한다는 것이다. 개별 공장이나 조직이 아니라 전사적인 차원에서 데이터를 모으고 활용하여야 한다. 데이터를 한 곳에 모으려면 빅 데이터 플랫폼을 선정하여야 한다. 이제는 단위 설비, 단위 공장이 아니라 전사 관점의 생산, 설비, 에너지, 환경, 판매, 유통 등의 프로세스들이 데이터에 의해 연결되고 스마트화되어야 하기 때문이다.

빅 데이터 플랫폼 선정에서 중요한 것은 데이터의 활용 목적을 염두에 두어야 한다는 점이다. 현재 IBM, MS, SAP, Oracle, AWS, Pivota, Google 등 많은 빅 데이터 플랫폼 업체들이 다양한 제품을 시장에 출시한 상태이다. 각 플랫폼마다 장단점이 있고, 한 업체의 패키지 솔루션을 구입하여 사용하기보다는 빅 데이터베이스, 분석 소프트웨어, 시각화 도구 등을 개별 구매하거나 오픈 소스 소프트웨어OSS: Open Source Software를 이용하여 각 사의 상황에 맞게 도입하면 될 것이다. 자세한 것은 2장의 빅 데이터 부분을 참고하면 도움이 될 것이다.

빅 데이터 활용을 위한 인프라 구축에는 최소 1~2년의 오랜 시간과 많은 비용이 필요하다. 회사의 규모와 예산, 인적 자원 등 다양한 측면을 고려하여 도입을 위한 로드맵을 작성하고, 단계적으로 실행하는 것도 한 가지 방법이다. 우리는 그동안 프라이빗Private 환경으로 모든 IT 자산을 구축하고, 자체적으로 운영하는 데 익숙해져 있다. 이제는 새로운 기술 변화와 다양한 기술 요소 모두를 자체적으로 해결하기보다는 전문 기업들과 장기적으로 협력하는 편이 경쟁력 향상에 더 도움이 될 것이다. 따라서 사내 데이터뿐만 아니라 사외 데이터와 실시간 연계를 위해 클라우드 기반의 빅 데이터 플랫폼을 구축하는 것도 고려해 보아야 할 것이다.

빅 데이터 모델 작성

스마트 공장을 구축하기 위해서는 먼저 어떤 데이터를 수집할 것인지 데이터 목록을 작성해야 한다. 그러기 위해서는 내·외부의 데이터를 어떻게 수집할 것인지 아키텍처를 구성하고, 빅 데이터베이스에 저장하기 위한 데이터 구조데이터 모델를 만들어야 한다. 빅 데이터베이스에 저장하기 위해서는 데이터의 품질을 관리하고, 데이터의 모델을 만들어야 한다. 여기서 데이터의 품질 관리는 생산 현장의 특성을 반영한 데이터 품질을 의미한다. 그리고 데이터의 모델은 데이터 구조, 관계, 관리 항목 등을 포함한다.

빅 데이터 모델은 데이터를 축적하기 위한 뼈대를 만드는 아주 중요한 기초 공사다. 앞서 2장에서 설명한 대로 빅 데이터의 활용 목적에 따라 생산 현장에서 수집해야 할 항목기존 설비에서 수집 항목 추가 등도 달라질 것이다. 따라서 전사적인 관점에서 빅 데이터 모델을 구축할 때에는 빅 데이터 분석가데이터 과학자와 동일한 의미로 사용를 중심으로 현장 제조 전문가, 업무 전문가, IT 전문가 등경우에 따라서는 협력 업체 전문가 포함이 협업하여 데이터 모델을 만들어야 한다.

빅 데이터 모델은 논리 데이터 모델과 물리 데이터 모델로 나눌 수 있다. 논리 데이터 모델은 개념 데이터 모델을 상세화하여 논리적인 데이터 집합, 관리 항목, 관계 등을 정의하고, 물리 데이터 모델은 논리 모델을 데이터베이스 특성과 성능 등을 고려하여 데이터 구조를 구현하는 것을 말한다.

앞으로 빅 데이터의 중요성은 더욱 더 높아질 것이다. 하지만 빅 데이터 활용을 위해 우선되어야 할 것이 있다. 데이터의 신뢰성이다. 데이터의 신뢰성 확보를 위한 첫 단추가 바로 데이터 모델이다. 데이터 모델에 앞서 데이터 표준화데이터 사전, 코드, 도메인 정의 등, 국내 및 국제 산업 표준 등을 정의하여 데이터 모델에 반영함으로써 데이터 축적 시 오류를 최소화해야 한다.

지금까지 정보 시스템을 구축할 때에는 데이터 아키텍트DA: Data Architect

중심으로 데이터 관점의 업무 분석 기법을 적용하여 데이터 모델링을 했다. 물론 프로세스 관점과 데이터와 프로세스의 상관 관점도 적용했다. 돌이켜 보면 대부분 정보 통신 기술 관점의 접근이었다. 이제는 정보 통신 기술, 운영 기술, 데이터 기술을 모두 아우르는 관점의 접근이 필요하다. 또한 모든 데이터는 클라우드 기반으로 축적하고, 실시간으로 전 세계 파트너나 고객과의 소통도 염두에 두어야 한다. 물론 제조 산업의 분류_{장치}에 따라 사용하는 용어도 다르고, 국제 표준과 국내 표준도 다를지라도 그것은 예외일 수 없다.

국내의 산업 현장은 신기술 도입에 대한 거부감과 노사 간 갈등으로 현장 전문가들의 경험을 디지털 데이터로 축적하여 활용하는 데 많은 어려움이 있다. 하지만 이제는 살아남기 위해 모든 역량을 집중해야 한다. 현장 엔지니어의 도움없이는 많은 시간과 비용, 시행착오가 뒤따를 수밖에 없다. 생산 현장, 사무 현장, 비즈니스_{산업, 시장, 경제, 트렌드 등}, 협력 업체, 날씨 등 스마트 공장에 필요한 다양한 데이터를 모아도 각 분야 전문가와 빅 데이터 분석가의 협업이 이루어지지 않는다면 빅 데이터를 제대로 활용하는 것이 불가능할지도 모른다. '시작이 반이다'라는 말이 있듯이 훌륭한 데이터 모델은 빅 데이터 활용을 위한 첫걸음이 된다.

빅 데이터 품질 관리

데이터 품질을 확보하기 위한 방법은 매우 다양하다. 하지만 여기서는 [그림 3-6]과 같이 데이터 품질 요소로 데이터 값, 업무 규칙, 데이터 표준, 데이터 구조, 생산 현장의 특성 등을 고려해 관리 항목을 정의하고, 품질 관리 인프라_{도구/시스템}, 품질 관리 정책 및 조직을 통한 지속적인 데이터 품질 관리 노력이 필요할 것이다.

[그림 3-6] 빅 데이터 품질 관리를 위한 구성 요소

빅 데이터의 특성은 데이터의 양Volume, 다양성Variaty, 속도Velocity, 신뢰성 Veracity이다. 스마트 공장 구축에서 데이터의 신뢰성은 매우 중요하다. 왜 그럴까? 앞으로 생산 공장은 머신 러닝, 인공 지능 기술을 활용하여 더욱 더 스마트해질 것이다. 이러한 기술을 적용하려면 양질의 방대한 데이터 가 필요하다. 자동차를 예로 들면 고성능 엔진일수록 좋은 휘발유를 사용 하는 이치와 같다. 우리는 데이터를 확보하면 수집 경로와 신뢰할 수 있 는지를 확인하기보다는 활용 관점에서 접근하려는 경향이 있다. 다음의 사례를 살펴보자.

자동차 엔진을 조립하려면 15개 공정을 거쳐야 한다고 가정하자. 각 개 별 공정에서 데이터 분석은 별 문제가 없었다. 그러나 공정 분석을 위해

15개 공정의 데이터를 모두 모아 프로세스 분석을 해본 결과, 전혀 예상 밖의 문제가 드러났다. 원인은 각 공정의 타임 설정 시간이 달라 생산 시간의 전후 관계가 꼬인 것이다. 이처럼 생산 현장의 시계열 데이터에서 데이터 발생과 기록 시간은 매우 중요한 데이터 품질 요소이다.

빅 데이터에는 생산 현장, 사무 현장, 비즈니스산업, 시장, 경제, 트렌드 등, 협력 업체, 날씨 등 데이터의 다양한 특성이 있다. 따라서 생산 현장의 고유한 특수 조건 등을 감안해야 한다. 다시 한번 강조하지만 빅 데이터 활용을 위한 전제 조건으로 데이터의 품질 확보는 매우 중요하다. 그리고 이것을 위한 지속적인 탐지와 관리가 필요하다.

빅 데이터베이스 선정

위에 설명한 좋은 품질의 빅 데이터가 데이터 모델을 통하여 이제 빅 데이터베이스에 수집·저장·처리되었을 것이다. 빅 데이터베이스의 종류와 특징들은 2장에서 자세히 설명하였다. 배치 분석용 하둡과 실시간 분석용 패스트림 데이터베이스 시스템도 소개하였다. 빅 데이터베이스는 기업의 요구 사항 및 목적에 맞게 도입하여야 소기의 목적을 이루는 데 한걸음 더 다가설 수 있을 것이다.

빅 데이터베이스에 저장되는 데이터의 양은 시간이 흐를수록 기하급수적으로 늘어나게 마련이다. 하지만 많은 양의 데이터를 효과적으로 저장하는 것과 원하는 데이터를 원하는 시간에 찾아내어 사용자에게 제공하는 것은 별개의 문제이다. 빅 데이터베이스에 저장된 데이터를 분석하여 사용자가 필요한 정보를 원할 때, 효율적이고 정확하게 찾아 공급하기 위해 데이터 웨어하우스DW: Data Warehouse라는 저장소를 활용하기도 한다.

데이터 웨어하우스는 의사 결정에 필요한 데이터를 한 개나 여러 개의 빅 데이터베이스로부터 미리 추출하여, 이를 원하는 형태로 변환하고 통합한 읽기 전용의 데이터 저장소다. 전통적인 데이터 웨어하우스가 정보를 체계적으로 관리_{정보의 저장, 정리, 구조화, 보유 등}하고 활용하는 데 초점을 맞추었다면, 빅 데이터 웨어하우스는 원시 데이터가 의미하는 가치의 발굴에 중점을 두고 있다는 점에서 차이가 있다. 빅 데이터_{원시 데이터}를 무한정 쌓을 수만은 없을 것이다. 원시 데이터와 분석 결과에 대한 데이터를 조화롭게 잘 활용하여야 할 것이다.

빅 데이터 분석 소프트웨어와 기법 선정

빅 데이터 플랫폼을 선정하고, 빅 데이터 구축을 위한 데이터 모델, 빅 데이터 품질 관리 등을 알아보았다. 이제는 빅 데이터를 분석하기 위한 소프트웨어와 기법에 대해 알아볼 차례이다. 빅 데이터 분석을 위해서는 빅 데이터 플랫폼_{또는 자체 구축}에 기반한 데이터 수집·변환·저장·처리·분석·시각화에 필요한 솔루션 도입, 빅 데이터 분석 프로그램 개발 등과 같이 구체적이고 세부적인 실행 방안을 염두에 두어야 한다.

[그림 3-7]과 같이 빅 데이터를 기술 영역별 구축 관점에서 살펴보자. 데이터 수집·변환은 스마트 공장 구축에 필요한 데이터를 수집하고, 변환하는 기술이다. 전사에 흩어져 있는 데이터 자산을 모으고, 외부와의 데이터 연계를 위해 솔루션을 도입하거나 요구 사항에 맞게 직접 프로그램을

[그림 3-7] 빅 데이터 기술 영역별 분류

개발하는 경우도 있을 것이다. 그리고 빅 데이터 플랫폼에 따라 관련 도구를 제공하기도 하고, 무료로 제공하는 솔루션을 활용할 수도 있다.

빅 데이터 활용을 위한 인프라 구축에 가장 큰 영향을 미치는 기술 요소는 뭐니 뭐니 해도 분석이다. 빅 데이터 모델의 개발 결과는 빅 데이터베이스에 영향을 주고, 분석 소프트웨어나 기법에도 영향을 미칠 수 있다. 당초 설계 단계에서 구상한 솔루션이 구현 단계에서 변경될 수도 있다는 말이다. 분석을 위한 대표적인 솔루션으로는 SAS, SPSS, R 등이 있고, 경우에 따라서는 Java, Python, C++, SQL 등의 언어로 직접 프로그램을 개발해 구축하기도 한다.

빅 데이터 분석 시스템을 구축하는 데는 다양하고 많은 기술 요소가 필요하므로, 제일 먼저 시스템 아키텍처를 구성하고 개념 증명을 통해 충분한 검증이 필요하다. 이 모든 작업을 기업 내부에서 해결하기보다는 장기적 관점에서 신뢰있는 전문 업체와 협업하는 것도 검토하는 것이 좋다.

빅 데이터 시각화 솔루션 선정

최근 빅 데이터 분석 결과의 시각화가 점점 더 중요해지고 있다. 빅 데이터 분석 결과를 시각적으로 요약하여 고객이 쉽게 이해하고, 신속하게 의사 결정을 하도록 도와주기 때문이다.

빅 데이터 분석에서 나타난 정보를 효과적으로 전달하기 위한 방법으로 데이터 시각화Data Visualization, 정보 시각화Information Visualization, 인포그래픽Infographic 등이 있다. 이에 대한 다양하고 유용한 제품들이 시장에 많이 출시되어 있으므로 쉽게 활용할 수 있을 것이다. 빅 데이터베이스 솔루션 자체가 시각화 도구를 포함하고 있기도 하고, 시장에 출시된 시각화 전용 솔루션의 종류도 매우 다양하다. 특히 많은 데이터를 쉽게 이해할 수 있도

[그림 3-8] 빅 데이터 분석 라이프 사이클

록 그래픽으로 표현하는 기능을 지닌 인포그래픽 솔루션도 많으므로 데이터 특성과 수요자 요구에 합당한 솔루션을 활용하여 쉽게 소통이 되도록 노력하는 것이 필요하다. 분석 결과를 쉽게 이해하고 신속하게 의사 결정할 수 있도록 다양한 시각화 솔루션을 활용해보기 바란다.

빅 데이터 분석을 통한 통찰력과 가치 창출

빅 데이터 분석을 위한 프로젝트는 한꺼번에 모든 것을 하기보다는 역량을 고려하여 여러 단계로 나누어 우선순위를 정하고, 수행할 것을 추천한다. 이전에 IT 시스템을 구축한 것보다 복잡하고 어렵기 때문이다. 시스템 오픈 일정에 쫓겨 야근 작업을 한다고 해서 문제가 해결되지도 않을 것이다. 다시 한번 강조하지만, 빅 데이터 분석은 지식 기반 프로젝트이다. 따라서 충분한 시간과 여유를 갖고 우선순위를 정하여 여러 번 반복해 수행하면서 작은 성공에서 큰 성공을 얻어가기를 바란다.

프로젝트를 수행하기 위해서는 컨설팅사, 분석 대행사, IT 대행사, 현장 엔지니어, 업무 전문가, 프로젝트 관리자, 비즈니스 협력사 등 다양한 역량을 가진 전문가와 협력 업체의 상호 신뢰를 바탕으로 한 장기간 협업과 도움이 필요하다. [그림 3-8]은 빅 데이터 분석 라이프 사이클Life Cycle 과정을 나타낸 것이다.

빅 데이터 분석 작업은 여러 번 반복해서 수행할수록 문제점들이 보완되고 품질은 개선되어 양질의 분석 결과가 만들어진다. 여기서 중요한 것은 문제점이 발견되었다면 왜 그런 문제가 발생하였는지 피드백을 통해서 기획, 설계, 구축 단계로 이어져야 한다는 것이다. 그동안 구축한 데이터 자산을 기반으로 현장 엔지니어가 축적한 지식과 경험을 더하여 컴퓨터가 스스로 인지하고 행동하는 진정한 스마트 공장을 만들기 위해서는 전사의 역량을 총동원하고, 전문 업체와의 많은 협업이 필요하다. 어쩌면 이것은 단순히 기업 차원의 문제가 아니라 우리 사회 전반에 걸쳐 문화적 변화를 필요로 할지도 모른다.

생산 설비에서 수집된 빅 데이터와 현장 엔지니어의 노하우가 데이터로 축적되면, 양질의 빅 데이터는 인공 지능, 머신 러닝, 딥 러닝에 의해 더욱더욱 스마트하고 가치 있는 정보로 다듬어질 것이다. 그동안 데이터 자산의 활용은 빅 데이터 분석가나 특정 부서의 소유물이었다. 전사의 역량을 집중하여 스마트 공장을 구축하였다면 모든 성과를 전사 차원으로 확산하고, 업무 프로세스에 내재화함으로써 기업 경쟁력을 향상해야 할 것이다. 양질의 빅 데이터를 축적하고 기업에 맞는 분석을 통하여 통찰력과 가치를 창출해 새로운 비즈니스 기회를 찾아내고, 글로벌 경쟁력을 갖춘 성공하는 기업이 되기를 바란다.

4

실패 경험을 통해
배우는 교훈

이미 많은 선진 기업들은 자동화 공장을 넘어 스마트 공장으로 변화를 시도하며 사업적 성과를 하나둘씩 만들어가고 있다. 하지만 그런 기업들도 스마트 공장으로 변화하는 과정에서 문제점과 난관에 직면해 좌절하는 경우도 있었을 것이다.

산업화 과정에서 우리 기업들은 독일, 미국, 일본 등 선진 기업들의 전철을 밟아 그들이 먼저 경험한 것들 대부분을 공통적으로 경험했다. 4차 산업혁명에서도 이는 마찬가지일 것으로 예상된다. 그런 부분들을 반면교사로 삼아 우리는 스마트 공장을 만드는 데 참고해야 할 것이다. 이제 본격적으로 스마트 공장을 구축하는 대장정을 떠날 것이다. 모든 기업들이 방해 요소를 인지하고, 위험을 최소화하는 계획을 수립하며, 관련된 이해당사자들을 조화롭게 설득하여 꾸준히 그리고 힘차게 4차 산업혁명의 파도를 헤쳐나가기를 바란다.

사람 간의 융합이
기술의 융합보다 먼저다

스마트 공장은 연결이 필수다. 연결은 기술, 업무 프로세스, 설비와 사람 간의 연결을 의미한다. 이 중에서 사람이 중심인 조직 간의 연결이 가장 어려운 것이라고 이구동성으로 입을 모은다. 경영진의 열렬한 지지와 지원을 받아 스마트 공장 추진팀을 구성해도, 사무직부터 제조 현장의 직원들까지 필요성을 인정하고 적극적으로 참여하는 것은 매우 어려운 일이다.

사람 간의 융합과 설득의 어려운 데에는 여러 가지 이유가 있을 수 있다. 예를 들어 생산 현장에서 일하는 대부분의 직원들은 스마트 공장을 추진하면 일자리를 잃을 것이라고 걱정부터 한다. 심지어 20년 이상 숙련된 핵심 인력의 경우, 자신의 머리속에 대부분의 경험과 지식이 있어서 이것을 디지털 자산으로 전환하는 것에 반감을 가진다. 아마도 자신의 존재 이유를 잃을 수 있다는 불안감 때문일 것이다. 또 다른 예로 IT 담당자는 데이터 자산의 수집·공유·활용을 위하여 현장 설비의 연결을 시도할 것이다. 문제는 대부분의 설비 또는 생산 담당자가 외부 시스템과의 연결을 통한 데이터 공유에 부정적 태도를 보인다는 것이다. "만약 연결해서 설비에 문제가 생기면 우리 부서는 책임질 수 없다"라고 주장하면 연결하기 어려운 상황에 놓일 수도 있다.

이와 비슷한 예로 전사적 자원 관리ERP 시스템을 들어보자. 대부분의 제조업체들은 전사적 자원 관리 시스템을 도입해서 운영하고 있을 것이다. 그러나 생산 담당 직원들을 만나서 피드백을 들어보면 대개가 부정적이다. 한마디로 별로 도움이 되지 않고 일간, 주간, 월간 실적 정보를 수동으로 집계해서 입력해야 하는 탓에 업무 부담만 늘었다고 답하는 경우가 많다. 또한 현장에서 수동으로 입력하는 정보는 실제 작업 정보와는 달리 조작되어 입력되는 사례도 많다. 잘못된 정보는 문제에 대한 정확한 원인 파악을 불가능하게 할 뿐만 아니라 잘못된 조치를 하거나 경영적 판단을 그르칠 수 있는 심각한 문제를 야기할 수 있어 심히 우려되는 부분이라고 할 수 있다.

그동안 스마트 공장을 먼저 추진한 기업들의 사례들을 분석해보면 추진 과정의 주요 도전 과제들이 명확히 드러났다. 위와 같은 부서 간의 조직적인 협업 이슈와 변화에 대한 조직 구성원들의 저항이 가장 큰 걸림돌이었다. 그렇다고 해서 피해갈 수 있는 것도 아니다. 그렇다면 이것은 어떻게 극복해야 할까?

인력에 대한 설득과 배려가 중요하다

이를 극복하기 위해서는 먼저 인력들에 대한 설득과 배려는 물론 스마트 공장의 계획과 수행에 구성원들의 적극적인 참여를 끌어내야 한다. 2016년 10월 발표한 한국고용정보원의 보고서에 따르면,[10] 2015년 국내 전체 취업자의 12.5%는 이미 AI 로봇으로 대체 가능한 업무에 종사 중이며 그 비율이 2020년에는 41.3%, 2025년에는 70.6%까지 올라갈 것으로 예상되고 있다. 이러한 때에 스마트 공장 추진은 곧바로 인력 감축을 목표로 한다는 선입견을 제공하고 구성원들의 큰 반발을 불러와 실패로 끝날 수도 있다. 실제로 독일은 30여 년 전 CIMComputer Integrated Manufacturing 으로 제조 공정의 완전 자동화를 추진하다가 실패했는데, 그 대표적 이유 중 하나로 근로자의 호응을 얻지 못한 점을 꼽았다.[11] 그 결과를 교훈으로 삼아 독일은 플랫폼 I4.0에 정부와 기업뿐 아니라 금속노조와 같은 노동조합도 참여시켜 '일자리 4.0'으로 진화시키고, 일자리를 주제로 한 연구회를 운영하고 있다.[12]

소통하고 협업하는 운영위원회를 구성하라

두 번째로는 계획 단계부터 각 부서의 책임자들이 참여하는 운영위원회를 구성하여 적극적으로 소통하고 협업하는 구조를 만드는 것이다. 현재 대부분의 기업은 조직 간에 경쟁과 성과의 평가라는 문화가 정착되어 있다. 또한 사무직과 제조 현장 사이에는 용어와 환경의 차이, 이해의 부족으로 갈등과 불신이 야기되어 소통에 어려움을 겪고 있다. 이를 극복하려면 경영자와 근로자 모두 정성 어린 노력을 기울여야 한다. 소통과 협업이야 말로 스마트 공장 구축의 성공을 좌우한다. 결국 모든 성공과 실패는 사람이 만드는 것이기 때문이다.

공든 탑 무너뜨리는 보안, 철통같이 하라

공장 설비들이 디지털화되고 연결되면서 작업자들이 인지하지 못하는 사이에 보안 문제가 발생하고 있다. 디지털 연결의 확산은 곧 보안 위험의 확산을 의미한다. 현재 공장의 보안 기술과 표준화는 아주 초기 단계에 와 있다.

기존의 PC나 스마트 기기가 해커의 DDoS Distributed Denial of Service: 분산 서비스 거부 공격을 받아 좀비 상태가 되는 사건이 종종 일어나고 있다. 최근에는 사물 인터넷 기기들이 기하급수적으로 늘면서 이를 활용해 인터넷 접근을 차단하는 중대한 사건이 미국에서 일어났다. 2016년 10월 미국 인터넷의 절반가량을 마비시킨 미라이 봇넷이 그 주인공이다. 향후 2020년까지 500억 개가량의 사물들이 인터넷에 연결된다는 것을 생각한다면, 사물 인터넷 장치들의 보안은 우리에게 커다란 도전 과제가 아닐 수 없다.

보안은 그 어떤 것보다 우선한다

만약 사물 인터넷 장치들이 해커의 공격을 받아 우리 곁에 있는 많은 기기들을 마비시킨다면 어떻게 될까? 그야말로 우리 삶에 재앙이 될 수 있다. 우리 주변에 사물 인터넷 기기가 확산되면 될수록 보안 이슈는 심각해질 따름이다. 그렇다면 과연 기업들은 이에 대해 잘 대응하고 있을까?

미국 포네몬 인스티튜트Ponemon Institute LLC는 전 세계 16개국 글로벌 기업의 보안 실무자 1,587명을 대상으로 설문 조사를 실시하고, 2014년 6월 '데이터 중심 보안 실태The State of Data Centric Security'라는 조사 보고서를 발간했다.[13] 이 보고서에 따르면 보안이 얼마나 어려운지 알게 된다. 다음은 그 보고서의 내용을 요약한 것이다.

- 57%의 응답자가 "회사의 민감하면서도 중요한 기밀 데이터가 어디에 존재하는지 알 수가 없어서" 야간 근무를 한다고 답했다.
- 51%의 응답자가 "새로운 모바일 플랫폼으로 마이그레이션이 우려사항"이라고 답했다.
- 83%의 응답자가 "비정형 데이터가 어디에 있는지 잘 모르고 있다"고 답했다.
- 19%의 응답자만이 "조직에서 중앙 집중식 접근 제어 관리 및 권한 부여를 사용한다"고 답했고, 14%의 응답자만이 "파일 시스템 접근을 감시한다"고 답했다.
- 민감한 데이터 검색 솔루션이 데이터에 대한 위험을 줄이고 보안 효과를 증대 시킨다고 믿고 있었다.
- 전문화·자동화된 솔루션이 조직의 규정 준수 및 데이터 보호 전략을 개선하는 데 도움이 된다고 생각하고 있었다.

우리나라에 있는 글로벌 반도체, 자동차, 철강 제조업체의 경우도 실정은 크게 다르지 않다. 특히 반도체, 철강, 자동차 같은 장치산업의 경우 설비나 기계의 고장 및 보안 사고는 막대한 손실을 동반하게 된다. 스마트 설비를 구축했더라도 외부의 설비 공급 업체가 인터넷으로 24시간 고장을 진단하고, 문제가 발생하면 바로 원격 지원하는 서비스를 보안상의 걱정 때문에 받지 못하고 있는 경우가 많다. 또한 휴일의 경우에도 담당 직원은 기계의 이상 징후를 스마트폰을 통해 알아채고 24시간 원격 지원할 수 있지만, 보안상의 이유로 도입하지 않은 경우도 있다. 보안 인프라를 제대로 구축하지 않았기 때문이다.

보안은 이처럼 기업 경영에서 철저한 관리를 필요로 하는 사안이다. 허술한 보안으로 기업의 자산이 공격을 당해 하루아침에 공든 탑이 무너지는 일이 없어야 하겠다. 보안이 필요하다는 인식은 하고 있지만 실제로 보안 시스템을 구축하거나 구성원들에게 보안 교육을 실시하거나 철저하게 보안 관리를 하는 곳은 그리 많지 않은 현실이다. 소 잃고 외양간 고치는 일이 없어야 하겠다.

보안 시스템 구축은 생존의 필수 요소이다

시중에는 많은 보안 시스템이 존재한다. 그러나 기업에 맞는 시스템을 구축하고 철저히 운영·관리하지 않는다면 비용과 노력만 들이고 정작 필요할 때는 무용지물이 되기 쉽다. 따라서 보안 시스템을 구축하고 나면 제조 설비, 통신망, 외부 협력 파트너, 경영진 모두가 보안 점검을 실시하여 취약한 부분을 찾아내고, 보완해야 한다. 보안 시스템의 올바른 운영 관리와 정기적인 점검도 필수다.

보안도 결국은 사람이 중요하다. 아무리 훌륭하고 완벽한 보안 시스템을 구축했더라도 운영·관리하는 사람에게 보안 의식이 없다면, 커다란 구멍이 뚫린 것이나 마찬가지다. 2016년 9월 한 전자회사에서 반도체 부문 임원이 핵심 기술이 담긴 내부 자료 수천 장을 유출하려다 구속된 사건이 있었다. 다행히 정문을 통과하다가 보안 수색에 걸려 자료는 유출되지 않았다. 이처럼 아무리 보안을 철저히 해도 접근 권한을 가진 인력이 지키지 않으면 기업의 사활이 걸린 자료가 외부로 유출될 수 있다. 때로는 바이러스에 감염된 USB로 설비의 소프트웨어를 업그레이드하려다 다른 설비까지 감염시키거나 오작동을 일으키는 경우도 많다. 따라서 정기적으로 전체 임직원에게 보안 교육을 시키고 보안 의식을 철저히 주지시켜야 할 것이다.

▌표준화 문제로
▌시작을 늦춰서는 안 된다

독일은 인더스트리 4.0 실행 초기부터 정부와 산업협회가 주축이 되어 스마트 공장의 공식 표준화를 추진해왔다. 그 결과, 기술적인 표준화 작업은 어느 정도 성과를 이루었지만, 공급 업체들의 실행적 측면에서는 거북이 행진이다. 정부와 수요업체는 강력히 표준을 요구하고 있지만, 수많은 공급 업체들은 입장이 많이 다르기 때문이다. 기계, 제어 기기, 로봇, 컴퓨터, 소프트웨어 등 수많은 종류의 설비와 공급 업체가 있는데다 분야별 상위 업체의 점유율도 20% 이하여서 특정 업체가 표준화를 주도하기도 어려운 실정이다.

또한 독일이 중심이 된 유럽과 일본, 중국, 한국이 자리한 아시아는 각 국가와 각 기업마다 전략이 다르다. 예를 들어 제조업 강국인 일본은 전통적인 가공 기계, 로봇, 부품 소재 산업에서의 선도적 우위와 카이젠과 같은 현장에서의 지속적인 생산성 향상 방식을 추진하고 있다. 그리고 일본 기업인 화낙의 경우에는 자사의 CNC나 로봇에 스마트 기능을 추가하는 엣지 컴퓨팅Edge Computing에 공을 들이고 있다.

반면 미국의 경우에는 GE, 로크웰 오토메이션, 하니웰 등과 같은 산업 분야별 선도 기업들이 시스코, 마이크로소프트, 구글, AT&T와 같은 ICT 기업들과 전략적 제휴를 통해 당장 상업화가 가능한 사업 모델을 개발해서 글로벌 시장을 선점하려는 구체적 행보를 취하고 있다. 표준화 기구가 중심이 되는 공적 표준 대비, 흔히 이야기하는 시장 표준 전략de facto standard은 미국이 강점을 가지고 있는 모델이다. 글로벌 시장에서 널리 쓰이는 제품이나 서비스를 제공하여 시장에서 사실상의 표준을 만들어 내려는 전략이다.

결론적으로 말해서, 현장의 다양한 설비들 간의 통합과 OT, IT, DT 등 기술 융합을 위한 공적 표준 작업에는 상당한 시간이 걸릴 것이다. 그럼에도 불구하고, 스마트 공장을 향한 시도는 바로 지금부터 시작해야 한다. 실행할 때에는 설비, 소프트웨어, 통신망의 표준에 대한 호환성 검토와 준비, 호환성 제품이나 서비스를 구매하는 것이 올바른 방향이다.

스마트 공장는 기계 조립, 식음료와 같은 배치 공정 그리고 정유 공장과 같은 연속 공정에 따라 요구되는 기술과 표준도 달라질 수밖에 없다. 하지만 스마트 공장은 회사의 수준과 공정의 특성에 맞게 소규모 과제부터 글로벌 표준에 준하여 실행하는 것이 중요하다. 예를 들어 기존에 운영 중인 같은 종류의 여러 장비를 통합해야 할 때, 장비 간의 통신 방식이 글로벌 표준 통신 방식과 호환되는지, 표준 통신 방식과 호환되기 위해서는 어떤 작업이 필요한지 등을 점검해야 한다. 아직까지는 표준화 작업이 진행 중이지만 향후 국제 표준이 정해지면 호환이 가능한 오픈 표준 제품에 관심을 가지고 검토하는 것이 필요하다. 4차 산업혁명 시대에는 자체 공장뿐만 아니라 외부 파트너 공장과의 연결도 중요하기 때문에 여러 부문의 글로벌 표준에 대한 지식을 확보하고, 호환 설비를 적극적으로 구축하는 것이 바람직하다.

4장

스마트 공장
구축 방안

이 장은 기존의 제조 산업에서 스마트 공장을 구축하기 위한 구체적인 실행 방법을 설명할 것이다. 1절에서는 스마트 공장 구축 절차를 7단계로 설명하고, 2절부터는 각 단계별로 구체적인 실행 방안에 대하여 설명할 것이다.

먼저 제조 공장을 살리기 위한 스마트 팩토리 구축은 [그림 4-1]과 같이 설비, 생산, 품질, 에너지, 환경, 물류 등 생산 현장을 중심으로 시작하여 영업, 기술 개발, 경영 등 전사로 확산하고, 나아가 소재, 부품, 설비 등을 공급하는 협력 업체와 제품을 구매하는 고객사에게까지 확산해야 한다. 최고 경영자의 강력한 의지에 따라 톱다운 방식으로 스마트 공장을 효율적으로 구축하기 위해서는 모든 분야의 추진 과정을 한눈에 볼 수 있는 대시보드를 만들어 관련 부서가 공유하고, 미진한 부문은 보완해 나가면서 전사적인 공감대를 형성해 추진하기를 권한다.

생산 현장 중심의 스마트 공장을 구축하기 위해서는 현장 제조 전문가를 중심으로 업무 전문가, 데이터 전문가, IT 전문가, 외부 전문가와 함께 4차 산업혁명 대응을 위한 협업팀을 구성해야 한다. 그다음에는 시범 공장을 선정하고, 대상 공장의 현 수준을 정확히 분석해야 한다. 그리고 앞으로 달성할 혁신적인 목표 수준을 수립한 다음, 차이점을 분석하여 달성 과제를 도출한다. 이때 내부 인력보다 모든 것을

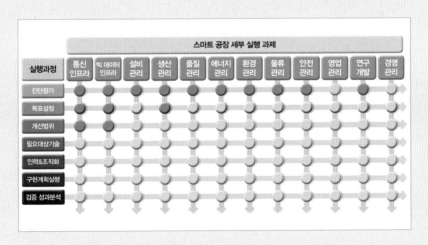

[그림 4-1] 스마트 공장 추진 실행 현황을 공지하는 대시보드

추진 단계	진단	Master Plan	구축 실행
수행 업무	• 수준 진단 및 문제 도출 • 원인 분석 • 해결 과제 도출 • 수행 우선순위	• Big Picture(구현 모습) • 상세 방안 / 기대 효과 • 수행 방법 / 예산 수렴 • 수행 계획 / RFP 작성	• 과제 실행
산출물	• 진단 결과서 • 원인 및 해결 방향 • 중장기 추진 계획서	• 기본 설계서 • 수행 계획서(예산) • RFP(구매 요청서)	• 결과 보고서
수행 기간	• 2개월	• 3~5개월	• 2~3년

[그림 4-2] 스마트 팩토리 구축 추진 단계

객관적인 시각으로 볼 수 있는 외부 인력을 활용할 것을 추천한다. 내부 인력에 의해 수행할 경우, 조직의 이익을 위해 잘못된 판단을 내릴 가능성이 있기 때문이다.

과제가 도출되었다면, 기본 설계, 각 과제별 수행 계획, 소요 예산, 투자 수익률 등을 포함하는 마스터 플랜을 수립해야 한다. 기업의 궁극적인 목표는 이윤 추구이므로 비용 대비 수익성을 고려해 투자 효과가 좋고 단기간에 가능한 과제부터 단계적으로 실행한다. 가장 먼저 해야 할 일은 스마트 공장의 기반인 통신 네트워크와 빅 데이터 인프라를 점검하는 것이다. 통신 네트워크나 빅 데이터 인프라를 개선하거나 새로 구축하기 위해 투자가 필요한 경우도 있을 것이다. 이때 투자 효과는 과제를 실행하면서 2~3년 이후에나 산출될 수 있으므로 의사 결정을 하는 경영자에게는 기다림의 시간이 필요하다.

[그림 4-2]은 전형적인 스마트 추진 단계를 도표로 나타낸 것이다. 현 수준 진단 및 평가를 위한 진단 컨설팅, 마스터 플랜, 그리고 본 사업별로 수행 업무, 산출물, 수행 기간을 일반화하였다. 이를 참고하여 각 기업의 사정에 따라 조절하면 될 것이다.

그리고 이장에서 사용하는 용어는 다음과 같이 정의한다는 것을 유념하기 바란다.

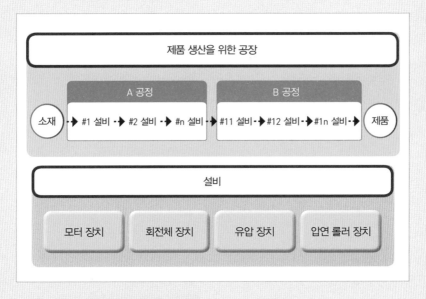

[그림 4-3] 공장, 공정, 설비, 장치의 용어 정의

- 공장Factory: 생산 요소(원료, 인력, 에너지, 설비 등 4M2E)를 투입하고 여러 공정을 거쳐 최종적인 제품을 생산하는 제조 현장
- 공정Process: 공장 내에서 인력이 여러 설비를 사용하여 반제품 혹은 제품을 생산하는 일련의 과정
- 설비Machine or Equipment: 공장 내에서 제품 생산에 사용되는 대규모 기계나 독립적인 작은 기계들
- 장치Devices: 설비를 구성하거나 온도, 습도, 통신 데이터 수집 등을 위한 여러 기기들

여러 장치들이 모여 설비를 이루고, 사람이 설비를 운영하거나 자동화 설비를 사용하여 제품을 생산하는 과정을 공정이라고 한다. 그리고 여러 공정을 거쳐 최종 제품을 조립하는 제조 현장을 공장이라 일컫는다. 공장에는 환경, 안전, 에너지 등에 관련한 설비 및 장치들도 설치·운영되고 있다. 이들의 관계를 [그림 4-3]에 간략하게 정리하였다.

스마트 공장
구축 절차

이제까지 기술, 환경, 에너지 변화로 다가오는 4차 산업혁명 시대에 대응하기 위해 지금의 공장을 스마트 공장으로 구축하기 위해서는 디지털화, 연결화, 스마트화가 필요함을 인지하였다. 여기서는 어떻게 스마트 공장을 구축할 것인지 다음의 7단계 절차를 통해 살펴보고자 한다.

① 현 수준 진단 및 평가
② 구현 목적과 기대 목표 설정
③ 개선 대상과 범위 확정
④ 필요기능과 적용 기술 확정
⑤ 필요 인력과 조직화
⑥ 구현 계획과 실행
⑦ 검증과 기대 성과 분석

현재의 물리적 공장에 대한 정확한 현황 파악은 매우 중요하다. 공장과 기업의 각 분야가 디지털화, 연결화, 스마트화 관점에서 어느 수준에 있는지 현황을 파악한다. 그리고 어떤 설비나 기계가 존재하는지, 어떤 시스템이나 프로세스로 작업이 이루어지는지, 원료나 부품은 어떻게 조립되고 제품이 완성되는지 등 현재의 상황과 프로세스, 시스템, 관리 현황 등을 파악한다. 스스로 하기 어려우면 외부 전문가에게 의뢰하거나 한국인더스트리4.0협회와 민관합동 스마트 공장추진단에서 제공하는 진단 프로그램을 활용하기 바란다.

참고로 한국인더스트리4.0협회에서는 국내 제조업이 4차 산업혁명에 대응하고 미래의 실행 전략을 수립하는 것은 물론 실천 가능한 종합 마스터 플랜을 세우고, 구체적 실행 방안, 임직원 교육 등 다양한 분야를 지원하고 있다. 또한 민관합동 스마트 공장추진단은 한 달만에 업체의 현재 수준을 평가하는 기본적인 진단 프로그램을 운영하고 있다.[1] 세부 진단 계획 수립, 영역별 현장 진단, 영역별 진단 결과 정리 및 종합, 자사 스마트 공장 모델 설계, 진단 보고회 및 스마트 공장 파일럿 대상 공장 선정을 통한 작은 과제부터 실행할 수 있도록 진단하고, 모델 검토, 스마트 공장 모델 보완, 시범 적용 최종 보고 등 6단계로 업체를 진단한다.

민관합동 스마트 공장추진단에서 분류한 스마트 공장의 수준은 5단계로 [표 4-1]에 표기하였다. 스마트 공장 구축을 위한 현재 공장의 수준을 진단하고 평가하는 방법은 뒤에서 좀 더 자세히 설명하겠다.

[표 4-1] 스마트 공장 수준[2]

고도화 수준	사물과 서비스를 IoT/IoS화하여 사물, 서비스, 비즈니스 모듈 간의 실시간 대화 체제를 구축하고, 사이버 공간상에서 비즈니스를 실현하는 수준
중간 수준2	모기업과 공급 사슬 관련 정보 및 엔지니어링 정보를 공유하며, 글로벌 계획 최적화와 제어 자동화를 기반으로 실시간 기업 경영(RTE, Real-time Enterprise)을 달성하는 수준
중간 수준1	설비 정보를 최대한 자동으로 획득하고, 모기업과 신뢰성 높은 정보를 공유하여 기업 운영의 자동화를 지향하는 수준
기초 수준	기초적인 정보 통신 기술을 활용하여 일부 생산 분야의 정보를 수집·활용하고, 모기업 인프라 활용 등을 통하여 최소 비용으로 자사의 정보 시스템을 구축하는 수준
정보 통신 기술 미적용 수준	현장 자동화, 공장 운영, 자원 관리, 제품 개발 등을 엑셀(Excel) 등 수작업으로 수행하고, 시스템을 갖추지 않은 상태이며, 공급 사슬 관리도 전화와 이메일로 협업하는 수준

구현 목적과 기대 목표 설정

현황을 파악하고 수준을 평가했으면, 이제 왜 스마트 공장을 구현해야 하는지 목적을 제대로 설정해야 한다. 목적 없는 실행은 목적지를 정하지 않고 무작정 떠나는 여행과 같다. 목적을 정하고 기대하는 목표를 수치로 명확하게 설정한다. 예를 들어, 불량율을 현재 3%에서 언제까지 1%로 내리겠다고 구체적이고 명확하게 정한다.

개선 대상과 범위 확정

스마트 공장을 구현하는 목적과 기대하는 목표를 명확히 정했다면, 이제는 어느 부분을 얼마나 개선할 것인지를 정확히 구분하고 서술한다. 위에서 목표의 예로 든 것처럼 불량율을 3%에서 1%로 줄이기 위해서는 많은 공정을 개선해야 할 것이다. 여기서는 먼저 불량률에 가장 큰 영향을 미치는 부분을 개선 대상으로 삼고, 언제까지 얼마나 개선할지를 정한다. 그리고 개선해야 할 다른 부분들도 같은 작업을 반복하여 개선 목표와 범위를 확정한다.

필요 기능과 적용 기술 확정

개선할 대상과 범위가 좁혀지고 확정되면 '어떤 기능을 어떻게 개선할 필요가 있는지', '새로운 기능을 추가할 필요가 있는지'를 정확히 파악해야 한다. 여기서는 내부 전문가를 비롯해 외부의 파트너 및 전문가와 협업이 필요하다. 이를 해결하기 위해서는 어떤 기술이 필요하고, 우리 수준에 적용 가능한 기술인지를 검토해야 한다. 내부 인력이 기술을 얼마나 이해하고 있는지, 있다면 어느 정도 수준인지, 없다면 역량을 어떻게 확보할 것인지를 검토한다. 기술 도입에 필요한 경비나 인력 규모, 기존 기술과의 통합, 도입 후의 관리 인력에 대한 요구 사항도 고려해야 한다. 자세한 사항은 외부 전문가로부터 지원을 받거나 컨설팅을 받을 수도 있다.

필요 인력과 조직화

회사 내에서 인재를 찾아야 한다. 스마트 공장 추진팀을 어떻게 구성할지, 누가 팀장이 되고 누가 팀원이 되어야 제대로 추진할 수 있는가를 결정해야 한다. 일은 인재가 하는 것이다. 가능하면 현장 제조 전문가를 중심으로 IT 전문가, 데이터 전문가, 업무 전문가를 포함한 추진팀을 구성하고 실행하면서 데이터 기술 전문가를 육성하는 조직을 이루어야 일사분란하게 추진할 수 있다. 추진팀에는 해당 업무와 관련된 이해 당사자, 특히 노조와 상생하는 협업체와 외부 전문가들이 광범위하게 참여해 협업하도록 구성하는 것도 중요하다. 이때 경영진의 전폭적인 지원과 협조, 리더십은 성공의 필수 요건이다. 경영진이 방향을 제시하고 흔들리지 않는 믿음과 리더십을 발휘할 때 스마트 공장 추진팀은 성공하고, 기업은 살아남을 수 있다.

▌구현 계획과
▌실행

이제는 스마트 공장 추진팀이 스스로 계획을 수립하고, 소속된 모든 팀원들이 열정적이고 조화롭게 계획을 실행해 나가야 한다. 실행 단계에서는 임직원들과 계획을 공유하고, 주기적으로 현황을 보고하며, 지원과 협조를 구하는 것이 매우 중요하다. 특히 제조 현장의 작업자, 관리자들과 머리를 맞대고 계획을 수립하는 것은 물론, 도전적이면서도 실행 가능한 세부적인 절차와 기술, 실행 방법들에 대해 논의하면서 추진해야 한다. 또한 작업자들의 반발이나 비협조를 사전에 어떻게 지원과 협조로 이끌 것인가를 같이 고민하고 노력해야 한다.

변화 관리에 대한 준비와 실행 계획을 세밀히 세워서 추진하는 것도 중요하다. 특히 스마트 공장 추진은 인력의 구조 조정이라는 인식이 팽배하기 때문에 이에 대한 대책도 강구해야 한다. 노조가 있다면, 처음부터 같이 소통하는 것은 필수이다. 언제 어떻게 필요한 교육을 할지, 새로운 일자리를 어떻게 제공할지 등을 공유하고 협조를 얻어야 한다.

이는 경영진의 적극적인 지원과 리더십이 절대적으로 필요한 사안이다. 스마트 공장 추진에 있어 지속적으로 현황을 공유하고, 현재의 진행 결과를 기대 목표와 비교하면서 진행 상황을 정기적으로 점검하는 것 또한 필수이다. 미리 결과와 기대치를 점검해야 제대로 진행하고 있는지 알 수 있고, 필요하다면 실행 중에 수정 사항을 발견해 올바로 조치할 수 있다.

검증과
기대 성과 분석

스마트 공장이 기대하던 대로 추진되었다면 이제 제대로 실행되는지 검증할 단계이다. 계획대로 실행되는지, 기대했던 목표에 비해 결과는 만족스러운지, 그동안 변화된 환경이나 시장 상황으로 인해 목표했던 성과가 효과는 있는지 등을 분석해야 한다. 이것은 한번으로 끝나는 것이 아니다. 스마트 공장을 추진하고 수행하는 전반에 대해 점검·검증하고, 목표 대비 결과를 지속적으로 분석하며, 필요하면 실행 방안을 수정해야 한다.

실행 결과, 기대하던 성과가 달성되었다면 그동안 수고한 모든 사람들에게 감사를 표한다. 그리고 스마트 공장 추진 프로세스의 첫 단계로 돌아가 다음 분야에 대한 과제를 다시 시작한다. 지난 번의 성공과 실패 경험이 반영된 상태에서 과제를 시작한다.

2

현 수준
진단 및 평가

현 수준 진단은 기존 공장의 모든 설비, 품질, 생산 등 각 부문의 현 상태와 수준을 조사하면서 현장 직원부터 최고 경영진까지 계층별 인터뷰를 통해 구체적이고 자세한 사항을 정리한다. 그리고 자체에서 정리한 사항과 필요에 따라 외부의 협력 업체나 파트너, 전문가의 조언 등을 바탕으로 현재의 수준을 객관적이고 정확하게 진단하고 평가한다. 각 부문의 디지털화, 연결화, 스마트화 수준을 정확하고 주도면밀하게 객관적으로 평가하는 것이 가장 중요하다. 그 과정을 정리하면 다음과 같다.

- **설비 기능과 사양 파악**: 공장, 공정, 설비의 구성 및 기능을 상세히 조사하여 현 설비에 대한 기능과 사양을 정확하게 파악한다.
- **디지털화 수준 파악**: 제조 기업의 핵심인 4M2E 관점에서 설비, 생산, 품질, 에너지, 환경, 물류, 원가, 관리, 개발, 영업 등의 디지털화 수준을 조사한다.

- **연결화 수준 파악**: 소재 정보와 생산 시스템 간, 설비 간, 상하위 시스템 간 등에 대한 통신 인프라와 보안 인프라의 연결 수준을 파악하고, 진단한다.
- **데이터 역량 수준 파악**: 제어기, 컴퓨터 등 시스템에 의해 자동으로 운전하거나 빅 데이터 인프라를 통하여 얼마나 수집·저장·분석하는 역량이 뛰어난지를 파악한다. 데이터 흐름과 데이터 분석 역량을 점검하는 것도 포함한다. 인과 관계에 따라 신뢰성 있는 데이터가 수집·저장·관리되고 있는가, 수집된 데이터가 사람의 개입없이 분석·처리되어 의사 결정에 필요한 정보로 전환되는 실시간 분석 및 활용체계가 구축되어 있는가, 의사 결정에 따라 시스템을 자동으로 제어하고 있는가 등을 파악한다.
- **스마트화 역량 수준 파악**: 빅 데이터를 통한 통찰력과 가치를 찾아 내고 있는지 등 스마트화 수준을 면밀히 조사·분석한다

현재 운영 중인 공장의 설비별 디지털화, 통신망 연결, 수동 작업이나 자동화 등 현 수준을 진단하는 방법을 소개한다. 먼저 운영 중인 설비를 장치별로 분류하고 센서의 종류와 장착 여부, 설비와 시스템의 통신 연결망, 하드웨어와 소프트웨어 종류, 모델명, 버전version, 설비의 기능 등을 정리한다. 다시 말해 공장 내·외부의 설비, 장치, 통신망, 각종 시스템, 하드웨어와 소프트웨어, 기능 등 모든 자산을 도표와 그림, 데이터로 통합하여 점검하는 것이다. 문자나 숫자로만 표기하는 것보다 사진, 그림, 도표 등을 병기하면 혼란과 해석의 오류를 줄이고 이해를 높일 수 있으므로 적극 활용하기 바란다. 이미 그에 대한 자료가 작성되어 있다면 이 기회에 다시 현황을 점검하고, 필요하면 사진, 그림, 도표 등을 포함하여 최신 정보로 업데이트한다.

설비 운영자 및 정비자는 설비 분류 체계도PBS: Physical Breakdown Structure 를 작성한다. 설비 분류 체계도를 작성하는 목적은 생산 공장의 설비에 대한 상세 구성과 센서의 설치 현황을 정확히 파악하는 데 있다. 이를 통해 데이터의 신뢰성을 확보하고 센서의 변화가 기계 장치에 어떠한 영향을 주는지를 정확하게 판단하는 기준을 만들 수 있다. 설비 분류 체계도는 [그림 4-4]와 같이 하나의 공장은 여러 개의 설비로 구성되고, 하나의 설비는 여러 개의 장치로 구성되며, 하나의 장치는 여러 개의 부품들로 구성되는 3~5레벨로 작성한다. 작성 시 주의할 점은 설비, 장치, 부품에 부착되어 있는 센서를 자동 제어용 센서와 기계 상태 측정용 센서 등과 같이 자세히 분류하여 모든 센서를 반드시 포함하여 작성해야 한다는 것이다.

설비 기능 분류 체계도
작성

공장에서 운영하는 설비 기능 분류 체계도FBS: Functional Breakdown Structure 를 [그림 4-5]와 같이 상세히 작성한다. 작성 목적은 제품을 생산하기 위한 공장의 전체 기능을 설비별로 세부적으로 나누어 설비 상호 간의 영향도를 파악하는 데 있다. 이를 통해 각 설비의 어떤 기능이 제품 생산에 어떤 영향을 주는지 등에 대한 정확한 판단 기준을 만들 수 있다.

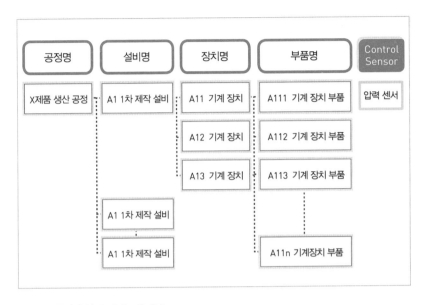

[그림 4-4] 설비 분류 체계도의 예제

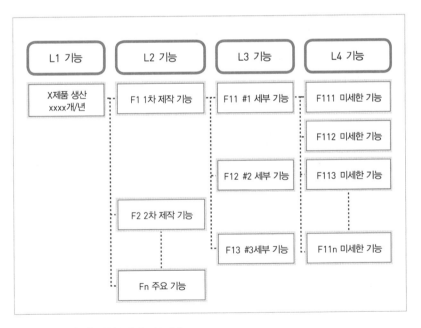

[그림 4-5] 설비 기능 분류 체계도의 예제

설비별 디지털화
수준 진단

설비 분류 체계도에 의거하여 모든 설비별, 장치별로 디지털화 수준을 진단하는 양식을 [표 4-2]와 같이 작성한다. 설비 분류 체계도에 따라 설비에 속해 있는 장치들을 진단하면 설비에 대한 디지털 수준을 쉽게 판단할 수 있다.

장치에 자동 제어 센서와 설비 상태 진단 센서의 부착 유무를 파악하고 자동, 반자동, 수동으로 분류한다. 자동은 제어할 때 사람이 목표값을 설정하면, PLCProgrammable Logic Controller : 순차 제어 및 모터의 제어 기기 혹은 DCSDistributed Control System : 온도, 압력, 유량 등 계측 제어 시스템를 이용하여 단위 설비가 스스로 시퀀스 제어 및 피드백 제어를 수행한다. 반자동은 일부 시퀀스 그룹이 자동으로 되어 있으나 그룹 간에 사람이 개입하여 조작한다. 수동은 설비를 작동하는 시퀀스 제어를 사람이 하는데, 운전 데스크의 스위치를 조작하여 운전한다.

공정 제어용 Level 2의 프로세스 컴퓨터 시스템이 있으면, 수행하고 있는 수식 모델, 자동 설정 제어, 소재 트래킹 등의 기능들이 정상적으로 작동하고, 모델 적중율이 얼마인지를 조사한다. 현장 작업자나 운전실별로 작업하는 사람들의 인원과 교대 근무, 정규직/비정규직 등 자세하고 정확하게 기입한다. 조립 산업의 경우 Level 2에 프로세스 컴퓨터 없이 SCADASupervisory control and data acquisition, 집중 원격 감시 제어 시스템 시스템이나 Level 3의 MESManufacturing Execution System 시스템에서 통합하여 수행하는 경우도 있다.

226

[표 4-2] 설비별 디지털화 수준 점검표

공정구분	설비	장치	Operator Method						Level 2 Computer			운전실	
			Local			Remote(HMI)			모델	설정 제어	트래킹	개소	인원
			Auto	Semi Auto	Manual	Auto	Semi Auto	Manual					
A 공정	A1설비	A11장치											
		A12장치											
		A13장치											
		A14장치											
		A15장치											
	A2설비	A21장치											
		A22장치											
		A23장치											

운전실 업무와
기능 분류 체계도 작성

운전실, 정비실, 연구소, 스텝 부서, 시험실에서 수행하는 모든 업무 프로세스를 분석하고 사람이 수행하는지, 컴퓨터가 수행하는지 진단한다. 또한 생산 현장뿐만 아니라 경영진의 의사 결정 프로세스까지 포함해야 한다. 여기서는 운전실별 운전 업무와 기능 분류 체계도 작성에 대하여 설명할 것이다. 조립 산업의 경우 운전실 없이 현장의 설비 근처에서 모니터링 및 조작 데스크의 여러 스위치를 가지고 조작하면서 설비를 운전하는 경우도 있다. 이 경우에 운전자의 업무 기능 분류 체계도를 작성한다.

공장 전체가 완전 자동화된 설비로 운영된다 하더라도 운전실에 근무하는 운전자는 현장에 설치된 CCTV 영상 화면과 HMIHuman Machine Interface 화면을 보고 경험적 지식에 의존해 수동으로 설비를 조작하기도 한다. '공장의 모든 설비가 자동화되어 운영되고 있는데, 왜 운전자들이 개입하여 운전을 할까?' 하고 많은 사람들이 의구심을 가질 것이다. 근본적으로 현재의 자동화 설비는 다음과 같은 한계를 가지고 있기 때문이다.

첫째, 설비의 성능 저하를 감지하지 못하는 수식 모델의 한계이다. 공정을 제어하는 프로세스 컴퓨터는 이론적 수식 모델을 바탕으로 목표치를 설정하여 하위 PLC, DCS 시스템을 자동으로 운전한다. 그러나 시간이 지남에 따라 설비의 성능이 저하되어 설정한 목표치가 제품 생산에 제대로 맞지 않아 운전자가 지속적으로 변경하는 경우가 여기에 속한다.

둘째, 단위 설비의 마모나 열화로 인한 보상 제어의 한계이다. 단위 설비를 자동 제어하는 PLC, DCS에는 보상 제어를 위한 소프트웨어가 내장되어 있다. 이는 기계의 마모나 열화 등에 따라 보상 제어하는 역할을 담당한다. 그러나 비정상적인 변수나 비선형적인 상황에 완벽하게 대응할 수 없다는 한계가 있다. 운전자가 실시간으로 모니터링하면서 경험적으로 설정치를 변경하고, 기계 설비를 조작하여 제품을 생산하는 경우가 여기에 속한다.

이런 경우에는 운전실과 현장에서 작업하는 기능을 세부 기능으로 분류 Work Breakdown하는 설비 기능 분류 체계도FBS: Functional Breakdown Structure를 작성하고, 작성된 기능을 누가 모니터링하고 분석·판단하여 조치하는지를 [그림 4-6]과 같이 작성한다. 이것은 운전실의 운전 요원과 현장의 작업자들과의 관계를 파악하고 진단하는 중요한 작업이다. 같은 기업 내에서도 제조 현장에 따라 특수한 기능이 존재할 수 있으므로, 자세하게 파악하고, 정확하게 기술한다. 필요에 따라서는 다이어그램으로 그려서 작업 기능의 연결 흐름을 파악하는 것도 좋은 방법이다.

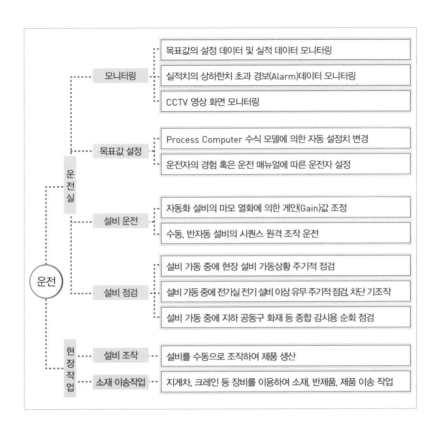

[그림 4-6] 운전실 업무 및 작업자의 기능 분석도

소재 및 제품별 품질 수준 진단

생산 공장별로 소재, 설비, 작업자, 시스템 간에 품질 관리를 위한 프로세스를 상세히 조사하고 평가한다. 소재의 품질은 공급 업체의 품질 서류와 자체 품질 검사 자료를 가지고 비교·조사한다. 차이가 나는 경우, 원인과 대응 방안에 대하여 공급 업체와 협업하는 것도 필요하다. 제품별 품질 수준에 대한 진단은 생각보다 복잡한 경우가 많으므로 정확하게 파악하고 진단한다. 특히 품질 핵심 KPI별 품질 영향인자를 중심으로 분석할 수 있는 품질 분석 체계도QBS: Quality Breakdown Structure가 있는지 조사한다. 품질 수준을 진단하는 방법을 간단하게 소개하면 다음과 같다.

- 공급 업체가 제공하는 품질 정보 수준을 정확하게 조사하고 평가한다.
- 생산 프로세스상에 있는 모든 설비의 자동화 수준과 설비 성능 수준을 정확하게 조사하고 평가한다. 설비가 작업자에 의존한다면 작업자의 능력에 따라 품질 수준이 다를 것이고, 자동화되어 있다면 자동 제어 정도에 따라 영향을 받을 것이다.
- 자동 설정 프로세스 수준을 정확하게 조사하고 평가한다.
- 품질 측정 프로세스를 조사하고 평가한다.
- 품질 판정 프로세스를 조사하고 평가한다.
- 고객에게 품질 정보를 제공하는 프로세스를 조사하고 평가한다.
- 품질 클레임에 대한 원인을 분석하고, 개선하며, 고객에게 그 원인과 결과를 제공하는지 평가한다.

공장 설비와
시스템 통신망 연결 수준 진단

기업들은 공장에 여러 가지 제조 설비와 경영 관리를 위한 다양한 시스템을 보유하고 있다. 이들은 모두 통신망으로 연결되어 있다. 단위 설비를 제어하는 컨트롤러가 전후 설비를 제어하는 PLC, DCS 간에 데이터를 주고받을 때 연동 제어를 하는지, 단독 제어를 하는지 통신 연결을 조사하여 그 모습을 그린다. 그리고 PLC, DCS 간에 연결되어 있고, 상위 시스템인 Process Computer, MES, ERP 시스템과 어떻게 연결되어 있는지 확인한다. 이 모든 설비, 장치, 시스템들을 나타내는 통신망 연결 구성도를 작성한다.

통신망 연결 구성도에 하드웨어와 소프트웨어 자산 항목도 자세히 서술한다. 여기에는 제어 및 정보 자동화 시스템Control&IT 하드웨어 구성도와 소프트웨어 기능 정보 등이 필요하다. 하드웨어 시스템은 시스템명, 기능, 모델명, 일련번호, 제조사, 제조년월일 등의 정보를 표시한다. 소프트웨어는 이름, 기능, 제조사, 제조년월일, 버전 번호, 업데이트 이력, 연동 소프트웨어 솔루션 등을 자세히 적는다.

또한 데이터 흐름을 센서에서부터 공정, 시스템, 빅 데이터 인프라를 포함해 일목요연하게 자세히 그린다. 통신망 연결 구성도에 데이터 흐름을 표시해보면, 데이터가 어디에서 끊어지는지, 어디에서 몇 시에 수집하고 어느 시스템이 저장하고/분석하는지, 순방향인지/역방향인지, 최적의 흐름인지 등을 쉽게 파악하고 진단할 수 있다.

산업 보안 수준 진단

산업 보안은 다음과 같이 기술적인 측면와 기술 외적인 측면에서 진단한다.

기술적인 측면

• 전사적 네트워크 인프라는 보안 기능을 갖추고 있는가?

- 산업 설비의 모든 하드웨어 및 소프트웨어는 보안 기능을 갖추고 있는가?
- 보안 접근 방식이 ISA-99와 같은 권고 표준을 준수하고 있는가?
- 보안 사고 또는 행위에 대한 인지 기능을 가지고 있는가?

기술 외적인 측면

- 보안 정책과 절차가 제대로 수립 및 시행되고 있는가?
- 전사적 산업 보안 전담팀은 구성되어 있는가?
- 외부 협력 업체는 내부 시스템에 원격 접속을 허용하고 있는가?

현 수준
평가 기준

제조 산업에서 사용하고 있는 다양한 제어 및 IT 시스템들은 국제 표준에서 권고하는 기준을 바탕으로 설비 간, 시스템 간 기능이 분담되어 있고, 통신이 수행되는지 평가한다. 오늘날 생산 시스템의 계층적 구조는 국제 표준인 ISA-95/IEC 62264 표준으로 [그림 4-7]과 같이 정의되어 있다.

최상위인 Level 4의 ERP 시스템은 수주, 판매, 회계, 원가, 인사 등 전사·자원 관리 시스템이고, Level 3의 MES는 생산 지역별 전 공정의 생산 관리, 물류 관리, 원료 및 자재 관리 등을 수행하는 시스템이다. Level 2인 프로세스 컴퓨터 시스템은 공장별로 설치 운영되며, 공장의 소재 입고부터 생산 설비, 제품 창고까지 자동으로 상위의 MES 시스템에서 생산 작업 지시를 받아 수식 모델에 의거해 하위의 PLC, DCS를 자동으로 설정하거

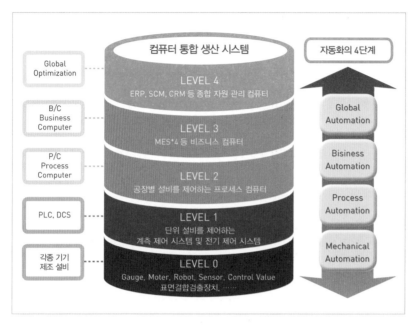

[그림 4-7] 국제 표준(ISA-95/IEC 62264) 컴퓨터 통합 생산 시스템

나 제어하는 공정 제어용 컴퓨터 시스템이다.

Level 1인 제어 시스템은 단위 설비의 시퀀스와 모터를 자동 제어하는 PLC와 온도, 압력, 유량 등 계장 설비를 자동 제어하는 DCS로 구성되어 설비를 실시간으로 자동 제어한다. 최하위의 Level 0은 설비에 장착된 모터, 실린더, 밸브 등 엑츄에이터와 온도, 압력, 릴레이 접점 신호 등을 측정하는 센서로 구성되어 있다.

그리고 공장의 현재 수준을 파악하였다면, [표 4-3]에 제시한 한국인더스트리4.0협회의 스마트 공장 성숙도 모형으로 평가할 수도 있다. 공장의 현재 수준을 파악하고 나면 다음 단계로 나아가기 위한 방향성을 가늠할 수 있을 것이다.

[표 4-3] 스마트 공장 성숙도 모형

수준	주요 내용	기업 내·외부 협업 방식
7	똑똑한 Smart	물리적 공장과 가상 공장은 물론 가치 사슬망에 있는 협력 업체까지 통합·소통하며 공장 스스로 알아서 운영하는 단계. 경영진의 데이터에 기반한 의사 결정이 이루어지고 예측 정비, 유연한 생산 라인을 통하여 고객 맞춤형 제품을 생산하는 친환경적이고 친인간적인 수준
6	통찰 Insightful	물리적 공장과 디지털 복제품, 고객 아바타 등 가상 공장이 통합되어 작동하고, 가치 사슬망에 있는 협력 업체까지의 통합을 시작하는 단계. 경영진의 데이터 기반 의사 결정이 제한적이지만, 통찰력을 제공하는 스마트 공장을 운영하는 수준
5	통합 Integration	물리적 공장과 디지털 복제품, 고객 아바타 등 가상 공간이 연결·통합되기 시작하는 단계. 경영진의 데이터에 기반한 의사 결정 초기 단계로 고객 맞춤형 제품을 생산하는 공정 초기 단계의 스마트 공장을 운영하는 수준
4	관리 Managing	물리적 공장과 사무실, 경영진의 데이터에 기반한 의사 결정 준비 단계. 부서 간, 데이터 간의 사일로(Silo) 문제, 빅 데이터 분석이 가능한 단계로 스마트 공장을 운영하는 수준
3	측정 Monitoring	연결되고 디지털화된 설비와 장치의 데이터를 엑셀로 관리하며, 각종 데이터를 측정하고, 분석할 수 있는 단계. 스마트 공장을 만들기 위한 빅 데이터 인프라 구축을 준비하는 수준
2	준비 Ready	통신 인프라를 구축 중이고, 설비와 장치 등이 연결되고 디지털화되기 시작한 데이터 수집 시작 단계. 스마트 공장을 위한 기초를 준비하는 수준
1	미준비 Not Ready	설비, 장치 등이 독립적인 수작업으로 운영되고, 품질 수준과 수작업 업무 결과를 사람에게 전적으로 의존하는 단계. 스마트 공장의 준비 이전 수준

3
구현 목적과
기대 목표 설정

　우리 공장의 현재 수준을 객관적으로 파악하고 평가하여 무엇을 잘 하고 있고, 무엇을 개선해야 하는지 알게 되었다. 이제 왜, 무엇을, 얼마나 할 것인지 고민하고 결정하는 단계에 도달했다.

　4차 산업혁명을 대비하기 위해 스마트 공장을 구현하려면 추진 목적과 기대하는 목표를 명확하고 구체적으로 설정해야 한다. 왜 스마트 공장을 구현하려는지 목적을 명확하고 구체적으로 기술하고, 임직원들과 솔직하게 소통하여 한마음, 한 뜻으로 추진할 수 있도록 힘을 모으는 것이 매우 중요하다. 선도적인 기업이나 동종 기업의 스마트 공장은 어느 정도 수준이고, 어떻게 진행하고 있는지 알아보고 벤치마킹하며, 기업의 경영 전략에 부합되는 운영 부문의 전략적 목표를 반영하여 미래의 달성 목표를 설정해야 할 것이다.

스마트 공장의 지향점은
자율 생산 공장

제조업에서 궁극적인 꿈이자, 이상은 공장이 스스로 알아서 제품을 생산하는 자율 생산 스마트 공장이다. 이를 기술적으로 표현하면, 자율 생산 공장은 '전통적인 제조 산업에 가상 물리 시스템, 사물 인터넷, 클라우드 컴퓨팅, 인공 지능 등과 같은 정보 통신 기술을 융합하여 생산 설비와 생산품 간의 정보 교환으로 완전한 자율 생산 체계를 갖춘 똑똑한 스마트 공장Smart Factory'이다.

자율 생산 공장은 가상 물리 시스템을 기반으로 공급되는 소재와 설비, 생산되는 제품이 어디가 문제인지, 얼마나 문제인지를 말할 수 있고, 사람의 개입 없이 서로 소통하여 고객이 원하는 제품을 자동으로 생산하는 똑똑한 공장이다. 그러나 이는 생산 공장만 똑똑한 공장이라고 해서 끝나는 것이 아니다. 원료와 소재를 제공하는 공장과 이를 활용하는 최종 고객까지 공급 사슬에 있는 모든 업체의 정보와 기술이 서로 공유되고 협업해야 가능하다. 그저 꿈같은 이야기라고 생각하는가? 하지만 가능하다. 작게라도 일단 시작하면 된다.

스마트 공장
구현 목적 설정

4차 산업혁명 시대에는 제조원가가 최적의 이상원가에 접근하고, 유연하면서도 효율적으로 공장을 운영하는, 즉 스스로 똑똑하게 최적으로 운영하는 스마트 공장을 구현해야 글로벌 경쟁에서 살아남을 수 있다. 이 원대한 목표는 우리 모두의 꿈이고 이상이지만, 하루아침에 달성할 수 있는 것이 아니다. 우리가 스마트 공장을 구현하는 유일한 방법은 이 원대한 꿈을 향해 발걸음을 떼는 것이다.

초경쟁 체제인 뉴노멀 시대에 기업은 살아남기 위해 수많은 전략을 수립하고 실행한다. 하지만 가장 중요한 것은 차별화 전략, 즉 가격과 기술의 차별화를 구사하는 것이다. 첫 번째인 가격 차별화는 제품의 원가를 극한으로 내리고, 품질을 고객 눈높이에 맞춰 최저의 가격으로 판매하는 것이다. 두 번째인 기술 차별화 전략은 더 나은 기능의 제품과 감동적인 서비스의 제공으로 고객이 가치를 느끼거나 만족하여 지속적으로 제품을 구매하도록 만드는 것이다.

그렇다면 저가의 제품을 판매해도 이익을 낼 수 있는 원가 구조는 어떻게 구현할 수 있을까? 또한 제품의 수명 주기 동안에 고객과 긴밀하게 소통하려면 어떤 프로세스를 가져야 할까? 이 책에서는 이 두 가지 모두를 달성하기 위해 기존의 생산 공장과는 다른 스마트 공장이 필요하다고 주장하고 있다.

여기서 스마트 공장의 구현 목적은 구체적이고 명확할수록 좋다. 그래야 모든 임직원들이 쉽게 이해하고 협조할 수 있기 때문이다. 예를 들면 '원가 절감을 위해 불량율을 언제까지 몇 % 낮춘다', '같은 인력으로 매출과 이익을 향상시키기 위해 생산성을 언제까지 몇 % 높인다', '근로자들의 안전을 위해 설비의 안전 기능을 강화하여 사고율을 언제까지 몇 % 줄인다' 등과 같이 현실적으로 실행할 수 있는 것이어야 한다. 각 기업의 수준과 형편에 따라 추구하는 목적과 구현 가능한 목표가 다를 것이다. 그렇다고 해서 누가 대신해 줄 수 있는 일도 아니다. 내가 알고 해야 하며, 구체적이고 명확하게 서술하는 것이 매우 중요하다.

명확한 기대 목표
설정

지금까지 자동화 공장을 구축한다고 네트워크, 컴퓨터 등을 공장과 융합하여 자동화, 무인화로 많은 성과를 내왔고 PI, 6시그마, Lean 등 다양한 혁신 활동을 해왔을 것이다. 그런데 최고 경영자가 다시 4차 산업혁명에 대응하여 스마트 공장을 만들어야 한다고 톱다운 지시를 하면 어떻겠는가. 많은 임직원들은 혁신에 대한 피로감을 느낄 수 있다. 따라서 전 임직원이 하나가 되어 스마트 공장 구축을 재도약의 발판으로 삼기 위해서는 명확한 기대 목표를 설정하고 실행 과제를 선정하며 공감대를 형성하는 것이 매우 중요하다.

이제까지 여러분이 운영하는 공장은 자동화를 이루기 위해 고온, 분진, 가스 등 열악한 현장 작업 개소, 단순 반복 작업 등의 대상 개소를 우선순위로 정하여 로봇, 컴퓨터, 시스템 솔루션을 도입하거나 운전실 통폐합, 품질 자동 판정 등 여러 분야에 많은 투자를 해왔다. 그 결과, 자동화를 통해 운전 인력이 58% 감소하고, 생산성은 27% 증대하고, 제품의 품질은 21% 향상되고, 에너지 효율은 34% 향상되었다. 그런데 경쟁은 더욱 치열해져 글로벌 시장에서는 더 저렴하고 더 좋은 기능의 제품을 요구하고 있다. 이런 상황이라면 당신은 임직원들에게 4차 산업혁명 시대를 대비하기 위한 스마트 공장의 구축의 필요성을 어떻게 제기할 것인가?

그러기 위해서는 목적도 명확해야 하겠지만, 기대하는 목표도 구체적이고 측정할 수 있는 것이어야 한다. 아울러 목표를 세울 때 SMART라는 단어를 이니셜로 활용해 볼 것을 권한다. 구체적이고Specific, 측정 가능하고Measurable, 달성할 수 있고Achievable, 현실적이고Realistic, 시간이 정해진Time based 목표를 세우라고 말이다. 목표를 세우는 것은 쉬운 것 같지만 어려운 일이다. 목표가 명확하지 않으면 결과를 측정하는 기준이 애매모호해지기 때문이다.

예를 들면, 빅 데이터의 신뢰성을 2017년 12월 20일까지 50% 향상시켜 데이터의 가치를 높이고, 수익성을 2018년 5월 30일까지 5% 높이며, 품질 불량률을 2018년도 4월 25일까지 2% 줄인다는 것과 같이 목표를 세우는 것이다. 또한 돌발 고장율을 2018년 6월 30일까지 80% 줄인다는 것처럼 구체적이고 달성 가능한 목표에 달성 시점까지 명확하게 설정한다.

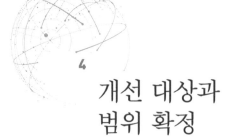

4 개선 대상과
범위 확정

기존에 생산 공장에서 가지고 있던 고질적인 문제와 4차 산업혁명을 구현하기 위한 개선 방향을 선정한다. 개선 방향에 따라 미래의 모습_{Big} Picture를 정의하고, 개선 대상을 도출하여 과제 정의서를 작성한다. '4차 산업혁명을 달성하기 위한 To-Be 이미지가 정의되어 있는가?', '목표 달성을 위한 개선 과제가 선정되어 있는가?', '실행 가능한 개선 과제 정의서와 수행 계획서가 작성되어 있는가?'를 스스로에게 묻고 답하면서 작성한다.

개선 대상 선정을 위한
차이점 분석

공장 자동화와 무인화 추진으로 많은 효과를 보았지만, 여전히 생산 현장에는 해결되지 않은 고질적인 문제가 있을 것이다. 이러한 문제를 잘 이해하고 목표 대비 차이점을 분석해 근본 원인을 파악한 후, 핵심적인 문제를 선정하여 개선 대상으로 삼는다. 현 수준과 기대 목표 사이의 차이점을 분석하고 무엇을 개선할 것인가를 정리하는 것이다.

하지만 많은 개선 사항들을 한꺼번에 처리할 수는 없다. 우선순위를 정해 하나하나 계획적으로 추진해야 한다. 예를 들어 설비 관련 시스템을 개선하기로 했다면, 적어도 다음과 같은 사항들을 점검하고 파악하는 것이 필요하다. 각각의 기업이나 제조 현장의 사정에 따라 이보다 많을 수도 있고, 적을 수도 있다.

- 수동 설비의 자동화 방안
- 연결되지 않은 시스템 간의 연결과 통합
- 상위 시스템에 하위 시스템 자동 설정 제어 방안
- 작업 및 기술 표준화에 따른 로컬 운전실의 통합 운영
- 설비 관련 시스템의 통합적 운영 관리
- 물류 자동화 시스템 구축
- 품질 검사의 디지털화와 자동화
- 설비 시스템과 경영 관리 시스템의 통합적 운영 관리
- 설비 시스템과 빅 데이터 인프라의 연결을 통한 통합적 운영 관리

이외에도 제조 현장에서 점검해야 할 사항들은 무수히 많다. 다음의 [표 4-4]에 서술한 항목들도 세밀히 검토하고 해결 방안을 고민해야 할 것이다.

[표 4-4] 스마트 공장 구현 시 점검 사항

분야	스마트 공장 구현을 위한 점검 사항들
설비	마모, 이상 상태, 성능의 실시간 모니터링, 설비 노후에 따른 파라미터 자동 보상 제어, 돌발 고장의 원인 파악 및 대응, 데이터 수집 여부, 예지 정비 활동 유무
생산	설비와 에너지, 환경 등과 시스템의 연결, 빅 데이터 활용, 생산 관리 표준화, 모든 공정 데이터의 수집 · 저장 · 분석 여부, 가상 생산 시스템과 생산 라인의 통합적 운영 및 통합적 자율 생산 여부
품질	균일한 품질을 위한 설비의 보상 제어 및 공정 제어, 품질 관리 표준 프로세스와 품질 예측 및 자동 검사 판정 여부
에너지	모든 설비, 장치의 실시간 에너지 소비 모니터링, 에너지 절감 여부, 친환경적이고 효율적인 에너지 관리
환경	배출량 예측과 총량 관리 및 배출권 거래제 활용, 환경 관리 프로세서와 오염 배출 제로 환경 구현, 철저한 안전 수칙 준수와 관리
연구 · 개발	고객의 요구 사항에 따른 신제품 개발 및 신기술 적용, 연구와 제조 최적화 기술 연구, CPS를 활용한 가상 공간에서의 제품 성능 및 제조 검증

개선 대상 선정:
작지만 영향력이 큰 항목부터

개선 대상을 선정할 때는 작지만 효과가 크게 나타나는 항목을 우선적으로 선정하는 것이 좋다. 작은 성공으로 임직원들이 도전에 대한 성취감을 느껴 지속적으로 개선에 대한 의지를 유지할 수 있기 때문이다. 예를 들어 생산 현장에서 1%의 작은 개선 목표를 수립하여 하나씩 효과를 검증하고 확대해 나가는 것도 좋은 방법이다. 먼저 설비 가동, 돌발 정지, 설비 성능, 품질 불량, 에너지 절감, 안전사고 등 생산 현장의 KPI 지표를 1% 개선하도록 개선 항목을 선정하고 개선 범위를 확정한다.

마스터 플랜
수립

스마트 공장을 구현하기 위한 목적과 기대 목표, 개선 대상 및 범위가 확정되었다면 이제 이를 수행하기 위해 전체 과제 계획을 수립해야 한다. 이 단계에서는 대개 마스터 플랜Master Plan이라 부르는 프로젝트 관리를 위한 전체 과제 계획서를 작성한다. 여기서 전체 과제 계획서는 경영진에게 일목요연하게 보고하고, 모든 임직원들과의 소통을 원활하게 하는 기본 서류이다.

마스터 플랜은 일반적인 프로젝트 관리 기법을 활용하고, 다양한 부문의 참여와 의견을 반영하여 작성하며, 경영진의 적극적인 지원과 결재를 받는다. 하지만 경영진에게 결재를 받았다고 해서 끝난 것이 아니다. 프로젝트가 완료될 때까지 주기적으로 관리 요소들을 점검해야 한다. 예를 들어 계획이 제대로 수행되는지, 기술이나 시장 변화에 따라 수정 사항은 없는지, 일정이나 목표가 실현 가능한지, 예상하지 못한 위험 요소를 어떻게 극복할 것인지 등을 점검해야 한다. 또한 정기적으로 경영진에게 마스터 플랜을 보고하고, 이에 대해 관련 임직원이나 협력 업체들과도 소통해야 한다.

마스터 플랜에 서술한 목적, 기대 목표, 개선 대상과 범위 등은 진행 과정에서 항상 염두에 두고 실행해야 한다. 복잡하고 까다로운 제조 환경에서 자칫 잘못해 대상과 범위가 예상외로 커지거나 곁가지로 흘러가면 프로젝트 관리가 어려워질 수 있기 때문이다.

또한 프로젝트 관리자는 전문 역량을 가진 인력이어야 한다. 기술과 제조 현장, 기업 사정을 잘 아는 내부 인력이 담당하면 가장 좋겠지만, 사정에 따라서는 외부 전문가를 초빙하여 프로젝트를 관리할 수도 있다. 프로

제트 실행 현황을 경영진이나 다양한 임직원들에게 종합적으로 알리는
데에는 앞에서 언급한 '스마트 공장 추진 실행 현황을 공지하는 대시보
드'를 활용하는 것도 좋은 방법이다.

5

필요 기능과
적용 기술 확정

스마트 공장을 구축하기 위한 파일럿 프로젝트가 선정되고, 개선 범위가 확정되면 현재 우리가 보유한 기술과 새롭게 도입할 기술을 명확하게 확정한다. 스마트 공장을 구축하기 위해 필요한 기술들은 2장에서 구체적으로 설명하였다. 여기서는 이를 공장에서 잘 활용할 수 있도록 응용 기술에 대하여 설명할 것이다.

첫째, 시각화 기술을 활용하여 공장 및 사무실을 구석구석 보이도록 드러내는 응용 기술을 개발한다. 지금까지 자동 제어 이론으로 해결할 수 없었던 공장 내의 고질적인 문제를 모두 리스트 업List Up한 후, 과학적이고 사실적인 데이터를 기반으로 근본 원인을 하나하나 찾아낸다. 정확한 원인을 파악했다면 문제를 쉽게 해결할 수 있다. 그러나 지금까지의 고질적인 문제는 사실적인 데이터를 기반으로 원인을 찾은 것이 아니라 경험적 지식에 의한 추론을 해왔기 때문에 정확한 원인을 파악하지 못한 것이다. 또한 공장 내에 버려지는 스크랩, 재활용 자재, 관리되지 않는 공

245

구, 1회용 소모품, 운전 자재, 원부자재 자투리, 반제품 등 이동 가능한 모든 것을 일목요연하게 RFID 태그 등을 부착하여 어느 위치에 있는지 시각화하여 관리한다.

둘째, IoT와 인공 지능 기술을 활용하여 24시간 가동 중인 설비가 자기의 상태를 말하는 것을 사람이 알아들을 수 있도록 응용 기술을 개발한다. 현재 설비에 붙어 있는 센서를 활용하여 데이터를 체계적으로 수집하여 저장한 다음, 기계 학습 등 최신의 인공 지능 기술을 활용하여 예방 정비Preventive Maintenance에서 예지 정비Predictive Maintenance 체계로 바꾼다. 그리고 현재의 데이터로 예지 정비의 기능을 수행하여 실현 가능성을 확인하였으나 정도가 낮은 경우 설비의 상태를 전문적으로 측정하는 IoT 센서를 추가적으로 도입하여 예지 정비의 정확도를 높여 나간다. 설비의 지능화를 위해서는 설비 공급사에서 제공하는 생애 주기 정보를 토대로 생산 공장의 전문가와 외부의 인공 지능 솔루션을 가진 전문가가 협업해 실시간으로 정보를 공유하여 융합 기술을 개발해 내야 한다.

셋째, IoT와 빅 데이터 분석 기술을 활용하여 공장 내 모든 사물들이 자신의 상태를 스스로 판단하고 서로 통신함으로써 고객이 원하는 제품을 안전하게 생산할 수 있도록 스스로 '생각하는 공장'을 만들기 위한 응용 기술을 개발한다. 공장 내 설비, 환경, 에너지 등 자동으로 측정되거나 사람이 입력한 데이터를 활용하여 전후 공정 간 연계 분석 및 설비와 품질 간 영향도 분석으로 제품의 품질을 예측할 수 있는 데이터 추적 관리를 통한 분석 및 활용 체계를 고도화한다. 또한 공장 내 모든 사물 간에 통신을 할 수 있도록 IoT 센서로 연결해 실현 가능한 모든 데이터를 수집·저장할 수 있는 클라우드 기반의 빅 데이터 인프라를 작게 만들어 본다. 인프라가 구축되면 설비의 성능을 자동으로 분석해 어느 정도인가를 판단하고 성능에 따라 품질에 미치는 영향도를 고려한다. 설비 고장의 개념도 성능이 어느 수준 이하로 떨어지면 품질 불량이 발생하기 때문에 고장으로 변경한다.

넷째, 실제 공장과 물리적·화학적 특성이 동일한 디지털 트윈 공장을 만들고, 시뮬레이션을 통해 비교·분석하여 문제점을 도출하고 해결하는 새로운 응용 기술을 개발한다. 실제의 생산 환경과 동일한 3D 환경 기반의 디지털 복제 공장을 만들어 제품의 개발 주기를 단축하고, 설비를 개선할 때 사전에 시뮬레이션을 수행하며, 새로운 설비를 신설할 때 운전자들의 가상 교육과 가상 시운전Commissioning을 실시한다.

다섯째, 시스템 엔지니어링 기술을 활용하여 개인이 갖고 있는 암묵지화된 기존 지식Knowledge을 형식지화하여 체계적으로 컴퓨터에 저장하고 서로 공유할 수 있는 응용 기술을 개발한다. 머릿속에 들어 있는 암묵지화된 기술을 빅 데이터 추론화 및 검증과 개선을 통해 형식지화하여 신지식으로 바꿔서 지속적으로 개선해 나간다. 이와 같은 기능을 개발하기 위해서는 데이터를 기반으로 하는 사물인터넷IoT, 빅 데이터 & 분석Big Data & Analytics, 인공 지능Artificial Intelligence, 기계 학습Machine Learning, 딥 러닝Deep Learning, 증강 현실Augmented Reality, 지능형 로봇Autonomous Robotics, 가상 물리 시스템Cyber Physical System, 3D 프린팅3D Printing, 클라우딩 컴퓨팅Cloud Computing, 보안Cyber Security 등의 분에서 기업 역량에 맞는 기술을 중심으로 경쟁사나 타 산업에서 이미 검증받은 기술과 솔루션을 선택하고 필요한 기술을 확정한다.

다음은 스마트 공장을 구축하기 위해 가장 기본적이고 필수적으로 수행해야 할 기능과 기술에 대한 추가적인 설명이다.

첫째, 신뢰성 있는 데이터를 확보하기 위해 가장 중요한 IoT 기반의 측정Sensing 기술이다. 공장에는 많은 설비들을 자동 제어하기 위해 이미 수많은 센서들이 설치되어 운영되고 있다. 하지만 이제는 설비를 지능화하고, 품질을 자동으로 검사하고 판정하며, 자율 운전을 하기 위해서는 기존에 운영하고 있는 센서 외에도 설비 상태나 품질 상태를 자동으로 측정할 수 있는 고가의 센서들을 도입하여 운영해야 한다. 이미 글로벌 시장에는 우리가 원하는 모든 센서들이 제품화되어 판매되고 있다. 따라서 경제성을 고려하여 우리 공장에 적합한 센서를 선정하고 활용하는 것이 중요하다.

대형 발전기나 모터의 절연성 불량으로 효율이 떨어지고 화재가 발생하는 것을 방지하는 센서, 대형 변압기와 차단기의 절연성 불량으로 폭발사고 등을 사전에 방지할 수 있는 센서, 설비 파손이나 누출 등을 감지하는 초음파·적외선 측정 센서 기술들이 최근 급속도로 발전하고 있다. 그리고 품질 상태를 온라인으로 측정하는 레이저와 고화질 영상 카메라를 활용한 형상 측정 기술, 레이저 거리 측정과 컴퓨터 비전 기술을 활용한 제품의 표면 결함 검출 기술이 개발되어 있고, 이 모든 측정 센서로부터 측정된 결함을 사람 대신 자동으로 판독하는 다양한 솔루션들도 이미 시중에 나와 있다.

그러나 이러한 센서를 도입할 때는 센서 공급사들의 말을 듣고 제품을 선정하기보다는 생산 현장의 엔지니어가 자료를 조사하고, 배워 가면서 경험과 기술을 보유한 전문가들과 협업하여 적합한 제품을 선정하는 것이 바람직하다. 제품을 잘못 선정하여 적용하여 막대한 비용을 투자하고도 실패하는 경우가 지금까지 많았기 때문이다. 경기가 좋을 때는 문제가 없지만 지금은 초경쟁 시대New Normal이다. 잘못 투자해 회사 경영에 치명적인 요인으로 작용할 수 있음을 간과해서는 안 된다.

둘째, 데이터 기반의 문제를 해결하기 위해서는 현재 수집 및 저장하고 있는 데이터의 정합성과 신뢰성을 향상시키는 기술 개발이 핵심이다. 공장에 설치되어 운영 중인 모든 데이터와 사무실에서 진행한 시뮬레이션, 실험 등에 대한 다양한 데이터들을 전사적으로 공유하여 가치 있는 정보로 산출하고, 경제적인 이익을 얻기 위해 가장 필수적인 것이 정합성 확보 기술이다. 예를 들어, 생산 공장에서 제품의 품질 결함이 발생했을 때에는 그 원인을 설비 상태 혹은 소재의 실적 데이터를 활용하여 찾아야 한다. 이를 위해서는 설비의 자동 제어 실적 데이터와 제품의 길이별 품질 측정 데이터 간의 동기화가 매우 중요하다. 자동 제어 실적 데이터는 시간 단위로 측정하고, 품질 측정 데이터는 길이 방향으로 측정하기 때문이다. 시간과 길이 방향의 데이터를 동기화하지 않으면 정확한 원인 분석이 불가능하다.

또한 전후 설비를 자동 제어하는 제어 시스템과 상하위 컴퓨터 시스템 간의 시각을 동기화하는 것도 필수이다. 그리고 소재를 트레킹Tracking 할 때는 로트Lot 단위의 트레킹은 물론 로트 내에서 여러 단위 소재로 분리될 때의 단위 소재까지 정확하게 추적하여 제어 실적 데이터와 길이별 품질 측정 데이터를 정확하게 동기화하여 트레킹해야 한다. 생산 현장의 특수성에 적합한 데이터의 동기화 기술이 필요한 것이다.

이렇게 완벽하게 동기화가 되었을 때 모든 측정 데이터, 컴퓨터 내부 계산 데이터, 사람 입력 데이터 등을 설비, 품질, 생산, 에너지, 환경 등으로 데이터 분류 체계도를 표준화한 다음, 빅 데이터 분산 처리 기술을 활용하여 저장한다. 정확한 시간과 제품의 길이 방향으로 동기화되어 데이터 베이스에 저장되어 있을 때 4차 산업혁명의 프로젝트가 성공할 수 있음을 다시 한번 강조한다. 3장에서 소개한 빅 데이터 활용을 위한 인프라 구축을 방법을 참고하여 실행하기 바란다.

셋째는 분석 알고리즘의 선택과 적합한 솔루션 기술을 확정하는 것도 하나의 큰 연구 과제 성격의 고난도 기술이다. 이미 세계적인 석학들이 인공 지능, 머신 러닝, 딥 러닝 등 수많은 알고리즘을 소프트웨어로 만들어 오픈 소스로 내놓았다. 이 중에서 각 기업의 생산 설비에 적합한 소프트웨어를 선택하는 것도 큰 과제이다. 일부의 경우 상품화되어 출시된 것들도 있다. 이러한 솔루션을 도입하여 성능을 검증하고, 검증된 솔루션을 조속히 확산하여 막대한 투자 효과로 경쟁사보다 빠르게 이익을 창출하는 것이 중요하다. 만약 솔루션이 없다면 유사한 솔루션을 가진 업체의 개발자와 협업하여 응용 기술을 개발하는 것도 방법이다.

우리나라에서는 시장에 나와 있는 기술들을 모방하여 동일한 기능을 수행하는 소프트웨어를 개발하는 경우가 있는데, 이는 4차 산업혁명 시대에는 적합하지 않다. 이제는 다른 사람들이 개발한 제품을 신속하게 도입하여 많은 경제적 이익을 보는 것이 중요하고, 그들이 개발하지 않는 새로운 기술을 개발하는 것이 필요하다. 이제는 빠른 추종자Fast Follower에서 최초의 선도자First Mover로 파괴적인 경영 혁신을 해야 한다.

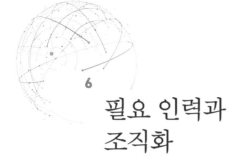

필요 인력과
조직화

스마트 공장을 구축하려면 디지털화, 연결화, 스마트화를 통해 자율 생산 체제를 만들어야 한다. 이를 달성하려면 제조 현장 전문가를 중심으로 제조 기술을 잘 아는 엔지니어를 데이터 분석가Data Scientists로 육성하면서 외부 솔루션 전문가, 분석 전문가 등 경험을 겸비한 전문가들과 협력 사업 모델Collaborative Business Model을 만들지 않으면 안 된다. 최신 기술을 접목하여 자율 생산 체제를 만드는 데 있어서 뭐니 뭐니 해도 가장 중요한 것은 사람이다. 기본적으로 스마트 공장은 친환경적이고 친인간적인 공장이다. 따라서 조직 내에서 인력은 더 가치 있는 일을 하도록 훈련하고, 그런 방안을 찾도록 노사는 서로 노력해야 한다. 안전하게 작업할 수 있는 환경을 조성하고, 위험에 노출되는 작업은 로봇이나 자동화 설비로 대체하는 것도 필요한 조치이다.

기업은 생산 현장이나 사무실에서 근무하는 단순 근로자를 창의적인 업무를 수행하는 지식 근로자로 만들기 위해 최신의 자동화 설비나 컴퓨터 시스템을 자체로 보유할 수도 있을 것이다. 그러나 IT 시스템이나 클라우드 컴퓨팅 서비스의 경우, 자체로 보유하기보다는 외부의 전문 업체와 연계하여 운영함으로써 상호 경제성을 도모할 수도 있을 것이다. 정보 통신 기술 분야는 보안 때문에 여전히 많은 경영자들이 불안감을 갖고 있는 것이 현실이다. 클라우드 컴퓨팅을 사용하면 보안과 경제성을 동시에 도모할 수 있음에도 불구하고, 대부분의 경영자들이 자체로 시스템을 도입하여 추진하기를 원하는 이유가 바로 여기에 있다.

하지만 이런 생각도 이제는 바꿔야 한다. 제조 공장은 물론 IT 시스템이나 솔루션도 공유하는 시대에 모든 것을 직접 소유하고 운영한다는 것은 선택과 집중이 강조되는 시대의 흐름과도 맞지 않다. 따라서 소유에 대한 개념도 시대와 상황에 따라 다르게 생각해야 한다. 이제는 유연성, 효율성, 최적화를 추구하는 공유경제의 시대이기 때문이다.

그렇다면 스마트 공장 구축이라는 톱다운 과제를 수행하는 프로젝트팀의 구성은 어떠한 형태로 운영해야 할까?

기본적으로는 최고 경영자가 프로젝트를 총괄하고, 조직 내에서 프로젝트 매니저와 각 부문별 담당자를 선정하여 운영해야 한다. 특히 처음 도전하는 4차 산업혁명의 과제를 추진하려면 방향성이 매우 중요하다. 따라서 내부 전문가와 외부 전문가를 중심으로 하는 최고의 의사결정조정위원회Steering Committee를 주기적으로 개최하여 진행 방향이 맞는지를 정기적으로 점검해야 한다. 스마트 공장 구축 경험이나 역량을 가진 분들이 아직은 국내에 많지 않지만, 지금까지 공장 자동화와 업무 자동화를 실행했거나 컨설팅을 수행해 스마트 공장의 목적을 정확히 파악하고 있는 전문가라면 충분히 도움을 받을 수 있을 것이다.

4차 산업혁명이라는 전쟁터와 글로벌 시장에서 살아남기 위해서는 인재가 무엇보다 중요하다. 따라서 스마트 공장을 구축함에 있어 제조 현장 근로자들의 아이디어를 수용하고 협력을 요청해 그들을 핵심 역할로 참여시켜야 한다. 그러나 우리나라 제조 기업의 경우, 노사 간 불협화음으로 인해 아직까지도 열악한 작업 환경은 물론 단순 근로자들의 삶조차 개선하지 못하고 있는 것이 현실이다. 쓰나미처럼 밀려오는 4차 산업혁명의 물결 속에서 우리나라 제조 기업이 살아남으려면 노사 간에 공감대를 형성하는 것이 무엇보다 중요하다.

예를 들어 생산 현장에서 후공정의 부하량을 고려하여 어느 벨트 라인으로 제품을 이송해야 할지를 육안으로 판단한 후 스위치를 조작하는 근로자가 있다고 가정해보자. 그는 분진과 소음이 진동하는 현장에 매일 출근하여 8시간 동안 작업을 한다. 과연 이런 환경에서 일하는 근로자가 사명감을 가지고 일할 수 있을까? 그리고 출근해서 일하는 것이 즐거울까?

4차 산업혁명에 대비해 스마트 공장을 도입한다고 하면 근로자들은 정리 해고나 구조 조정에 대한 두려움을 먼저 느낀다. 이런 경우 경영진은 노조나 근로자와 협상을 할 필요가 있다. 현재 하고 있는 업무를 자동화할 수 있도록 아이디어를 내고 실행 방안을 전문가와 협의하여 무인화하고 나면, 설비의 생산성과 품질을 향상할 수 있는 방안을 지속적으로 강구하고 다른 개소의 자동화 방안이나 창의적인 일을 할 수 있도록 배려하며 평생 근무할 수 있도록 협약을 맺는 것이다.

이러한 무인화가 이루어지면 근로자는 열악한 작업 환경에서 벗어나 인간성을 회복하고, 자신의 일에 대한 사명감을 가지게 될 것이다. 그리고 회사는 무인화로 안정적인 생산과 품질 향상을 가져오고, 이 근로자를 지식 노동자로 변모시켜 사업 확장 시 관리자로 활용할 수도 있을 것이다. 이와 같이 변화나 혁신을 꾀할 때는 기본적으로 노사가 서로 이익이 되고, 현장의 근로자들이 동참할 수 있는 문화를 만들어 인력을 조직화할 필요가 있다.

7

구현 계획과
실행

제조 기업이 스마트 공장을 만들려면 업종과 자동화 수준에 따라 다양한 방법이 있을 수 있다. 그러나 생산 현장을 단번에 자율 생산 공장으로 만들 필요는 없다. 우리의 궁극적 목표는 글로벌 시장에서 살아남기 위한 것이지 스마트 공장을 만드는 것이 아니기 때문이다.

그렇다면 스마트 공장은 언제 실행하는 것이 좋을까? 제조 현장에서 다음과 같은 고질적인 문제들이 해결되지 못한 채 지속적으로 발생하고 있다면 관련 부문에 대한 구현 계획을 구체적으로 실행해야 한다.

• 품질 불량으로 실수율이 경쟁사 대비 떨어진다.
• 잦은 돌발 고장으로 생산성이 늘어나지 않는다.
• 수작업에 단순 반복 작업이라 사람들이 오래 일하지 못하고 퇴사한다.
• 경쟁사 대비 원가가 매우 높고 품질이 떨어진다.
• 사무실에 근무하는 사람들 대부분이 엑셀을 사용하여 통계를 내고 보

고서를 만든다.

실행을 하려면 최적의 투자로 최대의 효과를 낼 수 있는 방법을 찾아야 한다. 우리는 지금까지 스마트 공장을 구현하기 위해 통신 네트워크 인프라를 구축한 후, 공장에서 생성되는 모든 데이터를 체계적으로 분류하여 저장하고 활용하기 위한 빅 데이터 인프라를 구축했다. 그리고 스마트 공장 구축을 위한 7단계를 알아보면서 진행 절차에 대해 충분히 숙지를 했다. 이제는 4M2E 관점에서 설비, 생산, 품질, 에너지, 환경, 물류, 안전·보건, 영업, 연구·개발 및 경영 등 각 부문을 구체적으로 스마트하게 혁신하는 방법을 실행해야 한다. 이에 대한 내용은 너무나 방대해서 따로 5장의 '부문별 세부 실행 방안'에서 상세히 다룰 것이다. 여기서는 그에 앞서 4차 산업혁명 시대에 스마트 공장에 대한 구현 계획을 기반으로 투자를 하기 전에 임직원들의 생각을 파괴적 혁신 마인드로 전환하기 위한 과제를 설명한다.

단순 노동자에서
지식 근로자로 변화시켜라

매스컴과 정부 그리고 많은 사람들이 4차 산업혁명이 진행되면 로봇이나 컴퓨터 때문에 일자리가 줄어들 것이라고 걱정한다. 지금도 일자리가 없어 젊은이들이 취업을 못하고, 정년 퇴임 이후 일을 구할 수 없는데 4차 산업혁명까지 진행되면 어떻게 해야 하느냐며 공포에 휩싸여 있다. 그러나 꼭 그렇게 생각할 것만은 아니다. 4차 산업혁명의 시대에는 일자리가 줄어드는 것이 아니라 사람의 역할이 바뀐다고 보아야 할 것이다.

가령 열악하고 위험한 작업 개소에서 단순 반복적으로 일하거나 육안 혹은 감촉으로 품질을 검사하는 근로자들의 업무는 로봇이나 자동화 설비가 대체하게 될 것이다. 그리고 사무실에서 데이터를 모으고, 통계를 내고, 보고서를 만드는 단순한 작업은 컴퓨터가 대신하게 될 것이다. 이와 같이 단순 반복적인 업무는 자동화 설비나 컴퓨터가 대신 수행함으로써 사람을 도와주게 될 것이다.

그렇다면 작업장을 자동화하고 스마트화하는 것은 누가 담당하게 할까? 현장을 가장 잘 아는 작업자가 자동화 아이디어를 창출하고 개념 설계를 해야 한다. 자기가 하던 일을 로봇 등 자동화 설비나 컴퓨터가 대신할 수 있도록 설계는 국내 전문가에게 의뢰하고, 제작은 제작 업체에 요청하여 공급받는 일을 하는 것이다. 자동화 설비를 구축해 가동하면 장기간 데이터를 수집·저장·분석하여 문제를 찾고, 기계 학습에 의해 이상 상태를 스스로 말할 수 있도록 설비에 지능화 기술을 개발해 나가야 한다. 물론 이때 데이터 분석가와 함께 작업을 한다면 보다 쉽게 성과를 낼 수 있을 것이다.

이렇게 일이 진행되면 작업자는 다음과 같은 이익을 얻을 것이다.

첫째, 현재 자기가 하는 일을 자동화 설비나 컴퓨터가 스스로 알아서 함으로써 단순 반복 작업으로부터 벗어나 단순 노동자에서 지식 근로자로서 역할이 바뀌면서 인간성을 회복할 수 있다.

둘째, 사무실과 현장을 오가면서 설비의 성능과 품질을 높이고, 원가를 줄일 수 있는 인공 지능 기반의 예측 기술 정도를 높여 나가도록 데이터 과학자와 함께 아이디어를 창출하고 개념 설계를 함으로써 새로운 성취감을 느낄 수 있다.

셋째, 쾌적한 사무실에서 원격으로 자동화 설비를 모니터링하면서 설비의 운영까지 담당하게 되면 작업자는 사무실에서 근무하면서 여유롭고 풍요로운 삶을 영위하게 된다.

넷째, 회사가 스마트 공장으로 변신해 사업에 성공하고 글로벌 시장에서 살아남게 되면, 새로운 공장을 지을 때 설계자 혹은 슈퍼바이저Supervisor로 참여함으로써 직장 생활의 성취감과 만족감은 더욱 높아질 것이다. 또한 자녀나 가족들도 현장의 단순 작업자가 아니라 창조적인 일을 수행하는 지식 근로자라는 것을 자랑스럽게 생각할 것이다.

이것은 작업자에게만 이익이 되는 것이 아니다. 회사는 작업자가 보다 차원 높은 능력을 발휘하고, 더 쾌적한 환경에서 근무함으로써 품질이 향상되고, 작업 능률이 올라가고, 에너지 사용량이 줄어 원가를 절감하게 된다. 즉 품질과 생산성 향상으로 경쟁력이 올라가고, 원가를 절감함으로써 수익 증대라는 두 마리 토끼를 잡게 되는 것이다. 그렇게 되면 자연스레 국가도 부가가치가 높은 업종의 일자리가 늘어나는 선순환 효과를 보게 된다.

노사 화합과 상생의 길을 찾아라

우리나라의 노사 관계는 평행선을 달린다고 표현할 만큼 서로를 배려하지 않는 문화가 팽배해 있다. 4차 산업혁명 시대에는 그런 문화에서 벗어나 어떻게 하면 노사가 화합하여 발전해 나갈 것인가를 고민해야 할 것이다. 그러기 위해서는 무엇보다 먼저 서로의 계급장을 떼고 4차 산업혁명 시대에 살아남기 위한 미래 모습과 비전을 그리고 공유하며 상생하는 모습으로 변화해야 한다.

회사는 근로자에게 평생 직장을 보장하고, 더 즐겁게 직장 생활을 할 수 있도록 역할과 책임을 바꿔주어야 한다. 그리고 근로자는 자신의 작업과 업무를 가능한 한 빨리 로봇 등 자동화 설비나 컴퓨터가 수행할 수 있도록 아이디어를 만들고, 구체적인 개념을 설계해야 한다. 또한 경영자와 관리자는 작업 현장에서 일자리를 줄여 원가를 절감한다는 생각을 버려야 한다. 설비 자동화 및 스마트화를 통해 한 차원 높은 기업으로 성장하고, 근로자들의 성장과 발전을 통해 기업이 성장하는 상호 윈윈의 정신으로 사고의 파괴적 혁신을 이루어야 한다.

매년 노사 간 임금 협상으로 조업이 중단되어 얼마의 손실을 입었다는 소식을 접할 때마다 우리는 노사 간의 감정의 골이 얼마나 깊은지 깨닫게 된다. 서로가 동상이몽인 모습에 안타까움마저 느껴진다. 하지만 4차 산업혁명 시대에 살아남기 위해서는 사고의 파괴적 혁신이 뒤따라야 한다. 우리 기업들이 노사 간 대립을 하는 사이 글로벌 경쟁 회사들은 노사 간 상생과 화합, 투명한 경영 관리와 이익 배분, 자율 생산과 창의적 시스템으로 제조업의 혁명을 꾀하고 있다. 우리도 이제는 신뢰와 소통을 기반으로 살아남을 방법을 토론하고 합의점을 찾아야 한다. 그래야 4차 산업혁명이라는 파도에서 공멸을 피해 상생의 길로 나아갈 수 있을 것이다.

소프트 파워를 통한 지능화를 실행하라

최근 글로벌 시장에서는 IT 기업뿐만 아니라 전통적인 제조업까지도 소프트웨어 기업으로 탈바꿈을 하고 있다. 이는 하드웨어가 상향 평준화되면서 소프트웨어가 시장의 경쟁력을 결정하는 핵심 척도가 되고 있기 때

문이다. 소프트웨어가 세상을 지배하는 시대에 국경 없는 소프트웨어의
패권 전쟁에서 살아남으려면 우리는 어떤 준비를 해야 할까?

스탠퍼드 대학의 모니카 램 교수는 한국 소프트웨어 산업의 문제점을
"하드웨어 중심으로 소프트웨어를 개발하는 것"이라고 지적했다. 한국 경
제의 성장을 이끈 제조업 중심의 기업 문화가 이제는 정작 소프트웨어 시
대로의 진화를 가로막는 장벽이 되고 있다는 뜻이다. 그와 함께 수직적인
기업 문화를 수평적으로 바꾸고, 조직보다는 개인의 역량에 더 주목해야
한다는 조언도 귀담아들을 필요가 있다. 게임 회사인 8CRUZ의 창업자는
"소프트웨어의 경쟁력은 개개인의 능력을 극대화하는 환경을 제공해줘야
나온다"며 조직 구성원을 관리 대상이 아니라 수평적인 파트너로 인정해
야 한다는 뜻을 나타냈다. 개발자에게 일방적으로 미션을 던져 일정 내에
완성하라고 요구하는 게 아니라 스스로 미션을 찾도록 하는 문화가 필요
하다는 것이다.

우리만의 강점을
개발하고 실행하라

우리나라는 하드웨어 제조 기술 부분에서 제조 강국인 독일, 미국, 일본
에 비해 뒤쳐져 있다. 반도체, 철강, 조선, 자동차, 석유화학 등 일부 제조
산업에서는 그나마 기술을 선도하고 있다. 하지만 이 또한 중국, 인도 등
의 추격으로 점점 살아남기가 어려워지고 있다. 게다가 우리나라는 자원
도 부족하고, 인건비마저 상승해 제조원가가 저렴한 중국이나 동남아시
아 등지로 공장들이 옮겨가고 있는 상황이다.

그렇다고 해서 마냥 절망적인 것은 아니다. 우리에겐 철강, 조선, 자동

차, 석유화학, 농기계 분야의 제조 설비들이 있다. 이를 활용해 4차 산업혁명을 키울 수 있는 파괴적인 혁신 사업이 있다. 데이터 기반의 소프트웨어를 개발하여 가동 중인 중후장대한 설비에 장착해 설비를 지능화하는 것이 그것이다.

제품을 생산하고 있는 제조 설비는 아프다고 말하지만, 정작 작업하는 사람은 이를 알아 듣지 못하고 있다. 마모되거나 열화되어 제 성능을 발휘하지 못한다고 말하지만, 품질 이상이 발생하거나 고장이 나야 비로소 알아채는 것이다. 이런 경우, 설비에 지능을 융합한다면 모든 문제를 해결할 수 있다. 알아들을 수 있도록 하는 방법은 설비의 상태를 측정할 수 있는 IoT 센서를 부착하고, 생산 중에 측정된 모든 데이터를 활용하여 빅 데이터 분석 체계를 구축한 후, 인공 지능, 머신 러닝, 딥 러닝 기술과 융합하여 설비를 지능화하면 된다.

그렇다면 지능화 기술을 이용한 소프트웨어를 개발하면 어떤 이익이 생길까?

첫째, 기존의 장치 산업에서 생산하는 제품의 경우, 돌발 고장율을 줄이고 품질 불량을 제로화하고 실수율을 향상시켜 저렴한 원가로 제품을 생산함으로써 글로벌 시장에서 경쟁력을 확보할 수 있다. 또한 새로운 기능과 서비스를 제공할 수 있도록 기술을 개발함으로써 보다 높은 경쟁력을 확보할 수도 있다. 국내에서 생산하는 자동차, 농기계, 중장비 등의 제품에 지능을 집어넣는다면 상태와 성능을 실시간 원격으로 파악하고, 고장이 나기 전에 부품을 공급하거나 교체해주는 서비스도 가능할 것이다. 그렇게 된다면 세계 어느 곳에서든 'Before Service'로 고객에게 감동을 줄 수 있을 것이다.

둘째, 기존 설비를 지능화하는 소프트웨어를 개발하여 판매함으로써 글로벌 시장에서 새로운 부가가치를 창출할 수도 있다.

그렇다면 우리나라는 제조 산업을 기반으로 한 지능형 소프트웨어 산업을 발전시킬 만한 토양이 갖춰져 있을까? 좋은 것과 나쁜 것, 부족한 것을 모두 가지고 있다. 하나씩 분석해보자.

기본적으로 우리나라는 소프트웨어 개발 토양이 매우 좋다고 말할 수 있다. 먼저 퇴직 세대인 베이비부머 중에는 설비를 잘 알고 잘 조작하며 질 좋은 제품을 생산할 수 있는 고숙련자들이 많다. 이들을 잘 활용하면 적은 비용으로 높은 지식과 경험을 새로운 아이디어로 발굴할 수 있다. 그러기 위해서는 재교육을 통해 아이디어를 창출하고 개념을 설계하는 능력을 키워 주어야 한다. 또한 젊은이들은 컴퓨터와 인터넷에 매우 익숙한 세대로, 취업 때문에 많은 어려움을 겪고 있다. 이들을 재교육하여 소프트웨어 인력으로 활용한다면 우리나라는 4차 산업혁명에서도 선도적인 대열에 설 수 있을 것이다. 게다가 우리나라는 초고속 인터넷망이 완벽하게 구축되어 있다. 여기에 4차 산업혁명의 핵심 기술인 빅 데이터, 인공 지능, 머신 러닝, 딥 러닝 등을 연계하여 생산 설비에 적합한 알고리즘을 찾고 응용 프로그램을 개발한다면 분명 좋은 결과를 가져올 수 있을 것이다.

반면에 안 좋은 점으로는 소프트웨어의 가치를 인정해 주지 않는 문화와 갑을 관계를 들 수 있다. 우리나라는 소프트웨어의 가치를 인정해주지 않는 문화 때문에 자동화 설비의 소프트웨어 개발자 대부분이 게임 산업으로 이직하고, 그들이 다시 수직적인 조직문화를 견디지 못해 해외로 나가는 악순환에 빠져 있다. 이러한 문화가 개선되지 않는 한 하드웨어 강국에서 소프트웨어 강국으로 변화하는 것은 요원하다.

아울러 소프트웨어 개발 토양에서 부족한 점은 이를 추진할 주체와 자금력이다. 이를 뒷받침하려면 먼저 정부의 풍부한 자금 지원과 대기업을 중심으로 한 혁신과 투자가 시도되어야 한다. 그리고 대기업 최고 경영자 중에서 스마트 공장에 대한 비전을 선포하고 소프트웨어 기업으로의 변신을 주창하는 분들이 많이 나오길 기대한다. 이 말들을 가벼이 여기지 않고 실행에 옮긴다면 4차 산업혁명에서 글로벌 리더로 자리매김하면서 국제 경쟁력을 확보하여 살아남을 수 있을 것이다.

이제 4차 산업혁명의 핵심은 하드웨어가 아닌 소프트웨어에 있다. 우리는 좋은 두뇌를 바탕으로 서로 다른 분야의 인력을 융합하여 제조 산업에 필요한 다양한 스마트 머신을 만들고, 플랫폼을 설계하고 개발해야 한다. 그러기 위해서는 국가 전체적으로 소프트웨어 전문 인력에 대한 인정과 보상을 해주는 법률적·문화적 뒷받침이 이루어져야 할 것이다. 그러기 위해서는 지금까지와는 다른 문화를 창조해야 할 것이다. 문화는 새로운 시작을 추인하는 동력이자, 굳건하게 밀고 나가는 주춧돌이기 때문이다.

검증과
기대 성과 분석

8

여기서는 스마트 공장을 추진하는 과정에서 각 단계별로 프로젝트가 잘 진행되고 있는지, 원하는 목표를 향해 잘 가고 있는지 검증Verification과 성과 분석Validation을 어떻게 수행할 것인가를 설명한다. 계획 수립, 설계, 개발 단계에서 산출물이 각 단계의 초기에 설정된 조건을 만족하는지 여부를 결정하기 위해 구성 요소나 시스템을 평가하는 검증을 수행한다. 그리고 시스템 가동 후 실행하는 과정에서 명시된 목적과 목표 등 요구 사항을 만족하는지 여부를 확인하기 위해 개발 단계 말이나 실행 중간에 구성 요소나 시스템의 성과 분석을 해야 한다.

검증이란 규정된 요구 사항이 충족되었음을 객관적인 증거를 제시하여 확인하는 것이고, 성과 분석은 특별히 의도된 용도나 적용에 대한 요구 사항이 충족되었음을 객관적인 증거를 제시를 통하여 확인하는 것이다. 그리고 검증의 목적은 '제품을 올바르게 만들고 있는가?', 즉 각 개발 단계의 프로세스를 검사하는 것으로 '목적과 필요성Wants & Needs에 따라 실수없이 이행해 나가고 있는가?'를 검증하기 위함이다. 그에 비해 성과 분석의 목적은 '올바른 제품을 만들고 있는가'로 제품을 생산한 후 '제품이 목적과 필요성을 모두 포함하고 있는가?'를 확인하기 위함이다.

검증을 할 때는 다음과 같은 것을 확인하며 진행한다.

- 단계별로 검토되고 설계된 산출물이 요구 사항을 모두 반영하였는가?
- 단계별로 사용되는 모든 데이터들의 속성과 분류 체계가 표준화되고, 분석 및 활용 체계가 구체적이며 실현 가능성이 있는가?
- 목적이 전사적으로 공감대를 형성할 수 있고, 이를 달성하기 위해 목표가 정확하게 숫자로 명기되어 실현 가능성이 있는가?
- 소프트웨어는 표준화되고 설계서가 명확하게 정리되어 있고 모듈 단위로 재사용성을 높이도록 되어 있는가?
- 설비의 경우 3D 설계도를 가지고 향후 디지털 복제Digital Twin 설비를 구축할 수 있는 기본적인 데이터를 가지고 있는가?
- 개발 단계에서 기술을 공유화하지 않고 개인화된 기술로 저장되어 있지는 않는가?
- 사용되는 모든 이론적 기술들이 체계적으로 다른 사람들이 재사용할 수 있도록 디지털화되어 있는가?

성과 분석은 실제적으로 스마트화한 모든 설비, 소재, 에너지, 품질, 생산 등이 제 성능을 발휘하고 있는지 종합적으로 시험하는 것으로 시운전을 완료하고 최종 수락 시험FAT: Final Acceptance Test을 치르는 것이라고 할 수 있다. 성과 분석을 할 때는 다음과 같은 것을 확인하며 진행한다.

- 구현된 시스템이 목적과 목표 등 요구 사항을 정확히 만족하는가?
- 각 단계별로 사용된 자료들이 체계적으로 정리되고 디지털화되어 저장되어 있는가?
- 일정 기간 동안 처음 달성하려 했던 목표가 달성되었는가?
- 사용자가 인수를 받아 운영할 수 있는 운전 매뉴얼, 즉 작업 표준화 기술 표준서가 체계적으로 정리되고 디지털화되어 있는가?
- 관련 부서들 모두가 데이터와 가치 있는 정보를 쉽게 시각화하여 공유할 수 있고, 그들이 새로운 시너지를 창출할 수 있도록 디지털화, 연결화, 스마트화가 잘 되어 있는가?
- 우리 조직만이 볼 수 있도록 시스템이 구성되어 있는 않는가?
- 관리자나 경영자들이 언제 어디서나 쉽게 모니터링하고 의사 결정에 활용할 수 있도록 산출물의 시각화가 잘 되어 있는가?

이와 같이 요구 사항이 시스템에 적용되었는지 확인하고 나면 최종 단계로서 프로젝트별로 다음과 같은 평가 절차에 따라 평가한다.

- 정량적 평가: 프로젝트별 배점 기준표를 만들어 평가
- 교정 작업: 문제에 대한 Action Plant 수립
- 재평가: 교정 작업 후, 재평가_{필요시 수행}

이런 절차를 거쳐 모두 만족되었다면 파일럿 과제는 종료하고 유사 설비나 다른 공장으로 프로젝트의 전사 확산을 위한 계획을 수립한다. 프로젝트를 수행했던 인력과 확산 대상 조직의 인력을 추가적으로 포함시킨 다음 새로운 태스크 포스팀Task Force Team을 구성하고 경영 여건을 고

려하여 확산한다. 경영 여건이 허락되는 가운데 하나의 과제가 성공했다면 2개의 팀으로 나누어 2개의 과제를 수행한다. 그러고 나서 검증하고 성과를 평가하고 나면 반복 수행 Replication을 통하여 신속하게 확산해 나간다.

만약에 이와 같은 검증에서 목표 달성에 실패했다면 어떻게 해야 할까? 목표 달성을 위해 수행했던 결과물이 체계적이고 디지털화되어 정리되어 있다면 책임을 묻기보다는 격려와 배려를 해줘 실패를 용인하는 조직 문화를 만들어 가야 한다. 그리고 실패 원인을 명확히 분석한 후에는 "실패는 성공의 어머니"라는 말을 상기하면서 처음부터 다시 시작해보기를 바란다.

5장

부문별
세부 실행 방안

1

설비 부문
Smart Machine

연속된 생산 공정에서 스마트 공장은 어떻게 운영될까? 스마트 소재 Smart Material가 들어오면서 "내가 어디에 이만한 크기의 결함을 가지고 있는데, 지금 바로 작업해 정품을 만들어 낼 수 있겠어?"라고 물으면, 상태가 좋을 경우에 스마트 설비는 "오케이, 정품을 만들 수 있으니 지금 작업하자!"라고 말할 것이다. 그리고 상태가 좋지 않을 경우에는 "지금은 80%의 성능밖에 못 내니 정기적인 수리 작업이 끝나는 1주일 후에 들어와!"라고 말할 것이다.

스마트 공장에는 여러 공정에 다양한 설비가 있고, 전후 설비 간에는 이와 같이 자기의 상태를 알려주면서 제품을 만들 것이다. 또한 설비는 생산 중에 에너지를 얼마나 소비하는지, 환경 오염을 얼마나 발생하는지를 말할 수도 있고, 전체적인 작업 실적을 기반으로 품질 수준을 판단할 수도 있다.

설비 부문의 혁신 방안으로는 크게 두 가지가 있다. 첫째는 똑똑한 기계를 만드는 것이고, 둘째는 예방 정비_{Preventive Maintenance} 체계를 예지 정비 _{Predictive Maintenance} 체계로 바꾸는 것이다. 이에 대해 자세히 알아보자.

아프다고 스스로 말하는 스마트 머신

스마트 머신의 개념은 기계가 자율적으로 행동하고, 지능과 자기 학습 기능을 갖춰 상황에 따라 스스로 판단하거나 적응하며, 지금까지 사람밖에 할 수 없다고 생각했던 작업을 스스로 실행하는 전자 기계이다. 프로그램된 동작을 반복적으로 수행하는 산업용 제조 로봇과는 달리 스마트 머신은 학습을 통해 맞춤 공정이 가능하고, 센서를 통해 실시간으로 설비의 상태를 인지하며, 스스로 판단하여 제품을 만들 수 있다. 또한 주변 정보로 학습 능력을 키워 스스로 효율적이고 최적화된 생산 라인을 구축하거나 맞춤형 제조 과정을 설정할 수 있으며, 건강과 안전과 환경을 고려한 엄격한 공정을 통해 제품을 생산할 수도 있다.

우리는 사용하고 있는 공장 설비가 밤새도록 제품을 생산하면서 어디가 아프다고 말을 하고 있지만, 이것을 전혀 알아듣지 못하고 있다. 만약 이것을 이해한다면, 공장에서는 돌발적 사고가 발생하지 않을 것이고, 품질 불량도 없을 것이다. 스마트 설비는 서로 연결된 사물들의 반응이나 사람들의 행위 등을 인지해 상황에 맞는 판단과 대응을 해나갈 것이기 때문이다.

예를 들어 구동 장비에서 갑작스럽게 베어링이 파손되었을 때, 베어링 파손 전에 장비로부터 수집된 데이터를 활용하여 특정 주파수 대역에서 이상 진동이 발생했다는 정보를 가지고 그 원인을 정확하게 분석한 다고 가정해 보자. 이런 경우 가동 중인 구동 장비로부터 수집되어 오랫동안 저장된 데이터를 기반으로 기계 학습으로 기준 패턴 모델을 만들어 놓고 실시간으로 올라오는 데이터와 비교·분석한다면 고장을 미리 예측할 수 있을 것이다. 이렇게 돌발 고장을 사전에 예지하여 방지한다면 생산성을 높이고 생산품의 품질도 최상으로 유지할 수 있을 것이다.

그렇다면 기존의 설비를 스마트 공장에 활용하려면 어떻게 해야 할까?

첫째, 설비의 디지털화에 필요한 디지털 데이터를 수집한다. 설비의 3D 도면 데이터, 설비 기능 및 사양 데이터, PLC와 같은 자동 컨트롤러와 센싱 데이터, 운전 데이터, 설비 상태 측정 데이터, 설치 및 고장 이력 등과 같은 설비 관리 데이터 등을 수집한다. 3D 도면은 실제 공장과 동일한 제작 도면으로, 물리적 공장과 동일하게 사람이 사이버상에서 시각적으로 작동되는 모습을 모니터링하고, 분석과 판단을 하기 쉽도록 해준다. 처음부터 3D 도면이 없다면 새로 만들 필요가 없다. 이전에 만들어 두었던 2D 도면을 활용하여 디지털화를 준비하면 된다.

둘째, 현재 측정하고 있는 데이터만을 활용하여 먼저 스마트화를 추진한다. 지금까지 제품을 생산하기 위하여 설비를 자동 제어하는 센서는 설치하여 운영해왔지만, 설비의 마모나 열화 상태를 측정하기 위한 센서는 일반적으로 설치하지 않았다. 일부 대형 모터나 회전체의 경우, 진동이나 온도 센서를 별도로 부착하여 회전체의 비틀림, 기어 파손, 모터 이상 등을 분석한 것이 전부였다.

그러나 설비를 스마트화한다고 해서 설비의 열화나 마모 상태를 측정할 수 있는 고가의 센서를 처음부터 도입하는 것은 사실 바람직하지 않다. 먼저 자동 제어용 센서Process Control Sensor와 소재, 제품 등과 같이 운전 데이터만을 활용하여 데이터의 속성을 표준화하고, 데이터 분류 체계를 만들어 데이터베이스에 저장한다. 장기간의 데이터가 저장되면 빅 데이터 분석과 인공 지능 기술을 활용하여 설비의 상태를 말할 수 있도록 하면 된다.

셋째, 앞에서 스마트화를 위한 설비 데이터와 운전 데이터를 활용하여 기존의 센서로 설비 상태를 분석해 사람이 알아들을 수 있는 작은 성공을 경험하였다면 이제는 분석과 판단 수준을 높이기 위한 설비 상태 측정용 IoT 센서를 도입한다. 현재 시판되고 있는 센서를 활용하여 설비의 어떤 장치, 어떤 부품이 이상으로 성능을 어느 정도 밖에 못내고, 언제 고장 날 것이라는 것을 예지할 수 있도록 하는 것이 최종 목표이다. 기존 설비가 설비 상태와 성능, 잔존 수명을 예지하는 능력을 가진 스마트 머신으로 발전하게 되면, 스마트 생산, 품질, 에너지, 환경 등에 대한 예지 기능을 개발할 수 있다.

다음은 구체적으로 설비의 스마트화 방법을 자세히 설명한다. [그림 5-1]과 같이 대부분의 디지털 설비는 모터, 회전체, 유압, 압연기 등 여러 개의 디지털 장치로 구성되어 있기 때문에 각 장치별로 스마트화해야 한다. 대부분의 자동화 설비는 자동 제어용 센서가 부착되어 있고, 두뇌 역할을 하는 PLC에 순차 제어 및 모터 제어를 위한 소프트웨어가 내재되어 있다. PLC 설정값은 자동으로 상위 시스템이 설정하든지, 운전자가 수동으로 설정한다. PLC는 설정값에 따라 모터와 유압 설비를 제어하여 반제품을 가공하고, 운전 중에 지속적으로 피드백 제어를 수행하며, 양품의 제품을 생산하도록 자동 제어를 한다.

설비가 가동되면 자동 제어용 데이터, 소재/제품 등 운전 데이터와 추가한 설비 상태 측정 데이터에 대하여 데이터 속성과 분류 체계를 만든다. 그리고 기계 작동 사이클 주기로 시간을 동기화하여 모든 데이터를 주기

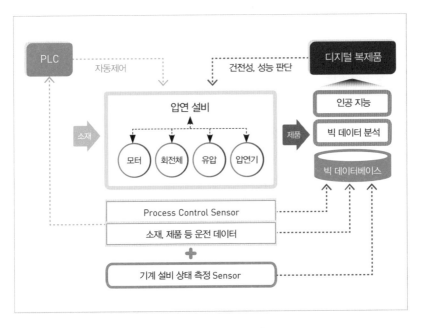

[그림 5-1] 단위 자동 설비를 스마트 머신으로 변환하는 방법

적으로 수집하고, 빅 데이터 분석을 위해 이를 체계적으로 저장한다. 여기서 가장 중요한 것은 데이터의 신뢰성이다. 수집 주기별로 데이터의 누락이 없어야 하고, 정합성 있는 데이터가 저장되어야 한다는 것이 핵심이다.

데이터가 1년 이상 저장되면 빅 데이터 분석에 의거하여 데이터 상호 간의 연관성을 분석하여 문제점을 발견하고, 해결함으로써 설비가 갖고 있는 고질적인 문제점을 해결한다. 빅 데이터 분석 기술에서는 먼저 단위 설비 내의 장치 간에 상호 연관성을 분석하고, 전후 설비 간의 상호 연관성을 종합적으로 분석하여야 한다. 이를 통해 공정 전체의 문제점을 발견하면 전문가는 과학적인 데이터를 기반으로 해결 방안을 수립하여 추진한다. 이렇게 데이터 분석가는 빅 데이터 분석 기법을 활용하여 설비 상태에 대한 예지 분석 능력을 키워 가면서 하나 하나 작은 성공을 만들어

가야 한다.

설비에 대한 분석 능력이 키워지고 성공의 자신감이 생기면 머신 러닝, 딥 러닝 등 인공 지능 학습 툴로 장기간의 빅 데이터를 활용한 기계 학습을 통해 기준 패턴 모델을 만든다. 기준 패턴 모델은 소재가 들어와 제품을 생산할 때 모든 센서의 작동 패턴을 기계 학습을 통해 만드는데, 설비, 장치, 부품 상호 간의 연관 관계를 분석하여 설비 가동 시 정상 상태에서 베이스라인 모델을 최종적으로 만든다. 이것이 바로 디지털 복제 설비이고, 여기에는 정상 상태, 설비가 마모 혹은 열화되어 가는 상태, 설비가 성능을 예지할 수 있는 지능이 들어가 있다.

디지털 복제 설비가 만들어지면 베이스라인 모델을 온라인 컴퓨터에 머신 러닝 엔진와 함께 탑재하고, 생산 중인 설비로부터 실시간으로 들어오는 모든 데이터와 베이스라인 모델의 작업 패턴을 비교·분석하여 이상 상태를 찾아내어 고장이 언제 발생할지 그리고 설비의 성능과 수명을 예지하도록 단계적으로 기능을 개발한다. 이렇게 만들어진 스마트 머신은 전후 설비 간, 소재 간 그리고 사람 간에 서로 소통하여 성능에 따라 원하는 제품을 안정적으로 생산할 수 있다. 그러나 이런 활동은 단기적으로 끝나는 것이 아니다. 4~5년의 장기적인 관점에서 지속적으로 베이스라인 모델을 업그레이드하면서 분석 및 판단의 수준을 높여가야 한다.

그렇다면 스마트 머신은 왜 제품을 생산하는 공장에서 만들어야 할까? 설비를 제작하는 공급사가 만들어 제공하면 되지 왜 군이 직접 투자하고 기술을 개발해야 하는지 의문이 들 것이다. 설비를 공급하는 회사가 단위 장치의 설비 상태를 측정하거나 이상 상태를 모니터링하거나 건전성을 판단할 수 있도록 지능형 기계 장치를 공급할 수도 있다. 그러나 제조 현장에는 변수가 많다. 소재, 전후 설비, 주변 환경, 생산 조건 등에 따라 성능이 크게 달라진다. 새로 도입한 스마트 머신이라면, 추가적으로 생산 현장에 적합한 생산 데이터를 활용하여 더 지능화된 스마트 머신을 만들 수도 있다. 그리고 스마트 머신을 도입할 때 설비 제작사에서 3차원 도면을 제공받아 디지털 복제품 설비를 만들고, 생산 데이터와 관련된 모든 사물이 연결된 모습을 시각적으로 나타낸다면, 더욱 과학적인 데이터를 기반으로 효율적인 관리가 가능할 것이다.

경영자들은 타사와 경쟁할 때 원가와 품질, 생산 측면을 고민한다. 그렇다면 경쟁사가 인공 지능 설비를 도입하여 새로운 공장을 지어 거기서 생산된 제품의 품질이 더 안정적이고, 더 저렴해진다면 어떻게 될까? 그들과 경쟁해서 이길 수 있겠는가? 그렇다고 모든 기계 설비를 한꺼번에 지능형 설비로 교체하기도 어려운 일이다. 상황에 따라 기존의 생산 설비에 적은 돈을 투자하여 똑똑한 기계 설비를 만드는 것이 더 경제적일 수도 있고, 새로운 지능형 설비를 도입하는 것이 더 경제적일 수도 있다. 최근에는 기계나 전기 설비의 상태를 측정하는 다양한 IoT 센서들이 나와 있어 선택의 폭이 매우 넓어졌다. 이 부분에 대해서는 외부 전문가의 조언을 받기 바란다.

이제 설비에 공통적으로 사용하는 모터, 회전체, 유압 장치를 IoT 센서나 지능화 솔루션을 도입하여 스마트하게 구현하는 방법에 대하여 설명하겠다.

① 모터를 스마트하게
공장에서 사용하는 모터의 경우, 중소형은 일반적으로 고장 발생 시 교체가 가능하기 때문에 예비품을 두고 운영하며, 대형은 예비품 없이 운영한다. 그러나 가동 중에 모터의 이상으로 설비가 고장 나면 품질 불량이

나 생산을 못하는 경우가 발생하여 많은 기회 손실 비용이 발생할 수 있다. 모터는 그 성능에 따라 설비의 제어 성능도 결정되기 때문에 품질과 생산에 핵심적으로 영향을 주는 장치이다. 일반적으로 모터는 사람이 공급되는 전류, 전압, 토크를 측정하여 상태를 분석한다. 그리고 회전체의 상태를 분석하기 위해 모터와 기어 박스, 커넥터에 진동이나 온도 등을 측정하는 센서를 추가적으로 설치하여 운영하기도 한다.

현재 설치되어 있는 모든 상태 측정 데이터들은 대개 사람이 모니터링하고 분석한다. 이 때문에 지속성을 갖기 어렵다. 따라서 새로운 센서를 도입하기 전에 기존의 센서 데이터를 체계적으로 수집·저장하여 인공 지능에 의한 분석 및 판단을 해야 한다. 공장에 예비품이 없는 대형 모터의 경우에는 모터의 고장으로 2~3개월 동안 모터를 다시 제작하던가, 과열로 인해 대형사고로 이어지기 때문에 최근에는 대형 모터의 절연성을 측정하는 센서 설치를 권하고 있다. 이는 모터의 절연성을 정확하게 측정해 과열에 의한 소손으로 장기적인 생산 중단을 사전에 방지하기 위함이다.

[그림 5-2]처럼 IRIS Power에서 개발한 EMC_{Epoxy Mica Coupler} 센서는 대형 모터의 부분 방전을 측정하는 센서로 절연성, 느슨해진 웨지_{Wedge} 및 바_{Bar} 진동, 슬롯_{Slot} 방전, 전도체의 절단/파손, 상_{Phase} 간의 방전, 버스 바_{Bus Bar}에서 발생하는 방전 현상 등을 판단할 수 있다. 대개 모터의 결함은 기계적 결함 55%, 전기적 결함 45%, 복합적 결함 10%로 분류한다. 대부분의 결함은 모터에 공급하는 전류, 전압 측정치, 모터의 온도 및 진동 센서 등을 이용해 분석해왔다. 대형 모터의 경우 고정자_{Stator}와 회전자_{Rotor}의 절연성이 약화되어 쇼트에 의한 화재로 대형 사고가 발생하기도 했다. 지금까지는 모터 자체에 센서를 부착하여 경향 관리를 통한 건전성 유무를 사람이 판단해왔다.

[그림 5-2] 모터의 부분 방전을 측정하는 EMC 센서 제공: IRIS Power

하지만 이제는 상태 데이터와 프로세스 데이터운전과 제어 데이터를 통합·분석하여 모터의 건전성을 판단하고, 잔존 수명을 예지할 수가 있다. 이를 위해 IoT 센서와 제어 데이터 분석 기술을 융합한 ESAElectrical Signature Analysis 분석 방법을 활용한다. 즉, 모터 전류와 전압을 분석하여 기계적·전기적 결함을 검사하는 방식으로 기존 CMSCondition Monitoring System의 진동 분석 방식보다 더 효과가 크다. 모터는 현재 작업하는 소재의 소요 부하량과 밀접한 관계가 있기 때문에 상태 데이터와 운전 데이터를 통합해서 분석하는 것이 바람직하다.

② 회전체를 스마트하게

회전체는 모터와 기어 박스와 스핀들과 롤러 장치로 구성되어 있다. 회전체의 상태를 실시간으로 측정하는 진동 센서와 온도 센서를 부착하여 전문가가 모니터링하고, 상시 주파수 분석을 통해 축이 휘어졌는지, 기어가 나갔는지, 중심축의 중심선Alignment이 안 맞는지, 볼트가 풀렸는지 등의 기계적 현상을 파악한다. 또한 예지 정비를 수행하도록 생산 현장의 모든 핵심 설비에 CMS을 설치하여 전문가가 분석한다. 분석 전문가가 없으면 활용성이 매우 낮고, 투자 대비 실효성을 내기 어려운 경우가 있다.

그리고 처음 도입할 때는 많은 돈을 투자하여 전문가들을 육성하기 때문에, 설비에 이상이 있을 때 상세히 분석하여 원인을 빨리 찾을 수 있다. 그러나 시간이 지남에 따라 전문가도 퇴직하고, 교체 시기가 지났는데도 센서를 교체하지 않아 작동되지 않는 CMS가 많을 수 있다. 따라서 센서와 CMS를 주기적으로 점검하고 전문가의 역량도 지속적으로 유지해야 한다.

모든 것이 자주 고장 나면 쉽게 정비 기술이 높아지고, 누구나 관심을 가지고 세밀하게 관리하지만, 설비가 안정화되고 나면 관리에 빈틈이 생기기 마련이다. 한 곳에서 모든 모터의 상태를 정밀하게 모니터링하여 분석하기란 매우 어렵다. 따라서 수행할 수 있는 시스템을 구축하는 것이 바람직하다. 시스템이 많은 유사 설비의 상태를 비교·분석하고, 자기 학습 능력으로 판단 수준을 높여 나가는 방안도 고려할 수 있다.

또한 [그림 5-3]과 같이 압연기, 대형 프레스, 가공 설비 등의 회전축 Spindle에 이상 상태를 온라인으로 측정하는 센서를 부착하여 회전체의 건전성과 수명을 예지할 수도 있다. 대형 압연기의 메인 드라이브에서 가장 큰 힘을 받는 상하부의 스핀들에 스트레인 게이지Strain Gauge, 진동 센서Vibration Sensor, 크랙 감지 센서Shock Pulse Sensor를 부착하여 토크, 진동 및 크랙Crack을 측정하고, 무선으로 전원을 공급해 측정된 데이터를 무선 통신으로 전송해 온라인으로 실시간On Line Real Time 측정하고 분석하면 스핀들의 파손을 예지하여 돌발 고장을 방지할 수 있다.

스핀들의 경우, 일반적으로 순간 하중과 장기간 사용으로 인해 생겨난 갱년 열화로 균열이나 파손이 발생해 손실 비용이 엄청나다. 이런 경우에

ⓐ Rotating Drive Spindles　　ⓒ contact-free signal transmission and inductive power supply　　ⓑ Strain Gauge

[그림 5-3] 스핀들 축에 전원 및 측정 데이터를 무선으로 전송하는 스트레인 게이지

는 스트레인 측정 센서를 활용하여 작업 부하량과의 상관 관계를 분석하여 건전성과 수명을 향상시켜야 한다.

　이상과 같이 진동, 온도, 토크 및 균열 등을 측정하는 데이터를 체계적으로 분류하고. 저장해야 한다. 그리고 1년 이상 저장된 데이터를 인공 지능 기술을 활용한 기계 학습으로 기준 모델을 만들어 스마트한 회전체를 만들어야 한다.

　③ 유압 장치를 스마트하게

　철강, 석유화학, 가공 등 제조 산업에서 공통적으로 사용하는 원동력 중의 하나인 유압 설비의 오일 온도, 압력, 밸브 성능, 압축 펌프 등의 상태도 측정하여 건전성을 실시간으로 분석하고 판단해야 한다. 유압 설비의 성능은 품질과 직결되는 핵심 요소로 계절별 날씨와 많은 상관 관계를 가지고 있다. 따라서 실시간으로 상태를 분석하고 성능을 예측해야 한다.

▌예방 정비 체계에서
▌예지 정비 체계로

2016년 4월 독일은 하노버 박람회에 미국의 오바마 대통령을 초빙하여 인더스트리 4.0이라는 주제로 상호 전시회를 개최했다. 그리고 미국과 글로벌 산업 표준을 만드는 데 협력하자고 협약을 맺었으며, 오바마 대통령이 지나간 레드 카펫에는 'Predictive Maintenance 4.0'이란 글자를 새겨 놓았다. 독일은 이를 통해 그 해 인더스트리 4.0의 구체적인 실적을 나타내고, 예지 정비 기술의 성과를 전시한 것이다.

스마트 머신을 만들기 위해서는 설비의 상태를 실시간으로 분석하여 건전성을 판단하고, 남은 수명을 예지하는 기술이 필요하다. 독일이 레드 카펫에 새긴 예지 정비 4.0 Predictive Maintenance 4.0이란 IoT 센서를 활용하여 설비의 상태를 실시간으로 측정하고, 데이터 수집과 설비 진단 기술로 현재 상태를 분석하여 미리 문제점을 밝혀내어 꼭 필요한 부분만을 예방 정비하는 것을 말한다. 이를 통해 불의의 사고나 고장을 현저히 줄이고, 고장이 일어나는 간격MTBF: Mean Time Between Failures을 최대화하여 돌발 고장Unexpected Failures에 따른 손실을 최소화할 수가 있다.

예를 들어, 연평균 돌발 고장 시간이 100시간에서 10시간으로 줄어든다고 가정해보자. 1시간당 기회 손실 비용이 1억 원이고 연간 돌발 고장의 총 수리 비용이 5억 원이라면 연간 94.5억 원90시간*1억 원 + 4.5억 원을 절약할수 있다. 설비의 돌발 고장을 예지하고 공정 내 여러 설비의 상태를 종합적으로 분석하여 시스템이 공정의 정비 일정을 계획하고 예측하여 사람에게 가이드를 할 수도 있다.

미국 통계청에 따르면, 일반적인 제조업체에서 연간 유지 보수 비용의 33%가 불필요한 정비와 부적절한 수리로 낭비되고 있다고 한다. 그 원인은 정비 대상에 대한 정량 데이터가 부족하여 적시 적소에 예지 정비가 불가능하기 때문이다. 그러나 최근 컴퓨터와 지능화된 계측 기술의 도입으로 모터에 대한 실시간 정보는 물론 계측 데이터의 추이를 분석해 현상 파악은 물론 향후 고장 발생 시점까지 정확하게 예측하는 단계에 이르렀다. 예지 정비로 유지 보수 비용 50% 감축, 평균 고장 수리 시간MTTR: Mean Time To Repair 60% 감소, 돌발 사고 55% 감소, 설비 수명 30% 연장과 함께 가동률 향상 및 안전성을 확보하게 된 것이다.

최근 정형화된 방대한 데이터를 머신 러닝, 딥 러닝 같은 인공 지능 기술에 활용한 예지 솔루션들이 시판되어 산업계에 널리 확산되고 있다. 새로운 인공 지능 기술을 자체 개발하여 적용하려면 많은 시행착오를 거쳐야 하고, 시간과 비용도 많이 소요되기 때문에 이미 검증된 솔루션을 찾아 적용하는 것이 더 경제적이고 효율적일 것이다.

예지 정비에는 다음의 5가지 방법을 일반적으로 활용하고 있다.

- **제어**Control **방법**: 가장 일반적인 방법으로 제어 시스템에서 각 측정치의 상한·하한치를 설정하고, 이를 벗어나면 운전실의 모니터링 화면상에 알람을 표시해 운전자가 판단한다. 이 방법은 전적으로 운전자의 경험에 의존하는 것으로 실효성이 제한적이다.
- **특화 예지**Specific Prediction **방법**: 과거 사례를 바탕으로 한 예측 및 물리 시뮬레이션 모델을 활용하는 방법이다.
- **경향**Trending **관리 방법**: 각 센서에서 측정된 데이터의 경향을 분석하여

예상 곡선과 비교하고, 그 측정값이 기대에서 벗어나는 경우 알람을
발생하는 방법이다.

- **기계 학습**Machine Learning **방법:** 순수한 기계 학습을 통해 만들어진 모델
로 현장 데이터를 분석하여 이상값을 예지하는 방법이다. 이상값을
예지하지만, 고장에 대한 예지 기능이 약해 실효성이 적다.

- **융합 기계 학습 방법:** [그림 5-4]와 같이 오랫동안 축적된 히스토리언
데이터를 활용하여 기계 학습을 통해 기준 모델을 만들고, 운전 및 정
비 전문가들이 만든 PBS, FBS를 기반으로 설비 작동 모델인 머신 모
델을 만든다. 이를 통해 새로 만든 2개의 모델을 생산 공장의 온라인
컴퓨터에 탑재하여 실시간으로 수집되는 모든 센서 데이터와 기준 모
델을 비교·분석하여 이상값을 찾아내고, 그래프 분석 엔진에서 수학
적으로 점수화하여 기준 점수 이상이 되면 어느 설비, 어느 장치, 어
느 부품에서 고장이 발생할 것이라고 예지하는 방법을 말한다. 이것

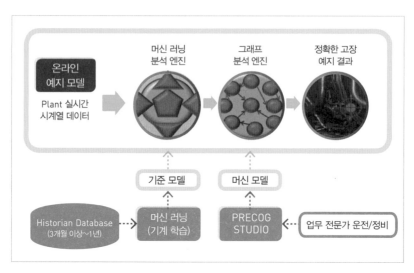

[그림 5-4] 인공 지능 기반의 예지 정비 기술 개념도

이 인공지능 기반의 예지 정비 기술이다. 대표적으로 이스라엘 기업인 PRECOG의 솔루션이 있다. 최근 출시된 이 솔루션은 예지 정비의 새로운 장을 열었다는 평가와 함께 GE, BASF와 같은 글로벌 기업들이 도입하여 사용하고 있다.

예지 정비 솔루션을 활용하면 동일한 설비를 오랫동안 사용해 생산량을 증가시킬 수가 있다. 즉 CAPEX_{Capital Expenditure, 자본 지출}를 줄이고 매출과 수익을 올릴 수 있는 것이다. 또한 고객에게 제품 품질에 대한 신뢰성 높이고, 예기치 않은 장애를 감소시킬 수도 있다. 아울러 지금까지 주기적으로 부품을 교환하여 돌발 고장을 줄여왔던 예방 정비 기반의 유지 보수에 비해 설비의 가동 시간을 늘리고, 유지 보수 비용을 현저히 절감할 수도 있다.

인공 지능 기반의 예지 정비 기술을 활용할 수 있는 사례로는 다음과 같은 것이 있다.

- 열연 생산 공정의 실시간 오작동 예지
- 액체 상태의 철이 고체가 되는 연주 공정에서 쇳물이 설비 밖으로 터지는 브레이크 아웃_{Breakout}의 실시간 예지
- 모터 등 회전체의 CMS 데이터 분석 및 판단 예지
- 정유·석유화학·합성수지 공정의 실시간 고장 예지
- 천연 원료나 석유화학 소재를 사용하여 완제품을 생산하는 공정의 예지 정비
- 발전소의 예지 정비
- 타이어, 송유관 등 여러 산업에서 사용하는 대형 모터, 펌프, 송풍기

들의 고장 예지

GE 파워의 경우, 인공 지능 기반의 예지 정비 솔루션을 통해 예상치 못
한 가동 중단 시간을 최대 5% 줄이고, 오차율은 최대 75%, 운영 및 유지
보수 비용은 최대 25% 감소시켰다고 한다. 또한 적시에 정확한 발전소 가
동 능력에 대한 정보를 제공함으로써 에너지 트레이드 기업들이 추가적
인 매출 증대를 달성할 수 있도록 도왔다는 사례도 있다.

2
생산 부문
Smart Operation

스마트 공장은 사람이 운전실에서 원격으로 모니터링하거나 분석·판단하던 것을 컴퓨터가 스스로 분석·판단하여 자율적으로 고객이 원하는 제품을 생산하는 것이다. 그러나 대부분의 생산 공정에서는 작업자가 현장의 설비 근처에 운전 및 조작을 할 수 있도록 모니터링 및 조작 데스크를 두고 제품을 생산한다. 그리고 이상 발생 시에는 현장에서 수작업을 진행하거나 소재 및 제품을 정리한다. 이런 경우 설비 근처에서 모니터링 및 조작하던 것을 원격 운전실에서 작업할 수 있도록 통합 운전실을 구축하고, 나아가 생산 현장에서 작업이 자동으로 수행되도록 개선해 나가는 것이 필요하다. 운전자가 열악한 환경에서 단순 반복적으로 하던 일을 자동화 기계가 수행하면 단순 근로자는 원격으로 일하는 지식 근로자가 되고, 원가를 줄여 더 많은 제품을 생산하고 품질을 높일 수 있다. 이제 근로자들은 새로운 방안을 강구하는 창조자로서 역할을 해야 한다.

또한 생산, 품질, 설비, 에너지, 환경 등 현장의 모든 데이터를 일목요연하게 정리하고 공장의 구석구석을 시각화하여 스텝 부서, 관리 부서에서 최고 경영자까지 실시간으로 모니터링할 수 있도록 해야 한다. 자율 생산 공장을 구축하려면 운전실에서 사람이 개입하는 업무 프로세스, 운전자가 모니터링하는 업무 프로세스, 주기적으로 현장을 점검하는 업무 프로세스, 사람의 경험적 지식을 기반으로 하는 속인화된 업무 프로세스 등을 정확하게 파악하여 개선 항목과 구현 계획을 수립하고 실행해야 한다.

고객에게 주문을 받아 생산하는 제조 기업의 경우, 국제 표준 ISA-95/IEC 62264에 의거하여 컴퓨터 통합 생산 시스템은 Level 4의 ERP에서 고객으로부터 주문받은 제품의 사양에 따라 제품의 품질을 설계하고, Level 3인 MES에서 생산 종합 계획을 수립한다. 그리고 생산 계획에 따라 공장별 Level 2인 Process Computer에서는 단위 설비별 목표값을 하부의 PLC, DCS 시스템에 자동 설정한다. 그리고 Level 1의 PLC, DCS 시스템에서는 기계 설비를 자동 제어하여 목표값에 도달하도록 피드백 제어를 수행하도록 되어 있다.

국제 표준 ISA-95에 따라 현재 운전자가 수행하고 있는 업무를 컴퓨터가 스스로 모니터링하고 분석하여 소재, 설비 및 주변 환경 상태를 자동 인식하고 능동적으로 대응하여 모든 설비를 자동으로 완벽하게 제어하는 방법에 대하여 설명하겠다. [그림 5-5]는 운전실에서 수행하고 있는 작업을 스마트화하여 사람이 분석하고 판단하는 업무와 컴퓨터가 스스로 판단하고 운전하는 방안을 비교해 설명하고 있다. 왼쪽의 현재 자동 운전과 오른쪽의 스마트한 자율 운전을 비교해 보기 바란다.

• 공장별로 공정 제어용 프로세스 컴퓨터가 있는 경우, 프로세스 컴퓨터에서 PLC, DCS 제어 시스템에 목표값을 자동 설정하는 모델을 기

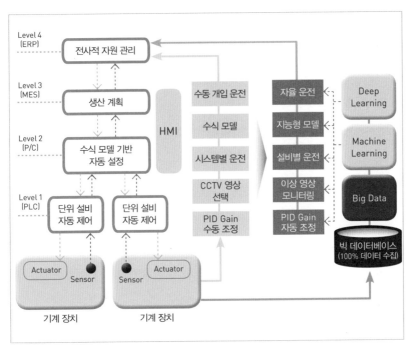

[그림 5-5] 자동 운전과 자율 운전의 차이 개념도

계 마모 및 열화 상태에 따라 능동적으로 자기 학습하여 운전자의 개입없이 자동 설정한다. 현재 수식 모델은 압연 이론, 열역학, 연소 이론 등 이론식을 기반으로 만들어져 있고, 설비의 열화나 노후도에 따라 설정 정도가 떨어지는 것을 수식 모델 전문가가 현황을 분석하여 모델의 파라메터를 조정하여 정도를 향상시키고 있다. 프로세스 컴퓨터 없이 MES 시스템에서 운전자 대신 자동으로 설정하는 경우, 즉 MES 시스템 내의 자동 설정 수식 모델이나 설정 테이블을 가지고 설정하는 경우에는 프로세스 컴퓨터와 동일하게 자동으로 자기 학습에 의해 설정 정도를 높이도록 한다.

• PLC, DCS 제어 시스템에서 기계의 마모, 열화 상태에 따라 자동 제

289

어 적중율을 향상시키는 PID[1] Gain을 자동으로 조정하도록 한다.

- PLC, DCS 제어 시스템에서는 너무나 잦은 알람으로 인해 운전자 및 정비자들이 이를 무시하는 경우도 있다. 이런 경우 사람의 능력으로 분석이 불가능하다면 Alarm Management System을 도입하여 컴퓨터가 스스로 모든 알람을 모니터링하고 분석하여 고장을 사전에 예방하도록 한다.

- 가열로, 용광로 등과 같이 고열 때문에 센서를 내부에 부착할 수 없는 경우가 있다. 이런 경우 간접적으로 측정한 데이터를 보고 운전자의 경험적 판단에 따라 운전하는데, 이것도 스마트화한다. 운전자의 경험적 지식으로 속인화된 기술을 형식지화하여 컴퓨터 시스템에 소프트웨어로 구현한다.

- 생산 현장을 모니터링하는 수십 대의 CCTV 영상을 운전실의 5개 내외의 모니터에서 이상 상태 시 운전자가 효율적으로 볼 수 있고, 컴퓨터가 자동으로 인식하여 대응할 수 있도록 한다.

- 운전실에 설치된 HMI가 PLC, DCS, P/C, MES 등 시스템별 단말기로 되어 있다면, 이것을 통합하여 설비별로 종합적인 3D 화면을 만들어 운전자가 효율적으로 모니터링할 수 있도록 한다.

- 운전자, 정비자들이 가동 중인 현장에 주기적으로 방문하여 설비 및 작업 현황을 점검하고, 모니터링하는 것을 로봇이나 CCTV를 이용하여 자동화한다.

자동화 설비의 자동 운전을 자율 운전으로 바꾸기 위해서는 먼저 생산 현장에서 올라오는 모든 데이터를 100% 수집하고, 구축한 빅 데이터 인프라에 저장해야 한다. 그래야 빅 데이터와 인공 지능, 머신 러닝, 딥 러닝,

3D HMI, 지능형 로봇 등 최신 솔루션을 활용하여 상황에 따라 능동적이고 통합적이며 스스로 대응하는 자율 생산 공장을 구축할 수 있다.

다음은 각 영역별 세부 실행 방안에 대한 설명이다.

인공 지능 기반의
두뇌형 공정 제어용 컴퓨터 AI based Process Computer

[그림 5-6]과 같이 각 공장별로 사용하고 있는 프로세스 컴퓨터Process Computer의 핵심은 운전자의 개입 없이 모든 설비의 목표값을 자동으로 계산하여 설정하는 것이다. 그러나 마모나 열화로 설비의 성능이 저하될 경우, 운전자들이 수동으로 개입하는 경우가 많다. 이때 운전자의 수동 개입을 줄이고 설정의 정확도를 높이려면, 운전자의 경험적 지식과 설비 마모와 열화 상태와 소재의 품질 상태를 정확하게 측정할 수 있는 모든 데이터를 장기간 수집·저장하여 인공 지능 기술을 장착한 프로세스 컴퓨터를 활용하는 것을 고려해야 한다. 인공 지능 기반의 수식 모델AI based Mathematical Model or Pattern Algorithm을 개발해야 무인 운전No Human Touch Operation으로 균일한 품질의 제품을 안정적으로 생산할 수 있다.

그리고 장기적으로 저장된 과학적인 데이터를 기반으로 한 빅 데이터 분석 기법과 인공 지능 기법을 활용하여 수식 모델을 개발해야 한다. 많은 공정에 수식 모델을 도입하여 운영하는 과정에서 잘 운영하고 있는 공정도 있고, 성능 미흡 및 이해도 부족으로 잘 활용하지 못하는 공정도 있을 것이다. 이론식을 바탕으로 한 수식 모델의 부족한 부분은 빅 데이터 분석 기법과 인공 지능 기술을 융합하여 사람보다 좋은 모델을 개발한다. 사람이 경험적 판단으로 하는 설비 노후화, 열화 정도를 스스로 판단하여

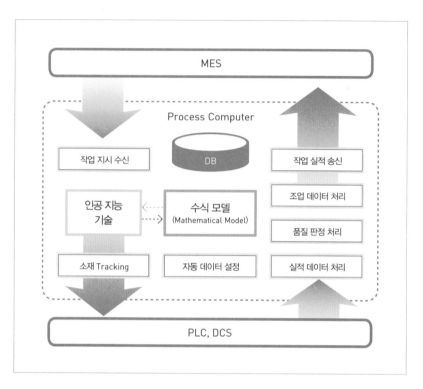

[그림 5-6] 인공 지능 기술 기반의 프로세스 컴퓨터

그에 따라 목표값을 다르게 설정함으로써 자율 생산하는 공장을 구축하도록 한다.

수식 모델은 현장 운전자와 엔지니어가 빅 데이터나 인공 지능 전문가, 학계, 연구소 전문가 등과 함께 협업하여 개발해야 한다. 또한 신뢰를 바탕으로 소통하고, 시간을 갖고 충분한 토론을 통해 기술 플랫폼을 개발하여 하나하나 검증해 나가야 한다. 현업에 있는 운전자를 지속적으로 개발에 참여시키기에는 현실적으로 어려움이 많기 때문에 숙련된 운전자 중 정년퇴직한 분들을 활용한다면 좋은 성과를 얻을 수 있을 것이다.

설비 마모를 자동 보상하는
스마트 제어기 Auto Tuning based Smart PID Controller

단위 기계 설비를 자동 제어하는 Level 1인 PLC, DCS 제어 시스템을 설비 마모를 자동으로 보상하여 제어하는 스마트한 PID 제어기로 변환한다. 스마트한 PID 제어기는 기계 설비의 마모에 따른 성능 저하를 자동 제어하여 운전자의 개입을 없애고, 품질 향상과 에너지 절감을 가져온다. PID Proportional Integral Derivative 제어기는 제어 변수와 기준 입력 사이의 오차에 근거하여 계통의 출력이 기준 전압을 유지하도록 하는 피드백 제어 장치의 일종이다.

철강이나 플랜트의 경우 많은 제조 현장에서 계측 제어 시스템인 DCS 시스템을 활용하고 있다. DCS 시스템은 PID 제어기를 사용하여 온도, 압력, 유량, 농도 등을 자동으로 제어한다. 여기에서 발생되는 알람과 PID 제어기의 성능을 한 곳에서 모니터링하고, 시스템별로 장기간의 데이터를 분석하여 불필요한 알람을 삭제하고 돌발 고장을 방지하기 위한 스마트 알람 운영 시스템을 도입할 필요가 있다. 또한 PID 제어기의 성능을 분석하여 성능 저하 시 원인을 파악하고 PID Gain을 자동으로 조정할 수 있도록 빅 데이터 기반의 시스템을 도입하여 기계 마모에 의한 설비 변화에 대응한다. 이때 제어 성능을 스마트화하여 돌발 고장을 사전에 예지하고, 안정적인 제품을 생산하는 것이 무엇보다 중요하다.

PID 제어기는 [그림 5-7]에서 보는 것처럼 도입 초기에는 PID Gain을 완벽하게 조정하여 큰 변동폭 없이 안정적으로 제어한다. 그러나 시간이 지나면 기계적인 마모나 열화가 진행되어 목표값에 근접하기 못하고 큰 폭으로 변동하면서 이상이 발생하여 많은 에너지를 낭비하고 제품의 품질에 불량이 발생하게 된다.

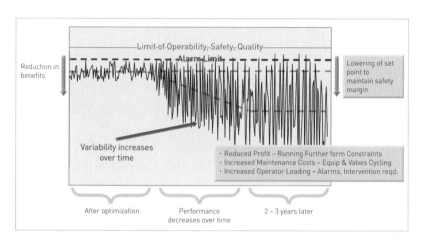

[그림 5-7] 자동 제어 성능의 변화 출처: PAS.COM

제어 밸브를 예로 들어보자. 일반적으로 유량 제어 밸브는 연간 2백만 회가량 작동하면 기계적 마모나 열화가 발생한다. 마모로 인한 누유를 방지하기 위해 지나치게 자주 조이고 패킹을 하면 밸브가 마찰하면서 제어 루프에 이상이 발생하는 악순환이 반복된다. 이를 방지하기 위해 제어 전문가는 PID 제어기의 PID Gain 값을 기계 설비의 상태에 따라 주기적으로 조정해야 한다. 조업 중에 온라인 상에서 해야 하기 때문에 제어 이론과 설비를 잘 아는 전문가만이 조정을 할 수 있다. 생산 설비가 오래되고 전문 인력이 퇴직하는 하는 경우에는 PID Gain을 조정할 수 있는 인력이 부족해진다. 그리고 다른 인력에게 기술을 전수하는 것도 쉽지 않다.

최근에는 이 때문에 인공 지능을 활용하여 자동으로 PID Gain을 조정하는 솔루션도 출시되었다. PAS(Process Automation Service)라는 기업에서 제공하는 제어 루프 성능 관리 솔루션이 대표적이다. 이와 같은 솔루션을 통해 스마트 제어 루프 성능 관리(Smart Control Loop Performance Management)를 수행하는 것도 방법이다. 스마트 제어 루프 성능 및 PID Gain 조정은 운전자의 개입을 줄일 수 있도록 보호 계층을 확대하고, 생산 변화를 줄이기 위한 공장 운영의 효율성의 증가, 제어 밸브의 신뢰성 향상 및 유지 보수 비용의 절감, 설비의 성능이 저조한 지역과 단위를 시각화하여 성능을 향상시키는 것을 목적으로 한다. 스마트 제어 루프 성능 관리가 최적으로 운영되면 비정상적인 상황, 장비 손상, 환경 변화, 프로세스 이상 작동, 생산손실, 운영자의 과도한 개입을 줄일 수 있다.

예지 정비를 위한
스마트 알람 관리 Smart Alarm Management

정보 기술과 자동화 기술은 지난 30여 년 동안 제조 산업에서 전례 없는 생산성 향상에 크게 기여하면서 대량 생산 체제를 가져왔다. 현재 운영 중인 PLC, DCS 시스템은 알람 등과 같은 실행 정보를 제공하여 운전자들이 신속하게 이상 상황에 대처하고, 예지 정비를 가능하게 한다. 그러나 시스템에서 제공하는 많은 정보가 오히려 운전자들의 상황 판단을 흐리게 하거나, 생산을 최적화하고 돌발적인 이상 상황을 방지하기 위한 사전 대처를 종종 방해하기도 한다. 이를 극복하기 위한 효율적 알람 관리의 필요성이 석유 및 가스, 전력, 광산, 화학, 정유, 철강 등 대부분의 산업에 존재한다.

효율적 알람 관리에 대한 통합 정보 자동화 시스템이나 응용 프로그램으로 운전자에게 종합 정보를 제공하기 위해 노력하고 있지만, 현재의 기술로는 아직 한계가 있다. 최근에서야 IoT, 빅 데이터 등 최신 기술을 활용한 데이터 기반의 스마트 컨트롤러 Smart Controller 솔루션들이 출시되고 있다. PAS의 제품이 대표적이다. 이런 솔루션을 경제적으로 도입하여 제조 설비에 적합한 솔루션을 만들어야 경쟁사보다 앞서갈 수 있다.

PAS의 이 솔루션은 공장 내 모든 제어 시스템에서 발생하는 알람을 효율적으로 관리해주고, PI, PID 제어 루프의 성능을 관리해주며, 기계 설비의 마모와 열화에 따라 PI와 PID Gain을 스마트하게 조정하여 기계의 성능을 100% 발휘하도록 지원해준다. 그리고 수많은 정보를 빅 데이터 분석을 통해 통합적이고 직관적으로 모니터링할 수 있는 운전 환경도 제공해준다. 또한 공장 관리자, 엔지니어, 운영자에게 중요한 정보를 제공할 수 있도록 설계·배포해주고, 유지 관리를 지속적으로 쉽고 빠르게 할 수 있도록 해준다.

알람 관리 문제를 해결하는 것은 운전자에서 경영진에 이르기까지 사업 조직 전체의 전폭적인 지원과 포괄적인 접근 방식이 필요하다.

전문 지식 기반의
스마트 생산 관리 Expert Rule based Smart Operation

철강 공정의 고로[2], 제강[3] 조업, 석유화학 공정의 제품 생산, 중간 제품을 이용하여 소비재를 생산하는 기업 등에서는 오랜 경험적 지식을 기반으로 한 전문가 시스템 Expert System 에 빅 데이터 기술, 머신 러닝 같은 인공지능 기술을 융합하여 생산 관리를 할 수도 있다. 고로의 경우에는 노 내의 상황을 정확하게 측정할 수 있는 센서 기술이 없기 때문에 원격 운전실에서 작업자가 경험적인 감感으로 설비의 가동 상태 데이터를 모니터링하면서 수동으로 조작하여 운전하고 있다.

이를 개선하기 위해 과거에도 운전자의 경험적 지식을 기반으로 한 전문가 시스템 기술을 도입했다. 과거의 전문가 시스템은 컴퓨터 처리 속도의 부족으로 다양한 운전자의 경험을 규칙Rule로 만들어 고로의 노 내 상황을 실시간으로 예지할 수 없었다. 그러나 최근에는 컴퓨팅 처리 속도와 인공 지능 기술이 기하급수적으로 발전하여 전문가 시스템과 인공 지능 기술을 융합한 실시간 예지가 가능해졌다.

다른 산업군에서도 현장에 센서를 설치하여 측정이 불가능한 설비는 사람의 경험적 지식에 의존하는 경우가 많다. 사람은 망각의 동물로 최근의 것과 반복적인 것경험적 지식은 기억하지만, 비규칙적이거나 10년에 한번 일어나는 것에 대해서는 정확한 상황 판단이나 조치 방법을 기억하기가 쉽지 않다. 따라서 이제부터라도 전후 공정과 연계하여 측정 가능한 모든 데이터를 체계적으로 수집·저장하고, 사람의 경험적 지식과 연계하는 작업을 장기간에 걸쳐 저장하지 않으면 안 된다. 이를 위해 현재 작업을 수행하는 운전자와 작업자는 물론 퇴직자를 활용하는 것도 적극 추천한다. 또한 빅 데이터 인프라를 구축하여 운전자의 작업 일지, 시험 검정 데이터, 정비 데이터, 에너지 데이터, 환경 데이터, 영상 데이터, 페이징 음성 데이터 등 정형화된 데이터와 비정형 데이터를 모두 체계적으로 수집·저장해야 한다.

인공 지능 기반의 전문가 시스템을 개발하기 위해서는 먼저 현장 전문가의 경험과 지식과 기술을 분류하여 규칙화해야 한다. 그다음에는 모든 측정 데이터를 장기간 저장하고, 빅 데이터 분석을 통해 패턴을 만들어야 한다. 이렇게 지식과 기술을 규칙화한 것과 빅 데이터 분석을 통해 얻어 낸 패턴을 통합적으로 연결하면 각종 생산 상황을 예지할 수 있다. 경험적 지식을 규칙화할 때에는 여러 전문가의 의견을 통합하는 것도 필요하다. 사람은 경험적 판단이 저마다 다르고 하나의 현상에 대해서도 원인과 조치 방법이 다르기 때문이다. 또한 경험적 지식의 규칙화와 패턴이 완성되면 다양한 시도를 통해 예지 역량을 강화하는 작업도 필요하다.

개발팀은 경험적 지식과 기술을 지닌 현장 전문가는 물론 인공 지능이나 빅 데이터 관련 전문가와 협업팀을 구성하여 장기적으로 프로젝트를 추진하는 것이 좋다. 또한 시스템 개발은 단번에 완성되는 것이 아니기 때문에 안정화 단계와 다양한 상황에서 검증을 거쳐 전문 지식 규칙과 기계 학습을 강화해 나가는 작업이 매우 중요하다. 시간이 갈수록 경험이 더욱 풍부한 지혜를 발휘하듯이 인공 지능 기반의 시스템도 많은 학습과 검증이 필요하다. 개발팀은 프로젝트가 성공할 때까지 구성원들이 이탈하지 않도록 조직 관리가 무엇보다도 중요하다는 것을 지속적으로 강조해야 한다.

▐ 딥 러닝을 활용한
▐ 스마트 CCTV Deep Learning based Smart CCTV

일반적으로 운전실에 설치된 CCTV용 모니터는 10개 내외로, 현장 설비 및 소재 감시를 위한 100여 대 이상의 카메라가 찍은 영상을 교대로 보여준다. 따라서 이를 통해 운전자들이 적시에 이상을 발견하고 조치하기란 현실적으로 어렵다. 하지만 지능형 영상 분석 기술을 활용하여 100개 이상의 영상을 실시간 분석하면, 이상 발생 시 운전자의 모니터링이 가능하다. 지능형 영상 분석 기술은 영상을 분석하여 내포된 특성을 인식하고 패턴을 추출하는 기술로, 목적과 대상에 따라 객체 인식얼굴, 색상, 글자, 숫자, 사물 등, 상황 감지, 모션 인식 및 추적, 객체 검색 등의 다양한 기능이 포함되어 있다.

철강, 석유화학, 반도체, 자동차, 조선 등의 경우 한 공장에 100여 대 이상의 CCTV가 설치되어 24시간 내내 영상을 촬영하지만, 운전실에서 적시에 모니터링을 하지 못해 무용지물이 되는 경우가 많다. 때로는 운전자의 경험으로 핵심 영상만을 주기적으로 모니터링하고 판단하여 조치한다. 앞으로 지능형 영상 분석 기술로 촬영된 영상을 실시간 패턴 분석하여 이상 유무를 인식하거나 운전자의 개입이 필요할 때 모니터링 화면에 표출하고 알람을 울리는 시스템을 구축할 수도 있을 것이다. CCTV로 영상뿐만 아니라 현장의 소음까지 들을 수 있도록 하여 원격에서 상황을 좀 더 정확히 판단하는 것도 필요하다.

▎3D 시각화 기반
▎스마트 인터페이스 3D Visualization based Smart EIC HMI

운전자들이 현장에서 수집한 수천, 수만 개의 측정 데이터를 일목요연하게 시각화 모델로 아주 쉽게 모니터링하고 분석할 수 있다면 얼마나 좋을까? 3D 등을 활용한 시각화 기술이 발전함에 따라 HMI Human Machine Interface를 시각화한 EIC 통합 화면을 구축하여 운전자들의 판단을 도울 수 있다. EIC는 Electrical Controller인 PLC, Instrumental Controller인 DCS, Process Computer를 총칭하는 말이다. 각 시스템별로 다른 HMI 시스템을 3D 시각화 기술을 활용해 통합 HMI로 제공하면 운전자들이 상황을 쉽게 모니터링하고 판단할 수 있다.

HMI 통합은 운전의 효율성 향상과 50% 이상의 원가 절감을 가져온다. 각 시스템별로 필요한 단말기를 통합하여 에너지 및 자재 비용을 절감하거나, 여러 사람이 운전하는 것을 단 한 사람이 운전할 수 있어 더욱 더 쾌적한 운전실을 만들 수 있다.

작업자와 협업하는
지능형 로봇 AI based Smart Robot

지금까지 로봇은 주로 제조 환경이 열악하고 위험한 곳의 작업이나 단순 반복 작업을 대체해왔다. 미래에는 로봇이 사람과 같은 공간에서 대화하면서 사람을 지원하는 조교 역할을 하게 될 것이다. 현재 산업용 로봇은 자동차 및 자동차 부품 분야가 전체의 39%로 가장 큰 시장을 점유하고 있다. 2016년에는 전년 대비 모든 분야에서 로봇 매출액이 증가했는데, 특히 식품 제조27.7%, 금속 제조19.9%, 화학, 고무 및 플라스틱 제조14.2% 산업 분야에서 돋보였다.

생산 현장에서 일하는 로봇만 해도 벌써 150만 대를 넘어섰다. 로봇 가격이 3,000달러 이하로 떨어지고, 제조 인력의 인건비가 오르면서 로봇 사용은 계속 증가할 것으로 전망된다. 정말 흥미로운 것은 한국이 단위 인구당 제일 많은 로봇을 사용한다는 것이다. 인구 1만 명당 중국은 36대, 독일은 292대, 일본은 314대, 한국은 478대 순이었다. 앞으로 우리나라의 경영자들은 인력 채용 시 300만 원대의 로봇을 구매할 것인지 아니면 연봉 3,000만 원대의 신입 사원을 채용할 것인지 고민하게 될 것이다. 육체 노동을 대체하는 로봇은 매우 경제적이기 때문에 앞으로도 인간의 많은 부분을 대체할 것으로 예상된다. 그리고 나아가 로봇은 지식 근로자의 도우미 역할까지 수행하게 될 것이다.

그렇다면 로봇을 상사로 두고 일한다면 인간은 어떻게 될까? 불필요한 갈등을 피할 수 있어 더 효과적일까 아니면 인간미가 없어 더 팍팍하게 될까? 『하버드 비즈니스 리뷰』는 "현재의 로봇 일자리 관련 논의가 대체로 고위직, 전문직보다는 비숙련 직무에 초점이 맞춰져 있지만, 로봇 관리자는 사람들이 생각하는 것보다 훨씬 더 타당성이 있다"고 지적했다.[4]

다음으로 사례를 통해 제조 현장에서 사람보다 위험한 작업을 더 정확하고 안전하게 수행할 수 있는 로봇을 살펴보자.

첫째, 가동을 점검하러 다니는 로봇Robot based Smart Patrol Checker이다. 설비 가동 중에 기계, 전기, 조업 분야를 로봇이 대신 점검하는 것이다. 많은 센서를 장착한 이동용 로봇을 생각해보자. 그 로봇은 인간의 오감을 대신한 고화질 카메라와 열화상 카메라, 소음/초음파 측정기, 그리고 냄새 측정기 등의 센서를 통해 설비가 제대로 작동하고 있는지 점검하게 될 것이다. 그리고 계단이 없는 높은 곳에서는 드론이 설비 상태나 작동 상태를 측정할 수도 있다. 머잖아 인간형 로봇이나 4족형 로봇이 갈 수 없는 높은 곳은 사이보그 잠자리 로봇을 보내 점검하는 시대가 올 것이다.

둘째, 전기 설비의 이상 유무를 감지하는 로봇이다. 제철소나 정유 공장 등 대규모 산업단지에는 수많은 전기실이 있다. 점검자는 주기적으로 전기실을 방문하여 전기 시설의 과열 상태, 열화 소손 상태 등을 점검한다. 열화상 카메라, 초음파 센서 등을 장착한 이동용 로봇이 전기실을 일정 주기로 방문하여 모든 전기 패널Panel의 내부 온도와 이상 소음 등을 측정하면 화재, 폭발 등을 사전에 방지할 수도 있다.

셋째, 원격 고압 차단 로봇Smart Safety Robot for High Voltage Switch이다. 전기실의 차단기 개폐 시 작업자가 전기 아크 차단복을 입고 작업을 수행해도 감전되거나 화상을 입는 경우가 있다. 로봇에 고성능 카메라를 부착하여 증강 현실Augment Reality 기술을 활용하면 원격으로 고압 차단기를 개폐할 수도 있다.

넷째, 지하 컬버트Culvert의 화재 감시용 로봇이다. 제철소와 같은 연속 생산 라인의 지하 컬버트는 고압, 저압, 신호 전기선을 설치한 대형 케이블 트레이Cable Tray로 구성되어 있다. 케이블을 포설한 지 20년 이상 되다

5장 부문별 세부 실행 방안

보니 케이블의 열화로 절연성이 떨어져 자연 발화가 발생하여 대형 화재 사고가 종종 일어나고 있다. 화재가 발생할 때마다 원격 화재 감시 장치에 대한 설치를 검토하지만, 비용 대비 실효성 부족으로 추진을 못하고 있다. 지하 컬버트에서 화재가 발생하면 케이블에서 방출되는 독가스와 매연 때문에 진입이 불가능해 진화가 매우 어렵다. 다양한 화재 감시 장치가 개발, 검토되었지만 비용 대비 실효성 부족으로 아직까지도 많이 설치되지 않은 게 현실이다.

최근에는 열화상 카메라와 연기 검출기 등을 장착한 이동용 로봇으로 지하 컬버트 안을 주기적으로 점검하는 방안도 개발되고 있다. 화재는 언제 어디서나 발생할 수 있기 때문에 사전에 철저한 점검과 대비를 하지 않으면 엄청난 피해를 입을 수 있다는 것을 명심하고 대응하는 자세가 필요하다. 오씨로보틱스OCRobotics가 최근 공개한 'X125'는 공중에서도 자유로이 이동할 수 있어 지하 컬버트의 케이블 트레이를 따라 화재를 감시하는 데 응용할 수도 있을 것이다.

3

품질 부문
Smart Quality

생산된 제품은 최종적인 품질 합부 판정을 위해 마지막 공정에서 품질 검사를 한다. 사람이 제품 하나하나를 수작업으로 전수 검사를 하거나, 몇 개만 채취하여 샘플링 검사를 하기도 하며, 때로는 초음파나 레이저 혹은 컴퓨터 비전 등을 활용하여 온라인 검사를 하기도 한다. 그런데 수작업이나 전수 검사, 샘플링 검사는 많은 인력과 시간을 요하지만 품질을 정확하게 담보하기 어려운 단점이 있다. 초음파나 컴퓨터 비전을 활용하는 검사는 불량을 정확히 찾아낼 수 있지만, 이미 생산이 완료된 이후에 불량을 발견하기 때문에 제품을 폐기하는 경우도 있다.

이를 극복하기 위해서는 생산 공정에서 품질 문제를 일으킬 수 있는 요소를 사전에 제거해야 한다. 품질 검사 없이도 자동 설비의 제어 실적을 기반으로 고품질의 제품을 고객들에게 공급할 수 있도록 선행 제어를 수행할 수 있는 품질 예측 기술을 개발하여 활용하는 것이 최선의 방법인 것이다. 이것이 똑똑한 품질Smart Quality을 향한 지름길이다.

품질 예측 기술
실패 원인

　지금까지의 품질 예측 방법은 장기간의 생산 실적 데이터를 기반으로 품질에 미치는 영향 인자를 찾아내고, 인자 간의 상호관계를 분석하여 품질 예측 모델을 만들어 품질 예측치와 생산된 제품의 품질 시험 결과가 일치하도록 모델의 변수를 조정하면서 예측율을 높여가는 것이었다. 그러나 그러한 품질 예측 기술은 다음과 같은 몇 가지 이유 때문에 실패했다.

　첫째는 인력 문제이다. 품질 예측 기술 개발은 5년 이상 소요되는 연구개발R&D: Research&Development 과제로 많은 인력과 시간, 비용을 투자해야 한다. 개발되어 만족할 만큼 품질 예측이 가능하려면 많은 시행착오와 지속적인 조정으로 예측율을 높여가야 한다. 지금까지는 한번 개발이 완료되고 나면 개발자들은 다른 기술을 개발하기 위해 팀이 해체되어 지속적인 연구 개발이 어렵다는 것이다.

　둘째는 핵심 데이터 이외에 다른 영향 인자도 있다는 것이다. 생산 공정과 품질에 영향을 주는 핵심 데이터와 인자들을 모두 찾아 예측 기술을 개발해도 검증할 때 예상치 못한 변수가 등장하기도 한다. 기후, 온도, 습도, 소재, 설비 열화 등 이론적 수식 모델로 개발하기 어려운 변수들은 오랜 기간 관련 데이터와 품질의 연관성을 연구하여 모델에 적용해야 하는 어려움이 있다. 각 산업의 각 공정마다 매우 구체적이고 특수한 영향을 미치는 인자들이 있음을 인지하고 미세한 부분까지 세밀하게 고려하는 지혜가 필요하다.

　셋째는 수학적 이론을 기반으로 하는 수식에는 한계가 있다는 것이다. 일정한 수학 공식에 의거하여 계산된 결과는 항상 동일하다. 따라서 수학 공식을 활용하는 방식에는 수학적인 한계가 있다. 이를 극복하기 위해 수식 내의 각종 파라메터 값을 지속적으로 조정해 나가지만 여전히 쉽지는 않다.

품질 분석 및
예측 기술

그렇다면 과연 어떻게 하면 성공적으로 품질 예측 기술을 구축할 수 있을까? 위에 지적한 실패 요소를 거울삼아 최신 기술을 활용한 품질 분석 및 예측 기술에 대하여 설명한다.

첫째, 측정 가능한 모든 데이터는 수집하고 저장한다. 제조 공정에서 발생하는 모든 측정 데이터, 즉 품질 측정 결과 데이터는 물론 설비를 작동하는 시퀀스 제어 데이터, 원부자재 혹은 전 공정에서 생산된 반제품 데이터 그리고 컴퓨터에서 내부적으로 품질에 영향을 주는 내부 계산 데이터, 사람이 개입한 데이터 등 모든 데이터를 수집하고 저장해야 한다. 이를 활용하기 위해서는 관련 부서 사람들이 모든 데이터를 공유하여 근본적인 원인을 해결하고, 가치 있는 정보로 만들어야 한다. 서로 데이터를 공유하기 위해서는 제일 먼저 데이터 항목별 속성과 분류체계도를 작성해야 한다.

둘째, 모든 데이터의 속성Data Dictionary를 정의한다. 그러기 위해서는 어떤 설비의 어느 장치의 어느 부품에 부착되어 있고, 센서의 측정 정도, 범위, 측정 기능, 수집 주기 등 센서 관련 모든 속성들이 체계적으로 정리되어 있어야 한다. 앞장에서 언급한 설비 분류 체계도PBS: Physical Breakdown Structure, 기능 분류 체계도FBS: Functional Breakdown Structure를 기반으로 데이터 속성 표준화를 전사적으로 실시한다.

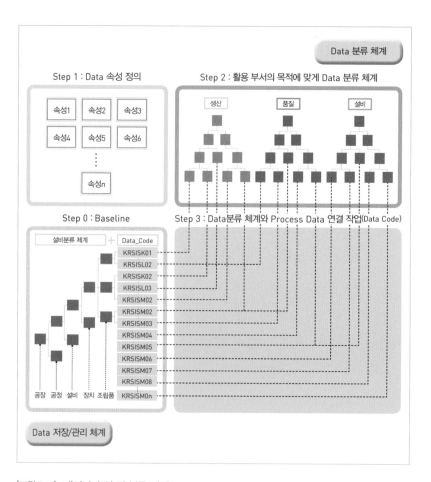

[그림 5-8] 데이터 속성 및 분류 체계도

셋째, 모든 데이터의 분류 체계도를 표준화한다. 수만 개의 센서로부터 측정된 데이터를 수집하여 아무런 체계 없이 데이터베이스에 저장하고 활용한다고 가정해 보자. 컴퓨터가 원하는 데이터를 찾아 분석하는 데 많은 시간과 노력을 필요로 할 것이다. 도서관에 가서 책을 고를 때 문서 분류 체계도를 보고 쉽게 고르듯이 데이터도 설비, 품질 생산, 환경, 에너지 등 다양한 분류 체계도를 [그림 5-8]와 같이 작성한 다음 데이터베이스에

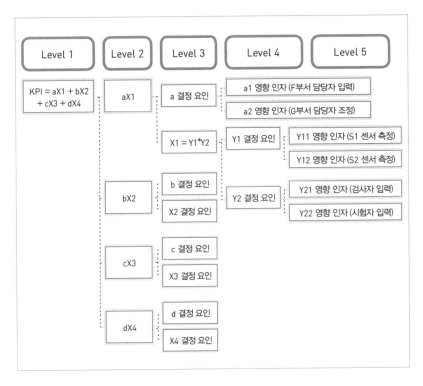

[그림 5-9] 데이터 분석 체계도

저장하면 활용하기가 쉽다. 분류 체계도는 센서 데이터 혹은 내부 데이터
까지 연결해야 한다.

넷째, 데이터 분석 체계도를 작성한다. 데이터 분류 체계도에 따른 가동
률, 실수율, 고장율, 품질 불량률 등 분석 대상의 항목을 정하고, 그에 대
한 원인 분석 체계도를 [그림 5-9]와 같이 작성한다. 예를 들어 'x제품 표
면 흠 불량 원인 분석'이란 분석 체계도를 만들려면 작업 분류 체계도WBS:
Work Breakdown Structure를 활용한다. Level 1이 'x 제품 표면의 흠 불량 원인
분석(KPI=aX1 + bX2 + cX3 + dX4)'이 되고 Level 2는 표면 흠에 영향을 주는 요소
를 설비 aX1, 원부자재 혹은 반제품 bX2, 공정 기술 cX3, 운전 기술 dX4

등으로 분류한다. Level 3는 설비의 경우 어떤 설비에서 가장 큰 영향을 미치는지 a, X1 = Y1*Y2를 또 분류해 내고, Level 4에서는 어떤 장치, 어느 부품에서 영향을 주는지를 a1, a2, Y1, Y2로 분류하고, Level 5에서는 어느 센서에서 측정되는 데이터인지 S1, S2로 분류해 나간다. 각 단계별로 분류를 명확히 한 다음에는 각 항목별 발생 현상이나 계산식 혹은 영향 인자를 측정 가능한 수치로 나타낸다.

다섯째, 활용 체계도를 작성한다. 분석 체계도에 따라 어떤 분야의 업무, 어떤 의사 결정에 활용할 것인가를 고민하고 누구나 공감할 수 있는 활용 체계도를 작성한다. 품질 분석가는 데이터를 기반으로 하나하나 차근히 분석을 실제로 실행하여 보고, 앞에서 작성한 내용의 문제점을 개선해 나간다. 분석 체계도 활용의 최종 목적은 스마트 품질 예측 기술로 원부자재 혹은 반제품의 품질 수준을 디지털화 한 스마트 소재Smart Material와 스마트 설비Smart Machine와 스마트 생산Smart Operation으로부터 생산된 실적 데이터를 기반으로 제품의 품질 수준을 예측하고, 전후 설비 간의 품질 보상 제어를 수행하여 최종적으로 무시험 품질 검사로 품질을 보증하는 데 있다. 또한 고객으로부터 품질 불량으로 클레임이 제기되었을 때, 제조 공정에서 동일한 제품을 동일한 설비에서 생산할 때, 제품의 재현성이 구현되지 않을 때, 정확한 원인을 찾아 기준 패턴 모델과 제품 품질의 차이점을 찾아내는 데 활용한다.

여섯째, 모든 사람들이 활용할 수 있도록 시각화, 시스템한다. 데이터 속성, 분류 체계도, 분석 및 활용 체계도를 관련 부서의 모든 사람들이 공유하여 공감대가 전사적으로 형성되었다면 이제는 분석 과정과 결과를 실시간으로 모니터링할 수 있도록 시각화하는 작업이 필요하다. 센서로부터 측정되는 데이터부터 사람이 개입하여 입력하는 데이터, 그리고 컴퓨터 내부에서 계산되는 데이터에 이르기까지 데이터를 활용하는 사람들이 쉽게 보면서 가치 있는 정보로 분석해 내고 활용할 수 있도록 온라인의 실시간 활용 시스템을 구축한다.

속성과 분류, 분석 체계도가 완성되고 최적으로 활용 체계도가 완성되면 1년 이상의 데이터를 저장할 수 있는 빅 데이터베이스 인프라를 구축한다. 1년 이상의 데이터가 저장되면 빅 데이터 분석 기술을 활용하여 데이터 상호 간의 연관성을 분석하고 문제점을 새롭게 발굴하여 문제를 해결한다. 빅 데이터 분석은 많은 데이터들 간의 상호 인과 관계를 분석하고, 이상 상태를 찾아 주는 역할을 한다. 반제품 혹은 제품을 생산하는 공정은 수십 개의 설비가 있고 설비에는 자동 제어용 센서들이 수백 개 부착되어 있다. 이 센서들로부터 수집되는 데이터를 활용하여 전후 설비 간에 상호 연관성을 분석하고 정상 상태에서의 모델과 이상 상태의 데이터를 탐지하고 원인을 분석한다.

[그림 5-10]에서 보는 바와 같이 지금까지는 품질 전문가가 제조 공정에서 품질에 영향을 미치는 측정 항목을 선정하고, 데이터를 수집하여 저장한 다음, 통계 분석을 통해 품질을 예측하거나 불량 발생의 원인을 찾아왔다. 그러나 통계 모델을 기반으로 한 수식 모델은 비선형적이고 불규칙적인 현상에 대해서는 해결이 불가능했다. 이제는 인공 지능 기술을 활용하면 그러한 현상들을 대량의 데이터로 비교·분석하고, 학습을 통해 패턴 모델을 만들어 수식 모델이 해결하지 못한 부분을 보완할 수 있다.

앞으로는 품질 전문가가 선택한 품질 영향 인자뿐만 아니라 이 영향인자에 영향을 미치는 모든 설비의 작동 상태 실적 데이터까지 데이터를 수집·저장해야 한다. 추가적으로 전력, 가스, 물 등 유틸리티Utility 데이터 및 환경 오염 측정 데이터까지 데이터 분류 체계에 의거하여 빅 데이터베이

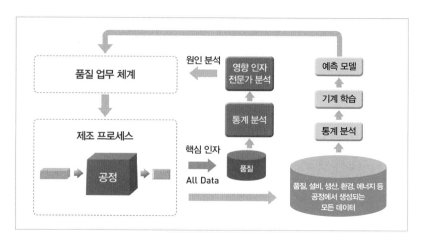

[그림 5-10] 스마트 품질 예측 기술 개념도

스에 저장해야 한다. 그러고 나면 1년 이상 축적된 데이터를 기반으로 오프라인에서 슈퍼 컴퓨터를 활용하여 인공 지능 엔진으로 기준 패턴 모델을 만들어 낸다. 이 모델을 온라인 컴퓨터에 탑재해 실시간으로 측정되는 모든 데이터를 비교·분석하여 차이점을 찾고 이상값을 탐지한 다음 생산된 제품 품질의 측정치를 비교하여 지도 학습으로 품질 예측을 할 수 있는 기준 패턴 모델의 정확도를 지속적으로 높여간다. 또한 설비의 성능을 판단하고 성능에 따른 품질 영향도, 전력 사용량, 오염 배출량 등을 예측하는 데에도 활용한다.

여기서 가장 중요한 핵심은 측정 대상의 모든 제어 기기와 컴퓨터 간의 수집 시간을 동기화하는 것이다. 시간이 동기화된 다음 제품 길이, 위치별로 시간과 동기화하여 제품의 위치별 품질 측정 데이터와 설비 제어 시간별 실적 데이터를 일치시켜야 한다. 이는 불량 위치별 발생 원인이 어떤 설비의 어느 장치에서 작동 불량으로 문제가 발생하였는지를 정확하게 분석할 수 있는 데이터의 정합성과 신뢰성을 확보하기 위해서다. 아무리 좋은 인공 지능 기술이라 해도 쓸모 없는 빅 데이터를 활용하여 학습을 시키면 쓸모 없는 두뇌를 가지게 된다는 것을 명심하자.

▌빅 데이터를 활용한
▌품질 불량 원인 분석 사례

다음은 최근 타이어 공장에서 빅 데이터를 활용해 품질 불량의 원인을 분석한 사례이다.[5]

타이어 제조에서 품질을 결정하는 공정은 가류기Curing press를 거치는 과정이다. 이 공정에서는 타이어의 모양과 고무의 물성이 결정되므로 프레스 내의 온도와 압력을 정해진 패턴으로 변화시켜 작업이 진행된다. 그런데 같은 기계, 같은 조건으로 작업을 진행하지만, 생산된 제품의 품질을 검사하면 예상과는 달리 제품별 편차가 발생한다. 현재 대부분의 제조업체는 원료, 공정 조건을 포함한 레시피를 ERP/MRP시스템을 통해 생산 기계에 전달한다. 생산 정보도 저장하여 결과를 알려주는 제조 실행 시스템MES이 구축되어 운영되고 있지만, 정작 가류기 공정에 대한 정보를 실시간 수집하는 기능은 없는 실정이다. 이를 개선하기 위하여 빅 데이터 인프라를 구축하여 품질과 관련된 재료, 공정 레시피, 에너지 사용 정보, 장비의 상태, 장비별 온도 및 압력을 센서로 0.2초마다 측정하여 실시간으로 저장하고, 분석하게 되었다.

[그림 5-11]은 실제 품질의 불량 원인을 분석하는 화면의 예시이다. 점선으로 된 생산의 기준 데이터와 실선으로 된 실제 공정 데이터가 어떠한 차이로 작업이 이루어졌는지 세밀하게 그래프로 비교하여 표시되어 있다. 결과적으로 온도 변화 패턴의 미세한 차이가 불량 원인으로 제시되

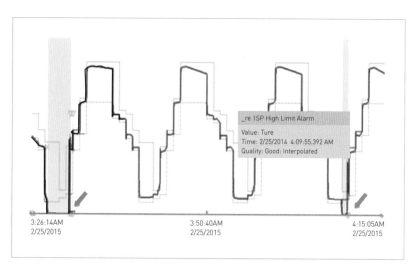

[그림 5-11] 빅 데이터 분석을 활용한 품질 관리 사례

어 해결책을 찾을 수 있었다. 사실 이와 같은 품질 문제가 발생하면 정확
한 데이터가 없어 부서 간에 재료, 장비, 작업자를 서로 의심하면서 갈등
이 생기는 경우가 많다. 이제는 빅 데이터를 활용한 품질 분석 시스템으
로 데이터에 근거해 불량 원인을 쉽게 찾을 수 있을 것이다.

4
에너지 부문
Smart Energy

생산 공장에서는 전체의 전력 계통도에 따라 설비 상태와 전력 공급 상태를 모니터링하면서 공장별 소비 전력을 효율적으로 감시·분배해야 한다. 그리고 공장에서 소비되는 전력을 설비별 최소 단위로 모니터링하여 불필요한 전력 소비를 최소화하면서 지능형 스마트 에너지 시스템을 구축해야 한다.

에너지를 많이 소비하는 일관제철소제선, 제강, 압연의 세 공정을 모두 갖춘 제철소는 코크스와 고로 공장에서 발생하는 부생가스를 활용하여 전력을 자가 발전하여 사용하고, 부족한 전력을 외부로부터 수전받아 운영된다. 일반 제조 기업에서는 자가 발전보다는 외부로부터 전력을 공급받아 공장을 운영하기 때문에 생산원가에서 에너지가 차지하는 비중이 매우 높다.

스마트 공장을 구축함에 있어 원가를 최소화하는 방안으로는 사람이 하는 것을 자동화 장치나 컴퓨터가 대신함으로써 균일한 품질로 생산성을 향상시키면서 비용을 절감하는 것과 에너지 비용을 절감하는 것이 가장 큰 비중을 차지한다. 따라서 공장에서 사용하는 전력, 가스, 용수 등을 절감할 수 있는 스마트 에너지 관리 시스템은 매우 중요하다. 이를 달성하려면 무엇보다도 현재 수준을 다음과 같이 정확히 진단하고 평가해야 한다.

첫째, 에너지원에 따라 발전에서 송전, 수전 및 각 공정별 전력을 공급하는 전력 공급 계통도Single Line Diagram를 점검하고, 통합 전력 공급 계통도를 검토한다.

둘째, 에너지원 단위로 공장별, 설비별, 장치별 에너지 사용량을 공장 에너지 관리 시스템FEMS: Factory Energy Management System으로 정확하게 측정하고 관리하는지 조사한다.

셋째, 에너지 소비 지도를 작성하고 공장별, 설비별, 장치별 에너지 소비량을 세밀하게 분석한다. 공장 내에서 불필요한 에너지를 낭비하는 것도 정밀하게 분석한다. 가령 공장의 핵심 설비가 고장이나 작업 준비로 생산을 멈추고 있을 때 관련 설비가 가동되고 있는지, 각종 송풍용 팬이나 펌프 등 부대 설비가 작동되고 있는지, 사람이 아무도 없는데 조명을 모두 켜고 있는지, 현재 사용하고 있는 압축기 등 에너지 다소비형 장치의 효율은 어떤지, 가스·용수 등 각종 배관에서 누수는 없는지 등을 알아보는 것이 여기에 해당한다.

넷째, 전력 설비의 각종 센서들이 발전기Generator, 변압기, 차단기, 고압 케이블 등 전력 설비의 상태를 실시간으로 인지하는지, 이상 징후를 알리는 경고 알람은 작동하는지 등을 정기적으로 조사한다. 전기 설비는 발전, 송전, 수전 및 사용 설비에 이르기까지 하나의 설비가 고장 나면 후속 설비들이 갑작스럽게 정지되면서 전력 공급이 중단되어 설비가 파손되거나 생산 중인 제품을 전량 폐기 처분해야 한다. 연소나 가열 설비의 경우 많은 환경 오염을 유발하고, 대형 재해로 이어질 수도 있다. 고압 케이블은 발전, 송전, 배전, 수전, 소비 등의 중요 관리 포인트로 손상될 경우 기업은 막대한 손실을 입게 마련이다. 선진국에서는 이러한 사고를 사전에 방지하기 위하여 중요 케이블에 센서를 부착하여 절연 상태와 부분 방전Partial Discharge 상태를 실시간으로 모니터링하고 있다.

다섯째, 시간대별 전력 요금에 따라 생산 계획을 수립하여 시행하고 있는지 조사한다. 이와 함께 에너지 사용 비용을 절감할 수 있는 방안을 주기적으로 점검하고, 에너지원을 유연하게 조정하고 있는지도 분석한다.

여섯째, 전력 수요를 예측하고 시간별, 가격별 생산 계획에 따라 최적으로 배분하는 스마트 그리드Smart Grid⁶ 시스템을 활용하고 있는지 조사한다. 스마트 에너지 관리 시스템은 현재의 에너지 사용 수준을 정확하게 파악하고 에너지 소비 지도를 기반으로 소비의 근본 원인을 점검하여 실현 가능한 사업부터 단계적으로 실행한다. 앞에서 언급한 스마트 머신이 구축되면 설비의 성능에 따라 에너지 사용량을 정확하게 연계할 수 있다.

설비의 열화에 따른 성능 저하로 에너지를 많이 사용하면 유지 보수로 성능을 복원하여 에너지를 절감한다. 그리고 생산 공장별 에너지 사용량을 예측하고, 사용하고 남은 에너지는 에너지 저장 시스템ESS에 저장한다. 각 공장별 스마트 공장 구축과 스마트 에너지 시스템은 서로 밀접한 관계가 있고, 제조원가를 절감할 수 있는 방법이다.

다음은 구체적인 스마트 에너지 관리 방법이다.

스마트 에너지
관리 시스템 구축

제조 산업에서 전력, 가스, 기름, 열 등 다양한 에너지원을 효율적으로 관리하기 위해서는 기업에 따라 체계적·지속적으로 전사적 스마트 에너지 관리 시스템Smart Energy Management System을 도입하여 에너지를 최적으로 관리해야 한다. 국내에서 전체 에너지 사용량의 43.3%를 차지하고 있는 제조업[7]에서 첨단 계량 인프라AMI: Advanced Metering Infrastructure, 수요 관리DR: Demand Response, 에너지 저장 시스템ESS: Energy Storage System 등과 같은 IT와 에너지 기술의 접목은 매우 필요하다. 또한 에너지 절약 전문 기업 ESCO: Energy Service Company과 연계하여 에너지를 절약할 수도 있다. 이를 통해 제조 기업은 에너지 비용 절감과 온실가스 배출량 감축을 꾀할 수 있다.

IoT 기반 스마트 에너지 관리 시스템은 에너지 관련 장치나 설비, 발전, 송전, 배전, 수전, 소비에 이르기까지 모든 에너지 생태계를 연결하고 분석하는 스마트 에너지 플랫폼을 활용하여 에너지 정보 수집, 에너지 수요의 부하 관리 및 에너지 공유/거래를 통한 에너지 효율을 극대화하는 설비이다. 이를 위해 CiTopia 등 국내 중소기업들이 자체 개발한 에너지 관리 시스템FEMS 솔루션은 생산 현장에서 사용하는 에너지의 구입과 소비를 관리하고, 프로세스의 전 과정을 분석하여 설비를 효율적으로 운영할 수 있도록 도와주며, 에너지 사용을 최적화하여 에너지 소비를 줄이고, 나아가 온실가스 배출을 감소시키는 역할을 한다. 또한 POSCO ICT의 경우 FEMS를 무상으로 공급하고, 가동 후 절감되는 에너지 비용을 페이백Payback으로 받는 사업을 수행하고 있다.

현재 정부는 온실가스 배출 감소 및 탄소 배출권 관리를 위해 먼저 플랜트 분야에서 스마트 에너지 관리 시스템을 도입하도록 입법 결정하였다. 앞으로 이런 추세는 모든 제조업체로 확장될 것이다. 전 세계가 지구 온난화 문제로 온실가스 배출을 감소하기 위해 노력하고 있으며, 우리 정부를 포함해 대부분의 나라들이 이러한 의무와 법규를 확대해가고 있기 때문이다. 이러한 당위성 외에도 기업은 원가 절감 및 사회적 기여라는 부분에서 스마트 에너지 관리 시스템을 도입하였을 때 그 가치가 더욱 커지기 때문에 모든 기업이 나아가야 할 방향이기도 하다. 스마트 에너지 관리 시스템을 도입했을 때 기업이 기대할 수 있는 효과를 정리하면 다음과 같다.

- 에너지 흐름 관리를 통한 설비의 효과적인 운영
- 생산성 증대와 설비의 라이프 사이클 증대
- 에너지 비용의 절감
- 정부 규제 정책에 부합하는 에너지 목표 관리 및 보고서 대응
- 설비 구축 비용 절감 및 중복 투자 방지
- 원가 절감에 의한 기업 경쟁력 향상
- 탄소 배출 감소에 의한 사회적 기여

포스코는 제철소에 스마트 에너지 관리 시스템을 도입하여 설비 운영의 효율을 극대화하고, 에너지 낭비 요소를 제거함으로써 5~30%의 에너지를 절감하였다고 한다. 모든 기업들이 점점 더 심해지는 외부 환경의 변화와 사회적인 요구에 대응하고 기업 경쟁력을 위해서 갖추기 위해서 스마트 에너지 관리 시스템 도입은 필수가 될 것이다.

에너지 효율화를 위해 각 공장별, 설비별, 장치별 에너지 소비 지도를 작성하고 분석하여 절감하려는 목표를 수립한다. 예를 들어 메인Main 설비의 가동이 정지되면 관련 설비들도 정지시켜 불필요한 에너지를 절감하고, 온/오프On/Off 전용의 송풍기Blower, 팬Fan 등에 모터 가동을 제어하는 인버터를 추가로 설치하여 변속을 제어한다. 즉 상황에 따라 속도를 조절하여 여러 장치, 설비 등의 에너지 사용량을 통합적으로 관리한다.

공장 내에 작업자의 위치를 측정하는 위치 기반LBS: Location based System 기술을 활용하여 조명을 제어하는 시스템을 구축하고 작업자의 안전과 보안을 확보한다. 전력을 많이 소비하는 공장 내 전구를 LED 전구로 대체한 후 작업자가 있는 구간에는 조명을 켜고, 작업자가 없으면 소등하거나 20%만 조명을 켜 에너지를 절감할 수 있는 조명 관리 시스템을 도입한다. 동작 센서나 타이머를 활용하여 인력의 진입 여부에 따라 에너지 소비를 관리하는 것도 방법이다.

크레인을 많이 사용하는 공장에서는 크레인 인버터에 전력을 회수하는 기술을 도입하여 전력을 절감하는 방법도 고려한다. 크레인의 단방향 인버터를 양방향 인버터로 교체하여 제동 또는 전력 회생 시 발생하는 전기 에너지 대부분을 전력 계통으로 되돌려주면 전력을 40% 이상 절감할 수 있다. 대차, 크레인의 주행, 크레인의 횡행 등 수평운동은 관성 에너지를 복원시키고, 크레인의 호이스트, 리프트, 엘리베이터 등의 수직운동은 부하의 위치 에너지를 회생시킨다.

스마트 그리드
시스템 구축

전력 공급자와 기업 간에 실시간으로 전력 정보를 교환함으로써 최적의 가격에 에너지를 구입하고, 에너지 효율을 최적화하여 새로운 부가가치를 창출하는 지능형 전력망인 스마트 그리드를 구축한다. 스마트 그리드가 구축되면 전력 수요의 분산 및 제어가 가능해져 에너지 효율성을 높일 수 있다. 공장, 주차장 등의 지붕에 태양광 발전 시설을 설치하면 친환경 전원의 보급을 확대하고, 무정전 및 고품질의 전력 서비스를 공급받을 수 있다.

국가에서는 전력 피크 제어를 위해 시간대별로 전력 요금에 차이를 두고 있다. 따라서 에너지를 소비하는 제품을 생산할 때에는 전력이 싼 요금대에서 생산하도록 해야 한다. 그러기 위해서는 요금 연동에 따른 다이나믹한 생산 체계의 구축이 필요하다. 또한 스마트 그리드, 에너지 저장 시스템ESS: Energy Storage System, 스마트 에너지 관리 시스템을 연동하여 기업 내의 에너지 구매, 소비, 발전, 매매, 온실가스 배출권 등을 통합적으로 관리해야 한다.

전력 피크 시간대에 자연재해나 전력 공급 장치의 고장으로 정전이 발생할 경우, 생산 설비의 큰 고장이나 대형 환경 오염 발생 혹은 생산 중인 제품의 불량으로 많은 기회 손실 비용이 들 수도 있다. 이런 때를 고려하여 비상 전력 공급망도 연계해야 한다. 공장에서는 일반적으로 컴퓨터 제어 시스템에 1시간 정도의 비상 전원을 공급하기 위해 UPSUniversal Power Systems를 활용하고 있다. 만약 대형 설비의 정전으로 사고나 기회 손실 비용이 커질 것이 우려된다면 대형 ESS 장치를 도입하여 운영하면 생산 설비의 안정화로 균일한 품질의 제품을 생산할 수 있다.

스마트 그리드의 핵심 기술인 에너지 저장 시스템은 잉여 전력을 저장해 두었다가 필요 시 사용하거나 되팔 수 있는 시스템을 말한다. 에너지 저장 시스템을 활용하면 공장 내에서 최대 사용 전력을 초과했을 때에도 설비를 멈추지 않고 저장한 에너지를 이용하여 운전할 수 있다. 또한 잉여 전기를 대용량 배터리에 저장해 두었다가 전력 필요 시에 활용할 수 있어 에너지 소비 효율을 최적화할 수 있다.

스마트 발전기,
스마트 변압기 시스템의 도입

발전소에서 전력을 발전하여 송전하는 것부터 제조 공장에서 수전하여 각 공장에서 전력을 소비할 때까지 전력 계통상의 모든 설비 상태를 측정하고 건전성을 분석·판단한다. 전력을 생산하는 발전기의 경우 발전기 고정자Stator의 절연성을 측정하는 부분에 방전Partial Discharge 센서를 부착하고, 회전자Rotor의 성능을 측정하는 부분에 자속Magnetic Flux 측정 센서, 진동 센서, 온도 센서 등을 부착하면 상태를 실시간으로 측정하여 이상 상태를 분석하고 건전성을 판단하여 수명까지 예지할 수 있는 스마트 발전기 시스템을 만들어 활용할 수 있을 것이다. 캐나다의 장비 회사인 IRIS POWER가 제공하는 발전기 관련 센서와 실시간 측정·분석이 가능한 센서, 진단 모델 등을 도입하여 사용하는 것도 고려할 만한다.

또한 변압기의 상태를 측정하고, 건전성을 판단할 수 있는 인공 지능 기반의 스마트 시스템을 검토할 필요가 있다. 지금까지는 변압기의 상태를 모니터링하기 위해 주기적으로 각 변압기의 절연유를 샘플링하여 실험실에서 수동으로 분석해왔다. 그러나 샘플 시료의 대기 접촉으로 인해 오차가 발생해 정확한 판단을 하기가 어려웠다. 미국의 경우 변압기의 50%가 사용 연한인 30년이 경과되어 1주일에 한 대 정도가 폭발한다고 한다.[8] 이와 같은 대형 사고를 사전에 예방하기 위하여 운영 중인 모든 변압기를 한 곳에서 모니터링할 수 있는 스마트 변압기 모니터링 시스템을 운영하는 것도 중요하다.

온라인으로 유증가스를 측정하여 변압기의 건전성과 수명을 예측·진단하는 미국의 장비 업체인 Serveron의 솔루션을 활용할 수도 있을 것이다. 설비의 상태를 측정하는 센서 및 분석 설비를 도입하는 경우 가장 중요한 것이 측정의 신뢰성과 재현성 그리고 측정 정도이다. 센서를 구매하여 설치할 때 가장 큰 문제점은 가동 후 성능에 만족하지 못하거나 성능이 점차 떨어져 2~3년 후에는 사용할 수 없는 제품들을 도입할 수 있다는 것이다.

따라서 제품 선정 시에는 파일럿Pilot으로 1대를 선정하여 시험하거나 국내외 설치 사례 및 성능 검증을 명확하게 한 다음 도입하고, 가격이 싼 제품은 반드시 문제가 있다는 것을 명심해야 한다. 파일럿으로 성능 검증을 마치고 나면 그 업체와 장기 계약을 맺어 기술 협약을 통해 지속적으로 유지 보수를 지원받도록 한다. 측정기를 도입하고, 컴퓨터가 스스로 할 수 있도록 인공 지능 기술을 활용하여 설비의 건전성 판단과 수명을 예지할 수 있는 시스템을 구축하도록 한다. 전력 설비는 한번 고장 나면 대형 사고로 이어져 막대한 피해를 보기 때문에 사전에 예방하는 것이 필요하다.

5

환경 부문
Smart Environment

　기업은 공장에서 발생하는 환경 오염 물질을 최소화하기 위해 방지 시설에 많은 투자를 하고 있다. 하지만 여전히 오염 물질이 배출되어 환경 문제를 일으키고 있다. 그렇다면 어떻게 해야 스마트하게 그 원인을 찾아내 줄일 수 있을까? 스마트 공장이 답이 될 수 있다. 스마트 공장은 설비의 상태를 스스로 진단해 자기의 성능이 어느 정도 되는지 말할 수 있고, 성능에 따라 오염 물질을 어느 정도 배출할 것이라는 것을 예측할 수 있기 때문이다. 스마트 공장을 구축하기 위해서는 작업 환경이 매우 중요한 요소로, 공장에서 내뿜는 대기와 수질 환경의 오염원을 정확하게 진단하고 평가해야 한다. 그리고 가능하면 내부 인력보다는 외부 전문가에 의한 정확한 진단이 필요하다. 그렇다면 스마트 공장을 친환경적이고 친인간적으로 조성하려면 어떻게 해야 할까?

　첫째, 설비의 환경 오염 배출에 대한 성능 기준을 파악한다. 공장 설비의 경우, 환경 오염 배출 기준이 어느 정도인지 성능 보증 조건으로 계약서

322

에 명시되어 있다. 그 기준을 파악하고 현재 발생하는 환경 오염 측정치를 상세히 조사한다. 계약 당시의 오염 배출 기준이 국가의 환경 오염 배출 기준을 초과한다면 별도의 환경 개선 설비에 투자해야 한다.

둘째, 공장에서 배출하는 폐수, 대기 등 배출 개소에 환경 오염 물질을 정확히 측정할 수 있는 기기가 설치되어 있는지, 정량적으로 측정하고 원격에서 감시할 수 있는 TMS Telemetering System가 구축되어 있는지 조사한다.

셋째, TMS에서 측정된 환경 오염 측정치가 국가환경오염방지센터의 TMS에 연결되어 측정치를 실시간으로 송신하고 있는지 조사한다.

넷째, 환경 오염 측정 및 방지를 위한 환경 개선 활동 내용을 조사한다.

이와 같이 사업장별로 운영 설비의 계약 당시 환경 오염 배출 기준을 확인하고, 성능 복원을 위한 활동을 한다. 나아가 인공 지능 기반으로 설비의 이상 상태를 인지하고 성능을 예지할 경우, 설비 성능에 따른 환경 오염 배출의 증감을 확인해 환경 오염 배출을 방지할 수 있다.

환경 오염이란 인간 활동으로 인해 환경의 고유 기능이 상실되는 것을 말한다. 우리나라의 환경정책 기본법에서는 환경 오염을 '사업 활동 및 기타 사람의 활동에 따라 발생되는 대기 오염, 수질 오염, 토양 오염, 해양 오염, 방사능 오염, 소음, 진동, 악취, 일조 방해 등으로 사람의 건강이나 환경에 피해를 주는 상태'라고 정의하고 있다.[9] 환경 오염은 복합적으로 작용하기 때문에 대기 오염으로 인해 산성비가 유발되고, 산성비로 인해 토양이 오염되는 것처럼 오염은 또 다른 오염의 원인이 되기도 한다. 또한 4대강 사업처럼 환경 오염 문제가 정치, 경제 등 다른 분야와 밀접하게 관련을 맺고 있는 경우도 있고, 황사나 지구 온난화, 체르노빌 원자력 발전소 사고처럼 국경을 넘어 피해를 주는 경우도 있어 여러 국가들이 공동으로 대응하기도 한다.

'총량 관리제'란 사업장에 연도별로 배출 허용 총량을 할당하고, 할당량 이내로 오염 물질 배출을 허용하는 제도로, 할당량 초과 시 할당량 삭감 및 총량 초과 부담금를 부과하는 제도이다. 미국, 캐나다, 일본 등에서는 대기 환경 관리를 위한 수단으로 도입하여 시행하고 있다. '총량 관리제'는 현행 농도 규제의 한계점을 극복하고, 환경적으로 수용 가능한 배출 허용 총량을 설정함으로써 전체적인 환경 부하 관리가 가능하다.

대상 오염 물질은 질소산화물, 황산화물, 먼지로 배출 허용 총량은 초기 연도에는 과거 5년간의 평균 배출량 수준으로 할당하고, 최종 연도에는 최적의 방지 시설[10]을 설치하였을 경우에 배출되는 수준으로 할당한다. 중간 연도에는 초기 및 최종 연도 간에 선형적인 비례 삭감을 원칙으로 하되, 해당 사업장의 오염 물질에 대한 저감 계획을 고려하여 할당한다. 해당 사업장이 할당된 배출 허용 총량 이내로 오염 물질을 배출하는 경우, 그에 대한 인센티브로 잔여 배출 허용 총량의 판매를 허용_{배출권 거래}하고, 일부 시설의 경우 대기환경 보전법보다 20~30% 완화된 배출 허용 기준을 적용하며, 저유황 연료 사용 의무화 적용 제외, 대기 오염 배출 부과금_{기본 부과금} 면제, 최적의 방지 시설 설치 시 재정 지원 등을 해준다.

따라서 기업은 오염 물질 배출량에 대한 사후 관리 방안으로 배출량 측정 기기_{굴뚝 자동 측정 기기, 배출 가스 및 연료 유량계}를 설치하여 매월 배출량을 관리할 필요가 있다. 그리고 측정 기기 설치가 곤란한 시설은 배출 계수와 연료 사용량, 자가 측정 결과 등을 바탕으로 배출량을 산정해야 한다. 반면 배출 허용 용량 초과 시 제재 방안으로 초과 배출량에 대해서는 총량 초과 부과금을 부과하고, 당해 연도 초과 배출량의 최고 2배 범위 내에서 다음 연도 배출 허용 총량 할당 시 삭감한다.

2008년 1월부터 정부는 대기 오염 물질의 '총량 관리제' 시행과 함께 '배출권 거래제'를 실시하고 있다. 총량 관리 사업장은 연간 배출할 수 있는 총량인 '배출권'을 부여받아 그 범위 내에서만 오염 물질을 배출할 수 있다. 배출권은 점차 감소하는 방식으로 부과되기 때문에 배출권이 부족한 사업장은 해를 거듭할수록 증가할 것이다. 배출권이 부족한 사업장과 여유분의 배출권을 확보한 사업장을 연결해주는 경제적 수단이 바로 '배출권 거래제'다.

'배출권 거래제'는 사업장이 갖고 있는 배출권을 서로 사고팔도록 하여 오염 물질을 줄이기 위한 환경 투자를 자발적으로 이끌어내는 선진적 환경 제도이다. 대기 오염 물질을 줄이기 위해 방지 시설을 설치하거나 생산 공정을 효율적으로 조정하여 여유분의 배출권을 확보한 사업장은 배출권 거래를 통해 경제적 이익을 얻을 수 있고, 배출권이 부족한 사업장은 시설 투자비와 거래 금액을 비교하여 비용 대비 효율적인 배출량 저감 방안을 마련할 수 있다.

2016년 이행 연도를 기준으로 11월 현재까지 NOx질소산화물는 4건의 무상 거래를 포함하여 총 35건의 거래가 이루어졌고, SOx황산화물는 1건의 무상 거래를 포함하여 2건의 거래가 이루어졌다. 우리나라의 사업장에서도 본격적으로 '총량 관리제'와 '배출권 거래제'를 활용하여 환경 오염이 없는 스마트 공장, 클린 공장을 만들 수 있도록 구현 목적과 기대 목표를 단계적으로 수립해야 할 것이다.

물류 부문
Smart Logistics

제조 공정에서 가장 많은 사람을 필요로 하고 수작업에 의존하는 작업 중 하나가 물류 부문이다. 제철소와 같은 일관공정에는 전후 공정 간의 소재 및 반제품의 물류가 이루어지는 제철소 구내 운송 물류와 공장 내 소재 물류가 있다. 또한 각 회사에서 생산한 제품을 1, 2차 가공회사에 배송하는 국내 물류와 해외 물류도 있다. 이 모든 분야에 원료와 소재, 완제품을 적시에 공급하기 위해서는 뒤에서 설명할 '스마트 물류 시스템'을 구축해야 한다.

그러기 위해서는 공장에 공급되는 소재와 원료의 물류 시스템과 생산된 제품을 포장하고 창고에 저장하는 제품의 물류 자동 시스템은 물론이고 배송 시스템까지 아우르는 통합적 물류 스마트화를 고려해야 한다. 대표적으로 세계 최대의 물류 시스템을 구축해 운영하고 있는 아마존닷컴의 사례를 2장 '물류 창고의 무인 자율 자동차 로봇, AGV: Automated Guided Vehicle' 참조 연구하여 활용할 수 있는 기술이나 시스템을 검토하는 것도 좋은 방법이다.

물류 스마트화를 이루기 위해서는 원료 공급에서부터 소재 생산, 1·2차

가공 및 조립 등 완제품을 생산하는 모든 제조 기업 간에 물류 현황과 수준을 파악하고, 구내 운송과 공장 내부 물류 수준을 정확히 진단해야 한다. 그렇다면 물류 스마트화를 구축하기 위한 절차는 어떻게 될까?

첫째, 공급사로부터 입고되는 소재의 검수 작업과 하차 작업을 육안으로 검수하는지, 지게차나 크레인을 이용하여 하차하는지, 자동화 기계로 검수하고 하차하는지 등을 조사한다.

둘째, 하차하여 창고 혹은 야드에 소재를 적재할 때 자동 창고 시스템으로 운영하는지, 야드 관리를 자동으로 수행하는지를 조사한다.

셋째, 창고에 저장된 소재를 공장 설비에 공급하는 프로세스가 지게차나 무인 이송 반송차 등 자동화 기기로 수행되는지를 조사한다.

넷째, 공장 설비에서 소재를 자동으로 인식하고 자동으로 장착하는지, 수동으로 장착하는지를 조사한다.

다섯째, 생산된 제품을 수작업 또는 자동화 기기로 포장하는지, 창고로 이송하여 저장하고 출고하는지 출고 물류 자동화 수준을 상세히 조사한다.

여섯째, 제품이 출고되어 고객에게 배송될 때까지 이송 물류를 추적하여 고객에게 정확히 전달되는지를 확인하고 프로세스를 조사한다.

물류는 기업이 이윤을 올리고 마케팅으로 매출을 창출한 뒤 최종적으로 관리하는 분야로서 '화룡점정'과도 같다. 매출이 아무리 높아도 물류 비용이 높으면 수익이 낮아지고, 배송이 원활하지 않으면 고객 만족에 큰 영향을 주게 된다. 즉, 물류 관리는 지속 가능성에 대한 투자라고 할 수 있다. 이제는 물류 시스템의 역량이 글로벌 경쟁력인 시대이다. 그렇다면 물류 스마트화의 가장 큰 목적[11]은 무엇일까? 정확한 정보 관리, 적시에 제품 공급 및 배송 서비스 향상, 효율적 물류 관리라고 할 수 있다. 이에 대해 자세히 살펴보자.

정확한
정보 관리

언제부터인가 SCM Supply Chain Management이라는 단어가 등장하더니 현재는 물류 분야의 많은 사람들이 유행처럼 부르짖고 있다. SCM에 대해서는 여러 가지 정의가 있다. 하지만 여기서는 SCM을 '원자재 구입부터 판매로 이동하며 발생하는 제품에 대한 모든 정보의 연결을 추구하는 철학'으로 정의하겠다. 이미 많은 기업들이 SCM을 위한 정보 통합 시스템을 구축하는 프로젝트를 진행하고 있는 추세이다.

최근에 컴퓨터, RFID, 바코드, 스캐너, 카메라의 사용은 물류 정보 관리에 획기적인 변화를 가져왔다. 수기로 기록하던 정보가 컴퓨터에 저장·관리되면서 디지털 형태로 저장된 방대한 자료는 물류 관리자들에게 새로운 인사이트를 제공했다. 또한 바코드와 스캐너, 카메라를 활용하여 제품 정보를 인식하게 되자 사람이 하던 일을 기계들이 자동으로 처리하게 되었다. 만약 아직까지도 물류에서 수기로 제품 정보를 관리했더라면 어떻게 되었을까? 아마 SCM과 자동화는 탄생조차 못했을 것이다.

이러한 스마트화 기기들을 활용하여 정확한 정보를 수집·저장·관리하는 것이 물류 스마트화의 첫 번째 목적이다. 그리고 나아가 정보를 분석하여 개선할 부분을 찾아내고, 더 나은 물류 프로세스를 만들어 갈 수 있다.

적시에 제품 공급 및
배송 서비스 향상

제조업에서 깨끗한 환경을 유지해야 하는 유리나 반도체 산업, 어마어마한 중량 때문에 사람이 물건을 다루기 힘든 제지, 철강, 전선 산업 등에서는 제품들의 생산·보관·출하에 기계 또는 로봇에 대한 니즈가 점차 증가고 있다. 제조 공정 내의 제품 제작이나 조립과 관련된 물류 흐름은 정확하게 흘러가지 않으면 제품 생산에 큰 차질을 주게 된다. 이러한 이유로 적시에 부품이나 제품을 공급하는 것이 매우 중요해졌다.

그뿐만이 아니다. 유통업은 지속적으로 고객을 향한 배송 서비스 향상에 대한 도전에 직면하고 있다. 그 결과, 최근에는 '1일 배송', '라스트 마일 배송'을 제공하는 수준까지 이르렀다. 특히 온라인 결제 시스템의 발달로 온라인 쇼핑 시장이 급속히 성장하면서 배송 서비스에 대한 소비자의 요구 수준은 과거와는 비교할 수 없을 정도로 고도화되고 있다. 과거에는 조금 늦게 도착해도 이해해주던 고객들이 이제는 배송 알림과 함께 제때 도착하지 않으면 쇼핑몰을 갈아타고 있다. 이러한 요구에 따라 시스템의 필요성이 제기되면서 앞으로는 기계와 로봇이 이 자리를 채워갈 수밖에 없을 것이다. 배송 서비스를 향상하기 위해서 기업에서부터 고객까지의 전 과정을 아우르는 물류 스마트화가 필수 요소가 된 것이다.

효율적 물류 관리

생산 가능 인구가 감소함에 따라 국내 제조업에서 가장 문제가 되고 있는 것이 인력 수급이다. 이 때문에 하루는 A물류센터에서 일하다가 다음 날에는 다른 물류센터로 갈아타며 몸값을 올리는 일이 가능해졌다. 이러한 현상이 점차 심해지자 기업은 인력에 대한 인건비, 교육비, 복지비 등에 대한 비용이 점차 증가하고 있다.

하지만 이러한 현상이 과연 지속될 수 있을까? 앞으로 기업들은 다양한 자동화 방안, 즉 쉬는 시간 없이 24시간 일할 수 있는 노동력을 찾게 될 것이다. 단기적으로 보면 물론 로봇이나 물류 설비가 비싸다. 하지만 ROI로 따진다면 어떻게 될까? 기계는 잘만 관리하면 20년 이상 사용할 수 있기 때문에 초기 투자비만 부담한다면 ROI 시점 이후에는 이익이 된다.

그래서 최근에는 구하기도 어려운 사람을 채용하는 것보다 기계를 사용하겠다는 기업이 늘고 있다. 그 결과, 이제는 자동화 기계나 로봇을 빼놓고는 물류를 말할 수 없게 되었다. 물류도 이제 기계의 영역으로 점차 변하고 있는 것이다. 물류 자동화를 통하여 효율적으로 물류를 관리하는 것이야말로 기업이 글로벌 경제에서 살아남을 수 있는 길임이 분명하다.

물류
스마트화

물류 스마트화의 범위는 공장 내에서는 소재 입고 시 차량의 하차 자동화에서부터 크레인 자동화, 입측 소재 창고 자동화와 자동 창고에서 소재를 이동하여 생산 공정에서 이루어지는 소재 공급 및 장착 자동화까지를 포함한다. 그리고 제품을 생산하는 설비가 자동화되어 생산한 제품의 포장 자동화, 이송 자동화, 제품 창고 자동화 그리고 제품을 창고에서 차량으로 이송하는 출고 제품 물류 시스템도 포함한다. 또한 원료와 반제품 및 완제품을 배송하는 국내 물류 시스템과 해외 물류 시스템도 포함할 수 있다.

국내 물류의 경우에는 최근 GPS를 활용하여 배송 차량의 위치를 실시간으로 추적하고, 생산자도 모니터링을 할 수 있다. 이제는 물류 자동화를 통하여 고객에게 배송 정보를 실시간으로 알려 주어야 경쟁에서 살아남을 수 있는 시대이다. 제품과 서비스를 통하여 고객에게 특별한 경험을 제공하는 고객 접점에서 우리 기업은 어떻게 해야 할까? 기본적으로 물류 자동화 시스템을 만들어야 한다.

일관제철소에서의 스마트 물류

철강 산업의 경우 원료인 철광석, 석탄 등을 실은 배가 항만에 접안하면 배에서 원료를 자동으로 하역한 후, 컨베이어 벨트에 실어 저장 창고로 옮긴다. 그렇게 저장된 원료는 코크스, 소결 공장을 거쳐 쇳물을 생산하는 고로까지 컨베이어와 이동 대차를 통해 무인으로 이송된다. 이와 같이 제철소는 제강 이후 열연, 냉연을 작업하는 공장은 물론 공장과 공장 간, 소재 창고와 크레인 간, 그리고 최종 제품이 출하되는 모든 창고가 무인화되어 있으며, 소재를 공장의 입측 설비에 자동 창착하는 것을 비롯해 출하 시 트럭에 제품을 상하차하는 것까지도 무인화되어 있다.

제철소의 압연 공장에서는 제품별 인식 태그Tag로 바코드 및 RFID를 사용한다. RFID 태그를 열연, 냉연 코일에 플래그 태그Flag Tag를 사용하고, 제품이 생산되면 자동으로 코일의 내경에 이것들을 로봇이 부착한다. 후판 제품의 경우 RFID 태그를 강판의 옆면 모서리에 자동 부착하는데, 일반 RFID 태그를 사용하면 서로 다른 폭의 제품을 적재했을 때 폭이 넓은 강판 사이에 폭이 좁은 강판이 적재되면 RFID 리더기로 인식할 수 없다. 따라서 포스코에서는 이러한 경우에 쉽게 인식할 수 있는 특수 용도의 RFID 태그를 개발하였다.

그러나 물류에서 활용하는 RFID 태그는 어느 한 회사 제품만 사용하는 것은 한계가 있고, 전후방 산업의 물류 자동화가 확산되어야 효율적인 운영이 가능하다. 제철소에서 생산된 열연, 냉연, 도금, 후판, 선재, 전기 강판 제품에 아무리 좋은 RFID 태그를 부착하여 공급해도 이를 활용하는 1차, 2차 가공 공장에서 입고 시에 활용할 수 없다면 아무 소용이 없다. 하지만 대부분이 기존의 바코드를 이용하여 제품을 인식하고, 수작업으로 창고에 입고하여 재고관리를 하기 때문에 효율성이 제한적이다. 그러므로 사용하고 있는 기술을 경제적으로 활용하는 것도 스마트 물류 시스템 구축에서 고려해야 한다.

제철소의 스마트 물류는 생산 중인 제품을 언제 생산하여 언제 인도할 것이라는 것을 사전에 고객에게 예지한다. 또한 GPS 기술을 활용하여 제철소 출입문을 나갈 때 자동으로 제품을 RFID 태그로 인식하고 차량을 확인한다. 이를 통해 제품을 싣고 이송하는 차량의 위치를 스마트폰으로 확인하면 도착 시간까지 직원들이 기다릴 것인지, 아니면 다음날 작업을 할 것인지 유연하게 배송 일정을 계획할 수 있다. 그리고 고객에게 도착하면 자동으로 RFID 태그로 인식하여 자동 검수하고, 인도 즉시 관련 정보를 고객과 공유할 수 있다. 또한 내비게이션 앱을 통해 물류 차량의 위치를 정확하게 표시하면 공급자, 운송사, 고객사 함께 공유함으로써 물류의 효율성을 기대할 수도 있다.

제품 생산 공장에서의 스마트 물류

일반적으로 기업에서 반제품 및 완제품을 생산하는 설비들은 자동 설비이다. 그러나 자동 설비까지 소재를 옮기고 설비에 소재를 장착하는 일은 대부분 사람들이 하고 있다. 이 때문에 제품 생산에 다양한 소재가 필요한 경우, 잘못된 소재 공급으로 제품이 잘못 생산되어 클레임이 제기될 때도 있다. 현장에 가보면 실제 제품을 생산하는 공정에는 작업자가 거의 없고, 소재를 공급하고 제품을 출하하는 물류 처리 단계에는 인력이 많은 것을 볼 수 있다.

그렇다면 그런 기업들은 왜 물류 자동화를 추진하지 않는 것일까? 첫 번째는 인력의 유연성과 인건비에 비해 물류 자동화 시스템이 비싸기 때문이다. 두 번째는 인력을 줄이는 것이 쉽지 않기 때문이다. 최근 중국은 4차 산업혁명에 대응하기 위해 '중국제조 2025'를 발표하면서 설비 자동화를 통해 생산직 인력을 줄여야 제조업의 글로벌 경쟁력을 가질 수 있다고 주장했다. 이전에는 작업 현장에 많은 인력을 의무적으로 채용하라고 주장했는데 말이다. 우리나라도 그 많은 인력을 한꺼번에 자동 설비로 교체해 인력을 줄이기란 쉽지 않을 것이다.

또한 제조 기업이 물류 자동화에 투자하려면 많은 비용이 들기 때문에 이를 결정하기란 쉽지 않다. 그런 경우 물류 자동화 솔루션 공급 업체와 협업 비즈니스 모델로 추진하는 것도 방법이다. 이것은 제조 기업과 솔루션 공급 업체 간에 물류 설비 자동화에 드는 원가를 공유하고, 솔루션 공급 업체가 초기에는 이익 제로 수준으로 지원하는 것을 의미한다. 즉 물류 자동화 설비가 가동된 후 제조 기업에서는 줄어든 인건비와 효과 금액을 정확하게 산출하여 솔루션 공급 업체에게 이익의 일정 부문을 분배하는 신뢰와 소통의 협업 사업모델이라고 할 수 있다.

그리고 만약 생산 현장에 다음과 같은 기업이 있다면 바로 물류 자동화에 투자해 볼 것을 권한다. 외부로부터 원자재가 반입된 것을 확인한 후 입고하고, 창고에 저장하고, 저장된 소재를 생산 설비로 이송하는 데 많은 인력들이 수작업으로 작업한다. 사람이 설비에 소재를 장착하고 나면 생산 설비가 자동으로 무인 생산하고 자동 검사한 후 포장한다. 이때 바로 자동 포장하는 부분도 있고, 수작업으로 포장하는 부분도 있다. 공정상 수작업이 많아 인력들의 피로감이나 여러 이유로 안전사고가 발생하기도 한다. 이러한 공장이라면 4차 산업혁명으로 글로벌 시장에서 좋은 품질에 최적의 가격으로 경쟁력을 유지하기 위해서라도 물류 자동화를 구축하기 바란다.

우리나라 중소기업도 물류 자동화를 위한 기계 및 제어 설비, 시스템을 제공할 수 있는 글로벌 경쟁력을 가지고 있다. 솔루션 공급 업체와 제조 기업이 서로 융합하여 기업에 합당한 물류 자동화 설비를 개발·운영할 수도 있다. 물류 자동화 시스템을 개발·운영한 경험을 토대로 다른 기업에 물류 시스템 서비스를 제공하는 아마존닷컴의 사례를 눈여겨보기 바란다. 제조업체는 물류 자동화로 생산원가를 줄이면서 자동화 시스템 운영 노하우를 다른 산업에 제공하여 새로운 수익을 창출할 수도 있을 것이다.

지금까지는 물류 엔지니어링 업체나 기계·제어 제작 업체들은 자사의 제품을 판매하여 수익을 냈지만, 앞으로는 테스트 베드를 제공한 제품 생산 기업과 함께 개발된 기술과 수익을 서로 공유하는 기업문화가 필요하다. 그래야 생산 기업에서는 초기 투자를 하고, 나중에 새로운 수익을 올리는 차원으로 발전할 수가 있다. 이것은 어느 한 기업이 잘해서 되는 것이 아니다. 이것을 필요로 하는 생산 기업과 엔지니어링 기업 그리고 기계·제어 및 IT 기업이 함께 기술을 공유하고, 제품을 개발하여 이익을 상호 공유하는 프로세스가 필요하다. 신뢰와 소통을 기반으로 협업 프로세스를 하는 기업만이 앞으로 글로벌 시장에서 살아남을 것이기 때문이다.

7
안전·보건 부문
Smart Safety&Health

많은 제조 기업들은 작업자의 안전사고를 예방하기 위해 회전체에 접근할 수 없도록 안전 펜스를 설치하고, 가스 발생 개소 등에 출입을 통제하는 잠금 장치 시스템을 만들거나, 크레인 이송 중에는 지상에 작업 영역을 레이저로 표시하는 등 다양한 안전 관리 시스템을 도입하고 있다. 공장 내의 로봇도 대부분의 경우 안전 펜스 내에서 작업하는 것을 쉽게 볼 수 있다. 그럼에도 불구하고 여전히 안전사고를 완벽하게 예방하지 못하고 있는 것이다.

안전·보건은 근로자를 재해나 질병으로부터 보호하기 위해 직장과 작업의 안전과 보건을 확립하는 것을 말한다. 안전·보건 관계 법규는 노동 입법 중에서도 비교적 빠른 시기에 제정하여 실시되었으며, 기타 국제 노동 조건 및 권고도 수없이 존재한다. 기업에서는 이러한 법규 등을 기반으로 안전 보건 규정을 만들어 운영하고 있다. 여기서 안전·보건 규정이란 사업장 내부의 안전·보건에 관한 규칙 사항을 기록한 문서를 뜻한다.

이는 업무상 발생하는 산업 재해를 예방하고 사원의 안전과 건강 관리를 위하여 효율적인 업무를 통해 생산 활동을 이루기 위한 목적으로 작성된다. 안전 관리자는 작업 현장의 근로자에게 안전·보건 규정을 준수하도록 교육을 실시해야 한다. 그리고 안전·보건 규정을 작업 현장에 마련해 직원들이 쉽게 볼 수 있도록 하고, 규정에 따른 안전 점검이나 조치들을 정기적으로 관리해야 한다. 이러한 규정이나 법규에도 불구하고, 우리 사회와 기업에서는 안전 사고와 보건 사고가 끊이지 않고 있다. 그야말로 안전 불감증, 보건 불감증이 팽배하다.

그렇다면 4차 산업혁명 시대를 맞아 작업자들의 안전을 위해 다양한 안전 보호 설비와 기술을 도입하고 운영하려면 어떻게 해야 할까? 먼저 각 사업장마다 현재 운영하고 있는 안전 관리 실태를 상세히 조사해야 한다. 그리고 전문 컨설팅 기관과 협업하여 최신의 IoT, 빅 데이터, 인공 지능 등의 기술을 융합하여 근본적인 안전·보건 활동을 해야 한다. 아울러 다음과 같은 사항을 점검하는 것은 필수다.

첫째, 작업 현장에 작업자들이 임의로 들어가지 못하도록 안전 펜스, 잠금 장치 등의 보호 설비가 설치되어 있는가?

둘째, 작업자가 작업 공정에 들어갈 때 안전 보호구 등을 착용하고 출입하도록 관리 감시 체계가 구축되어 있는가?

셋째, 위험한 작업 수행 시 주위에 위험 표시를 부착하고, 작업자의 안전을 예의 주시하며, 주위의 출입을 제한하는 안전 관리자가 있는가?

넷째, 작업 중에 작업자의 행동을 관찰하고, 위험한 작업의 경우 안전 관리자의 입회 하에 진행하고 있는가?

다섯째, 작업 위치를 추적하고 불안전한 행동을 하였을 때, 자동으로 모니터링하고 이상 발생 시 긴급 구조를 할 수 있는 체계가 구축되어 있는가?

최근 고용의 유동화나 취업 형태의 다양화, 설비의 자동화, 에너지 절약, 집약화의 발전, 아웃소싱의 확산 등으로 근로 상황이 큰 변화를 겪고 있다. 신규 채용이 줄어 젊은 인재는 부족하고, 베이비부머 세대의 대량 퇴직도 진행되고 있다. 이에 따라 산업 현장에서는 담당 업무 범위의 확대, 다기능화, 기술의 블랙박스화, 체계적인 교육의 어려움, 근로자의 숙련도 저하, 현장 정보를 축적한 안전 관리 노하우의 손실 등으로 산업 안전·보건 수준의 저하가 우려되고 있는 상황이다.

이러한 문제에 대응하기 위하여 기업들은 근래 들어 비약적으로 발전하고 있는 웨어러블 기기 및 컴퓨터, 영상 분석 기술, 적외선 카메라, 비콘을 활용한 위치 추적 기술 등을 적용한 안전·보건 관리 기법을 도입하고 있다. 4차 산업혁명으로 스마트 공장이 제조업과 ICT 등의 융합을 통해 미래형 생산 체계로 등장하면서 안전·보건 관리 기술도 바뀌고 있다. IoT는 ICT 기반으로 주위의 모든 사물을 연결하여 사람과 사물, 사물과 사물 간에 정보를 교류하고 상호 소통하는 인프라로서 '안전', '헬스 케어', '스마트 홈', '스마트 카', '원격 검침' 등에 적용되고 있다.

산업 안전에 정보 통신 기술을 접목하기 위해서는 전후 세대의 대량 퇴직에 따른 재해율 증가의 우려, 신규 채용자의 감소에 따른 경력직 근로자와 신입 근로자 간의 기술 전수 기간의 필요성(약 5년 필요), 고령의 근로자가 습득한 지식을 IT 기기를 이용하여 인력난, 지식 전달, 신속성 등에 중점을 두고 개발해야 한다. 특히 웨어러블 기기, 적외선 카메라, IoT, 빅 데이터 등의 최신 IT 기기와 기술을 적극 활용하여 산업 현장으로부터 재해를 근절해야 한다. 그 외에 더 안전한 기업으로 발전할 수 있는 정보 통신 기술 적용 방안으로는 어떤 것이 있을까?

생산 현장에서는 설비의 구동 상태를 촬영하는 카메라부터 소재의 생산 과정과 제품의 품질 검사용 카메라, 작업자의 움직임 등을 촬영하기 위한 공장 내·외부의 CCTV 등을 통해 다양한 영상 데이터가 생성되어 수집되고 있다. 이 영상 데이터는 분석을 통해 생산 과정의 상세한 모니터링, 작업자의 행동 관찰을 통한 안전, 작업자 출입 보안, 출입 차량 및 장비 이송 등 교통 및 운송 관리, 비상사태 관리 등 다양한 분야에 활용이 가능하다.

지능형 영상 분석 시스템은 이러한 영상 데이터를 분석해 상황 인지 역량을 강화하고, 이들 데이터를 하나의 분석 체계로 통합·관리함으로써 각 분야에서 사고에 신속하게 대응하는 것은 물론 위험 상황에 선제적으로 대처해 사고를 예방할 수 있으며, 자원의 효율성도 높일 수 있다. 지능형 영상 분석은 상황을 판단하는 데 있어 사람의 판단을 최소화하는 것을 뜻한다. CCTV 등을 통해 들어오는 영상을 사람이 모니터링하는 것이 아니라 시스템이 자동으로 이상 상황의 발생을 판단하는 것이다.

또한 이상 징후를 파악하는 데에도 연계 기관의 대응이 필요한 상황을 단계별로 정의하고 공간이나 지리 정보 등을 활용하여 운영자에게 적절한 경고를 보낼 수 있다. 산업 현장에서는 최근 들어 화학 가스 누출이나 폭발 사고 등 산업 재해를 예방하는 목적으로 활용하는 것은 물론, 첨단 제조 공정 모니터링에 활용할 수도 있다. 생산 라인의 불량품 감지나 설비 오작동 문제도 감지할 수 있고, 사람이 접근하기 힘든 장소에 대한 모니터링과 대응에도 효과적이다. 특히 사람의 판단을 거치지 않고 영상 분석만으로도 더 정밀하고 정확하게 이상을 발견할 수 있다는 것이 장점이다.

감시 영상 분석 솔루션의 대표적인 예로는 IBM의 IVA_{Intelligent Video} Analytics를 꼽을 수 있다. 이 솔루션은 출입문 감시, 주차장 차량 출입 감시, 대중교통 이용 승객의 현황 인지, 교량과 주요 시설의 이상 징후 파악, 번호판 인식 등에 널리 사용되고 있다. 인천경제자유구역청_{IFEZ}, 부산시 교통정보센터, 인도 타타_{TATA}제철 등이 이 솔루션을 도입해 시간과 비용을 획기적으로 줄이고 있다.

열화상 카메라를 이용한 작업자 안전사고와 재난·재해 예방

최근 우리나라 산업계는 안전을 최우선으로 하는 정책들을 잇달아 발표하고 있다. 그중에서도 재난, 안전과 관련된 아이템으로 각광받고 있는 솔루션이 열화상 카메라 시스템Thermal Imaging Camera System으로 현재 인천대교, 삼성전자, 대형 댐, 한전 무인 변전소, 화학 공장 등에 설치되어 화재, 방범, 재난 등을 실시간 모니터링하고 있다. 특히 2016년 일본에서 열린 G7 정상회담장에 설치되어 전 세계인들에게 큰 각광을 받기도 했다.

열화상 카메라 시스템은 침입을 탐지할 뿐만 아니라 제조 현장에서 각종 안전사고와 재난·재해 예방에 최근 널리 활용되고 있다. 열화상 카메라 시스템을 구축하기 위해서는 통제 구역이나 위험 지역 등에 열화상 카메라를 설치한 후 사람의 동작, 크기, 온도 등을 탐지하는 환경 기준을 설정해야 한다. 그러면 열화상 카메라가 설정 구역을 24시간 자동으로 감시하고, 이상 상황이 발생했을 때 긴급 조치를 취할 수 있도록 문자 메시지나 영상을 보내주어 안전 보건 시스템을 구축할 수 있다.

기존의 CCTV나 일반 적외선 카메라는 기후 및 주변 여건에 많은 제약을 받기 때문에 장거리나 광대역 모니터링을 할 수 없어 방재 모니터링에 한계를 드러내고 있다. 따라서 야간이나 안개, 강우 등 주변 여건에 관계 없이 365일 24시간 상시 모니터링이 가능하고, 모니터링된 데이터를 분석·처리하며, 공장 내 감시센터나 작업자에게 이를 통보하여 경보 기능을 할 수 있는 새로운 방재 시스템이 절실히 요구되고 있다. 이 같은 요구에 따라 최근 순수 국산 적외선 열화상 카메라 시스템 솔루션이 출시되었다. 각종 재난을 사전에 감지하고 예방할 수 있는 종합 열화상 카메라 솔루션을 스마트 공장을 구축하는 데에도 활용할 수 있을 것이다.

그리고 제조 현장이나 대도시의 지하 공동구는 수많은 전력 및 신호, 통신 케이블로 가득 차 있다. 전력 케이블의 경우, 개설 후 오랜 시간이 지나면 절연성이 떨어져 합선을 일으켜 화재를 유발하기도 한다. 대부분의 화재가 곡관부에서 발생하는데, 이러한 곳에 열화상 카메라 시스템을 설치하거나 이동용 로봇으로 케이블 온도를 측정한다면 화재 예방에 활용할 수 있을 것이다.

공장 내 작업자의 위치를
실시간으로 추적하는 안전 관리 시스템

최근 옥외에서는 GPS를 활용해 자동차, 선박, 비행기 등 각종 이동 기기에 대한 위치 추적을 하고 있다. 그러나 공장 안이나 지하 공동구Culvert에서는 GPS 활용이 불가능하다. 그래서 공장 내에서는 작업자의 위치와 이동 기기, 이동 설비 등의 위치를 측정하기 위해 UWBUltra Wideband의 RFID 태그, Wi-Fi, 비콘Beacon 등을 많이 활용하고 있다.

비콘Beacon은 위치 정보를 전달하기 위해 주기적으로 특정 신호를 전달하는 기기를 일컫는다. 사전적으로는 봉화나 등대, 신호등처럼 위치를 알리기 위해 설치한 불빛이나 표시를 말한다. 최근에는 블루투스Bluetooth를 사용하는 근거리 무선 통신 기술을 의미하기도 한다. 블루투스 비콘은 전력 소모가 적고 가용거리가 길다는 장점 때문에 최근 다양한 분야에서 활용되고 있다.

모바일과 사물 인터넷 기술을 융합한 웨어러블 기기들을 스마트 공장에 활용할 수도 있다. 예를 들어, 작업용 헬멧에 초소형 카메라, 가스 센서, 구글 글라스, LED 램프, 위치를 추적할 수 있는 센서 등을 부착하거나 웨어러블 기기를 착용시켜 실시간으로 상황을 체크하고, 비상 상황에 대한 경고 및 연락을 취하는 데 활용한다면 경제적이고 안전한 스마트 공장을 운영할 수 있을 것이다.

8

영업 부문
Smart Sales

4차 산업혁명, 새로운 제조업의 시대

　4차 산업혁명 시대에 스마트 공장에서 생산한 제품을 판매하기 위한 영업 활동은 어떻게 진행해야 할까? 파괴적인 혁신 아이디어를 발굴하고, 경쟁사들보다 먼저 수행하여 효과를 거두어야 할 것이다. 기본적으로는 물리적 공간뿐만 아니라, 사이버 공간에서도 어떻게 하면 효율적으로 영업 활동을 할 것인가를 고민해야 한다.

　사이버 공간에는 영업 사원의 아바타와 고객의 아바타를 만들 수 있고, 서로를 연결해주는 사이버 비서Cyber Secretary가 존재할 수 있다. 사람 간에 전화를 통해서 이루어지는 소통 업무가 사이버 공간에서는 아바타 간에 이루어진다. 고객이 사이버 공간에 아바타를 만들고, 원하는 제품의 사양 및 요구 사항을 올려 놓는다. 이에 대응해 여러 회사의 영업 사원 아바타는 그 고객의 아바타를 찾아 선택받기 위해 노력한다. 영업 사원의 아바타는 고객의 아바타가 원하는 정보는 물론 요구 사항에 추가된 서비스 기능을 제공해 더 경제적이고, 더 효율적인 제품을 소개하며 가격을 협상한

342

다. 나아가 Before&After Service까지 제공할 수도 있다.

고객 중에는 물리적인 공간에서 만나는 것을 좋아하는 고객도 있지만, 사이버상에서 만나 관심 사항을 이야기하고 제품에 대한 설명을 듣고 협상하기를 원하는 고객도 있다. 근무 중에 사무실로 찾아와 대면을 하면 업무가 단절되어 싫어하는 사람도 있고, 이야기하는 시간을 낭비라고 생각하는 사람도 있다.

그렇다면 세일즈맨은 어떻게 아바타를 만들어야 할까? 무엇보다 디지털화, 연결화, 스마트화 관점에서 만들어야 한다. 가령 고객을 만나러 갈 때를 예로 들어보자. 영업 사원은 아바타를 통해 고객의 모든 정보를 사전에 파악하고, 인공 지능 시스템은 영업 사원의 부족한 부분을 채워 주어야 한다. 가령 고객이 고대사에 관심이 많은 사람이라면 인공 지능은 영업 사원에게 시전에 고대사에 대한 정보를 제공해 주어야 한다.

그뿐만이 아니다. 영업 사원은 자율 생산 체계를 통해 원하는 모든 정보를 쉽게 볼 수 있어야 한다. 제품도 3D로 디지털화되고, 기능도 스마트해져 고객에게 더욱 쉽게 설명할 수 있어야 한다. 또한 제품 주문이 들어왔을 경우, 원료와 생산량 등 모든 생산 정보와 물류 정보를 실시간으로 파악해 그 자리에서 제품의 인도까지 모든 것을 알려줄 수 있어야 한다.

그렇다면 고객의 아바타는 어떻게 만들어야 할까? 영업 사원은 고객을 만날 때 성격, 선호도, 관심 사항, 정치적·문화적 성향 등을 알고 가야 호감을 쉽게 얻을 수 있다. 감성을 자극해 호감을 얻으면 접근이 쉽고, 접근이 쉬우면 협상도 쉬워진다. 거기에 필요한 것이 바로 고객의 개인 정보, 즉 고객 데이터다. 고객 데이터는 정확하고 지속적으로 입력해야 한다. 4차 산업혁명의 기반은 곧 데이터이고, 데이터의 공유를 통해 새로운 시너지를 내는 것이다. 고객 관리를 통한 영업도 마찬가지다.

그렇다면 영업 부서에서는 영업 정보, 즉 마켓 센싱을 어떻게 하면 잘할 수 있을까? 지인들에게 소개를 받아 혹은 스스로 찾아가 물리적인 공간에서 수행하는 영업은 물론, 어떻게 하면 사이버상에서 쉽게 관심 사항을 공유하고 비즈니스 협상을 잘 할 수 있는지 아이디어를 발굴해야 한다.

4차 산업혁명 시대는 개인 맞춤형 가치 사회이다. 고객 한 사람 한 사람의 요구를 파악하고, 무엇을 좋아하는지, 그리고 어떤 제품, 서비스, 경험에 만족하는지, 어디에 가치를 두고 있는지 등을 알고 영업을 해야 한다. 이를 위해서는 물리적인 도구뿐만 아니라 사이버 공간의 정보도 총망라하여 통합적으로 관리해야 한다. 새로운 시대의 새로운 영업에 대한 고민과 대응은 바로 인간에 대한 연구와 창의적인 인간 관계에 대한 제고에서 출발하는 것이다.

9

연구·개발 부문
Smart Research&Development

디지털 트윈 공장이란 실제 공장을 설계한 3차원 도면, 컴퓨터 에뮬레이션, 시뮬레이션, 모델, 설비 사양, 물리적 수식 모델 등 모든 디지털 정보를 가지고 물리적인 공장과 동일한 제품을 생산할 수 있도록 사이버상에 구현한 것을 말한다. 실제 공장과 분해·조립이 동일하고, 부품 사양도 동일하여 동일한 사양으로 제품을 생산하는 것이다. 디지털 트윈 공장은 실제 공장에서 올라오는 동일한 센싱 데이터를 실시간으로 받아 작동하며, 동일한 설정치를 모니터링상에 출력한다. 디지털 트윈 공장은 소재의 조건과 제품 사양 그리고 생산 공장을 가동하는 데 필요한 기준 모델이 들어가 있다. 이 기준 모델은 실제 공장에 들어 있는 수식을 기반으로 하고, 추가적으로 1년 이상의 생산 데이터를 기반으로 머신 러닝 엔진에 의해 기계 학습한 기준 패턴 모델 등으로 구성되어 있다.

그리고 디지털 트윈 공장은 다음과 같은 핵심 기능을 지니고 있다.

첫째, 새로운 설비를 신설할 때에는 3D 제작 설계도를 기반으로 만들어진 디지털 트윈 공장을 사용하여 설치 공사 과정을 모니터링하고, 설비 이상 유무를 비교·분석한다. 또한 설치 후에는 가상 공간에서 시운전을 진행하고, 현장과 동일한 조건으로 프로그램 이상 유무와 조정 업무를 가상에서 수행하여 시운전 시간을 최대한 단축한다. 실제로 설비 조정이 완료된 후에는 설비가 최적으로 안정화되어 성능이 100% 만족할 때의 실적 데이터를 기준으로 기계 학습에 의한 설비 성능 기준 모델을 만들어 간다.

둘째, 공장 가동 이후 설비의 마모와 열화에 의한 성능 저하를 탐지하고 설비 고장 및 품질을 예지한다. 실제 공장에서 실시간으로 올라오는 데이터와 가상 공장의 기준 패턴 모델로 들어 있는 기준값과의 차이점을 분석하고, 중심값으로부터 어느 정도 차이가 발생되었는지를 수치화한다. 이 수치는 초기 기준값과 설비의 마모나 열화에 의한 기능 변화를 장기간의 경향관리를 통해 알 수 있도록 분석 엔진으로 처리한다. 그에 따라 설비의 성능 변화를 예측한 후, 어느 정도의 값을 초과하면 품질 불량 혹은 설비 고장이 발생할 수 있음을 운전자에게 경고하고 조치를 취하도록 한다.

셋째, 설비 성능에 따라 자율 생산을 하도록 목표값을 자동으로 변경하고 제어한다. 생산 중에 목표값을 수식 모델에 의해 자동 설정하고, 실제로 생산한 실적값의 변화를 탐지한다. 그리고 디지털 트윈 공장에서 기준 모델과 실적값의 상호 연관성과 차이점을 분석해 설정값을 변경하고, 제어하도록 실제 공정 제어용 프로세스 컴퓨터에 수식 모델 파라메터를 변경하여 목표값을 수정하도록 한다. 이렇게 함으로써 수식 모델이 갖고 있는 맹점인 설비 마모나 열화에 따른 성능의 변화를 탐지하고, 보상 제어를 통해 정품을 생산할 수 있도록 해준다.

넷째, 설비의 기능 개선을 위해 실제 설비를 개조하기 전에 엔지니어링을 수행한 후, 변경된 설계도를 입력하여 3차원 시뮬레이션을 통해 개선

후의 이상 유무를 사전에 감지한다. 또한 제품 특성 분석 시뮬레이션 프로그램을 가동하여 실제 데이터와 가상 데이터를 비교·분석하여 제품의 특성이 나올 수 있는지 사전에 모든 것을 시험한다.

다섯째, 연구원들은 공장에서 생성되는 모든 측정 데이터를 연구실의 가상 공장Virtual Factory에 활용할 수 있다. 이를 통해 물리적 공장Real Factory 에서 시험 생산하기 전에 새로운 제품이나 설비 개선 등을 수행할 수 있다. 또한 인공 지능 기반의 예지 정비 모델과 품질 예지 기술을 결합하여 품질 불량의 원인과 설비 고장의 원인 등을 분석하고 개선할 수도 있다.

10

경영 부문
Smart Management

4차 산업혁명에 대응하여 경영 부문에서는 어떻게 파괴적 혁신을 해야 할까? 사실 가장 많이 고민하고 변화를 수행해야 할 부문이 바로 경영 부문이다. 혁신의 기본은 사무실 책상에 앉아서 창의적인 업무 외에는 모든 것을 컴퓨터가 스스로 알아서 처리하도록 해야 한다. 회계, 재무, 총무, 인사, 노무, 비서 등은 4차 산업혁명에 의해 곧 사라질 업무 영역이다. 생산 현장에서 센싱에 의해 측정된 데이터와 데이터를 기반으로 한 회사 내의 모든 통계와 분석 처리 업무는 사람의 개입없이 진행되도록 해야 한다. 스마트한 데이터 및 정보 고속도로Smart Data & Information Highway를 통해 실시간으로 모두 처리하는 것이다.

먼저 변화될 인사 업무의 미래상을 한 번 그려보자. 필요 부서에서 인력의 필요 조건을 디지털로 아바타화하여 시스템에 등록하면 생산원가 등 관련 부서에 영향을 줄 수 있는 모든 것을 가이드하고, 관련 부서에서 승인한 후 지원자 데이터베이스에서 가장 적합한 인력을 찾아 2~3명을 추천한다. 그러면 필요 부서는 아바타 비서에게 화상 통화로 면접 일정을 통보한다. 그렇게 해서 일정을 잡으면 면접을 통해 최종 선발하고, 함께 근무한다. 이때 모든 서류는 디지털로 자동 처리된다.

재무나 회계 업무도 마찬가지다. 모든 것을 디지털화하여 사람의 개입 없이 처리할 수 있다.

비서 업무는 손님이 와서 커피나 음료를 제공하는 일은 로봇 비서가, 약속을 잡고 전화를 걸거나 받는 것과 같이 말로 하는 것은 음성 인식을 하는 인공 지능 비서가 수행한다. 또한 한국에서 미국 사람과 화상 통화를 할 경우에는 영어로 자동 번역해 회의를 진행한다. 회의가 진행되면 컴퓨터가 내용을 요약하여 회의록을 만들고, 필요 시에는 서로 전자서명을 한다.

그렇다면 생산 공장을 가진 제조 기업의 미래는 어떻게 될까?

생산 공장에 있는 부품, 장치, 설비, 재료, 공기구 등은 인터넷으로 디지털 복제품과 연결된다. 사무실, 공장은 물론 재료를 공급하는 물류와 소재, 원료를 공급하는 공급사의 생산 현장 등 모든 것들도 인터넷으로 초연결된다. 여기서 생성되는 방대한 빅 데이터를 기반으로 사이버상에 가상의 공장과 물리적 생산 공장이 정교하게 실시간으로 연동되고, 운영될 것이다. 또한 생산 공장에서 일어나는 모든 상황은 일목요연하게 정리되고, 판매 현황이 실시간으로 업데이트되며, 재무 및 회계 등 모든 업무가 사람의 개입없이 자동으로 처리될 것이다.

그리고 이 모든 것들은 인공 지능 컴퓨터 시스템이 최적의 상태에서 스스로 자율 생산을 하게 될 것이다. 직원들은 힘들고 위험하고, 더러운 작업 환경에서 벗어나 자동화된 설비들로부터 주기적으로 보고를 받으며 편히 일하게 될 것이다. 사람들은 좀 더 느긋하게 풍요로운 직장 생활을 하고,

동료와 잡담도 하며, 좀 더 창의적인 일에 집중을 할 수 있을 것이다.

그렇다면 제조 기업을 운영하는 박 사장의 하루 일과는 어떻게 바뀔까?

박 사장은 아침에 인공 지능 스피커에서 흘러나오는 음악에 잠을 깨 기본 좋게 아침을 시작한다. 가족들과 식사를 한 후 무인 자율 자동차에 탑승하여 오늘의 출근길 현황과 지난 밤의 뉴스거리는 물론 회사와 관련된 내용이나 자신의 관심 사항을 알아보면서 회사에 도착한다.

그리고 사무실에 도착해 책상에 앉으면 로봇 비서가 커피를 들고 와 어제 일어났던 일들과 오늘의 일정을 알려줄 것이다. 커피를 마시는 동안 로봇 비서가 공장의 어제 생산 실적과 현재 상황에 대해 자세히 보고한다. 이를 토대로 박 사장은 관련 직원들에게 업무 지시를 한다. 회사의 핵심 KPI인 제품 실수율, 품질 불량율, 생산원가, 영업 및 매출 현황, 글로벌 시장에서의 판매 현황 등을 인공 지능 비서가 정확히 말해주고, 오늘 대처할 사항에 대하여 서로 공유한다.

그리고 나면 로봇 비서가 핵심 문제에 대해 전문가들과 화상 회의를 준비하고, 이를 통해 문제 해결을 위한 창의적인 아이디어를 논의한다. 회의가 끝나면 도출된 아이디어를 가상 공장에 입력하여 제품을 생산해 보고, 문제가 해결되었는지 아니면 다른 방안을 찾아야 하는지를 확인한다. 가상 공장에서 문제가 없으면, 실제 공장에서 시험 생산을 하도록 지시한다. 실제 공장에서 생산된 결과를 기반으로 작업자들과 엔지니어들이 모여 문제가 해결되었는지 확인하고, 최종적으로 의사 결정을 내린다.

문제를 해결한 후 경영진 회의까지 시간이 남는다면 앞으로 품질을 더 향상시키고 원가를 더 절감할 수 있는 방안이 있는지 관련 자료를 찾아보고 곰곰히 생각하면서 아이디어를 만든다. 그리고 이번 주말에는 직원들과 무엇을 하

4차 산업혁명, 새로운 제조업의 시대

면서 주말을 즐길 것인가를 고민한다.

참으로 살기 좋은 세상이다.

스마트 공장을 넘어
스마트 기업으로

스마트 공장은 기계 설비와 같은 물리적 자산을 스스로 인지하고 분석해서 맥락을 찾고, 경험을 지식화해서 지능을 축적하는 능력이 있다. 또한 외부의 사람, 사물, 프로세스와 사이버 공간에서 초연결되어 협업이 이루어질 뿐만 아니라 고객이 언제, 무엇을 원하는지 실시간으로 인지하면서 자율적으로 일한다.

과거의 자동화 공장은 생산 계획에 따라 힘들고 위험한 일들을 사람의 개입을 최소화해서 운영되는 공장이었다. 이미 철강, 자동차, 반도체, 석유화학 등 장치산업은 무인화 운전이 가능한 수준에 이르렀다. 삼성전자, 현대자동차, 포스코 등 한국의 글로벌 제조 기업의 경우 미국, 일본, 유럽 등의 경쟁 회사들이 제조 기술에 놀라워하며 배우려 하고 있다.

여기서 질문을 던진다. 당신의 기업은 시시각각 변화하고 있는 다양한 고객의 요구를 실시간으로 반영하여 제품을 준비하고 공급망과 연결해 민첩하고 지능적으로 일하는가? 공장이 자동화, 무인화를 넘어 공급망 전체로 연결되어 일하고 있는가? 공급 업체와 사이버 공간에서 필요한 부품을 주문하고, 품질 관리를 위해 실시간 협업이 가능한가? 생산 현장의 복잡한 기계들을 빅 데이터와 클라우드 기술로 외부 전문가와 연결하여 사이버 공간에서 모니터링하고 협업 서비스를 받고 있는가?

이런 질문에는 한국의 대표 기업들도 글로벌 기업들에 비해 뒤쳐져 있거나 아직 구체적인 실행 계획도 마련하지 못한 경우도 있는 것이 현실이다.

우리나라는 철강, 석유화학, 발전 등 연속 생산 공정Continuous Process Line 보다는 자동차, 선박, 반도체, 가전 등 가공 조립 생산 공정Discrete Line 이 70% 이상을 차지하고 있다. 연속 생산 공정과는 달리 가공 조립 생산 공정의 가장 중요한 핵심은 유연한 생산 체제를 갖추는 데 있다. 고객이 원하는 제품을 언제든 빠르고 유연하게 생산할 수 있는 공정을 가져야 하는 것이다.

지금까지 기업들은 유연한 생산 대응 체제를 갖추기 위해 많은 설비를 도입하여 고객이 원하는 제품을 유연하게 설계·제작·공급하여 왔다. 이렇게 많은 설비를 도입해 운영하다 보니 정작 생산 제품에 따라 설비 가동율이 다른 경우가 많았다. 어떤 설비는 100%의 설비 가동률을, 어떤 설비는 50% 이하의 가동률을 보였다. 이렇다 되니 가동률 하락에 따른 감가상각이나 원가 부담으로 효율적인 경영이 어려웠다.

4차 산업혁명 시대에는 공급 가치 사슬에 있는 업체 간에 수평적 통합을 통해 서로의 생산 현황과 설비 가동률 등을 실시간으로 공유하고, 가동률이 낮은 설비가 있을 경우에는 이를 관련된 기업에서 활용할 수 있어야 한다. 설비 가동률을 100%로 높여 관계된 회사 간에 시너지를 높이고, 상호 간의 이익을 공유하며, 고객이 원하는 제품을 빠르고 저렴하게 생산·공급할 수 있도록 해야 한다.

또한 모듈화된 생산 공정으로 상호 호환성을 키우고 차별화된 제품을 생산하기 위해 짧은 시간에 관련 설비들을 재배치하고 상호 기업 간에 설비를 활용할 수 있도록 해야 한다. 이를 통해 기업은 다품종 소량 생산 체제와 더욱 짧아지는 제품 주기에 대응해 고객의 개별적인 요구 및 높아지는 단가 인하 압력을 극복할 수 있으며, 새로운 부가가치를 창출할 수 있는 제품을 생산할 수도 있다.

공급 가치 사슬망을 연결해서 운영하는 시도에 관한 성공 사례를 살펴보자.

미국의 한 신선 식품 회사는 새벽에 수천 개 매장에 샌드위치, 햄버거를 배송하는데, 매장마다 판매되는 종류가 달라 공급에 문제가 생겼다. 어떤 제품은 수량이 부족해서 판매를 못 하고, 어떤 제품은 판매를 못 해서 쓰레기통에 버려졌다. 그래서 매장의 상품 진열부터 판매 정보가 회사에 실시간 전달되도록 시스템을 구축했다. 이를 통해 매장별, 계절별 고객 선호도를 실시간 분석해서 생산 계획에 반영하고, 식자재 공급 업체에 자동으로 주문해 시시각각 변하는 매장별 선호도에 따라 제품을 배송하도록 했다. 그 결과, 고객의 선호도에 따라 제품을 공급하여 전체 매장의 판매량은 지속적으로 확대되었고, 낭비 요소는 줄어들어 비용을 절감했다고 한다.

경쟁이 날로 치열해지는 시대에 기업들은 앞으로 생존을 위해 스마트 공장을 넘어 가치 사슬망 업체들을 수평적으로 통합하여 네트워크 형태의 스마트 기업으로 진화할 것이다. 이는 연결의 혁명으로, 기업들은 머잖아 물리적 공간과 가상 공간을 연결하여 유연하게 협력적 비즈니스를 만들어 갈 것이다. 미래의 제조업은 협력적 사업 모델을 어떻게 만들어갈 것인지가 중요한 생존 과제라 할 수 있다.

고객이 인터넷으로 원하는 제품을 직접 선택하는 것을 넘어 직접 디자인해서 주문하거나 직접 제작하는 시대가 도래하고 있다. 3차 산업혁명이 디지털 혁명이었다면, 4차 산업혁명은 초연결의 혁명이다. 과거에도 연결은 있었지만, 앞으로는 물리적 자산인 사물, 사람, 프로세스가 가상 공간에서 실시간으로 초연결되어 공유되고 분석되고 협업하게 될 것이다.

그렇다면 스마트 공장에서 디지털 연결은 어떻게 확산되고 성숙될까?

먼저 생산 단위의 기계 설비는 센서, 모터 구동 장치, 생산 원료에 대한 정보들이 디지털화해서 연결되고, 가동되는 스마트 머신이 된다. 이러한 스마트 머신들은 공장 내에서 사물 인터넷으로 서로 연결되고, 인터넷 환경에 연결된 다른 영역의 전화기, 디지털 카메라, 휴대용 스마트 기기를 사용하는 사람과 연결된다. 이것이 초연결의 시작이다. 현재까지는 공장 내의 디지털 기기들이 사용하는 네트워크가 달라 단순한 연결에 그쳤다. 만약 기계에 부착된 디지털 기기가 이더넷으로 연결되고, 표준 인터넷 프로토콜 기반으로 보안 기능을 가진 산업용 인프라와 네트워크 상에서 만난다면 어떻게 될까? 과거에는 볼 수 없던 혁명들이 여기저기서 일어날 것이다.

그러고 나면 다음으로 공장 밖에 있는 협력 업체로의 확산이 이루어질 것이다. 사물 인터넷과 네트워크로 연결된 단위 공장은 다른 지역에 있는 공장, 본사 사무실, 영업소, 창고, 유통망, 공급망 업체들과 초연결되어 스마트 기업Smart Enterprise로 발전할 것이다. 스마트 기업은 공급망에 연결된 협력 업체와 사이버 공간에서 협업하고, 고객은 사이버 공간에서 원하는 제품을 디자인하거나 선정해서 주문하고, 어느 공장에서 어떻게 만들어져 배송되는지 전 과정을 실시간 스마트폰으로 확인할 수 있을 것이다. 이때 스마트 장비는 물리적 공간과 사이버 공간을 연결하여 사람과 사물 간에 실시간으로 소통하고 협력하도록 해줄 것이다

자동화 기계는 그동안 사람을 대신해 힘들고 위험한 일을 빠르고 정확하게 해낼 수 있도록 발전해왔다. 이에 반해 지능화된 스마트 장비는 무슨 일을 했는지, 에너지를 얼마나 사용했는지, 장비의 상태가 어떤지 등을 스스로 인지하고 분석해서 지혜를 만들어 가는 기능을 가지고 있다.

그리고 업무별로 어떤 내용을 누구와 대화하고 도움을 받아야 하는지도 잘 알고 있다. 예를 들어 작업 중에 원료나 부품의 결함을 인지하면 품질 담당자에게 즉시 알람 메시지를 보내고, 기업 외부에 연결된 공급 업체에도 전달한다. 또 다른 예로 설비 상태를 스스로 진단해 설비 고장으로 추정되는 이상 진동이나 온도 변화가 감지되면, 과거의 고장 이력과 비교한 후 베어링의 파손 가능성을 예측하고, 보전 담당자와 외부 설비 공급 업체의 서비스 센터에 연결해 원격 지원 서비스로 예측 정비를 하는 것도 가능하다.

▌하드웨어 제조에서
▌서비스와 경험을 망라한 가치 제공 기업으로

최근 공작 기계를 판매하는 한 기업은 기계에 대한 전문 지식과 오랜 기간 고장을 수리한 경험을 지식화한 후, 이것을 사물 인터넷과 연결한 서비스를 상품화해 관련 업체에 제공하고 있다. 제품뿐만 아니라 서비스까지 통합한 새로운 사업 모델을 창출한 것이다.

과거에 많은 제조업체들은 고장에 대비하여 직접 인력을 채용하고 정비 팀을 운영해 매년 엄청난 비용을 지불했다. 하지만 이제는 장비 공급 업체와 서비스 용역 계약을 맺어 온라인으로 실시간 모니터링하는 것은 물론 예지 정비를 통해 시간과 비용을 획기적으로 줄이고 있다. 이처럼 고객에게 제품이나 서비스로 편리하고 효율적이며 놀라운 경험을 선사함으로써 고객이 느끼는 가치를 최고로 만들어 지속 가능한 사업을 운영하는 것이야말로 우리 모두가 바라는 모습이 아닐까.

실제로 최근에는 국내에서도 건설 장비 공급 업체나 보일러, 정수기 등을 취급하는 많은 업체들이 하드웨어와 서비스를 통합하여 고객에게 가치를 제공하는 새로운 사업을 개발·확장해 나가고 있다. 경험과 지식을 데이터화하고, 상품화한 새로운 비즈니스 모델로 사업을 영위하고 있는 것이다. 이것이 바로 4차 산업혁명 시대를 개인 맞춤형 가치 사회라고 부르는 이유이다.

수직적 갑을 관계에서
수평적 협업 파트너로

완성차는 크고 작은 수만 개의 부품으로 구성된다. 결과적으로 보면 자동차는 수많은 협력사가 만들어낸 부품들의 합이라 할 수 있다. 앞서 설명한 것처럼 스마트 공장은 자동차 설계 단계에서부터 수많은 부품 협력사와 한 회사처럼 공동 작업을 통해 제품 생산이 이루어진다. 완제품을 만들어 내는 데 있어서 부품의 설계, 생산, 판매, 서비스가 초연결되어 협업으로 운영되는 것이다.

최근 자동차나 스마트폰을 공급하는 세계 최대의 기업들이 특정 부품의 심각한 품질 문제에 대하여 원인 추적을 위한 데이터조차 제대로 관리하지 못하여 심각한 위험에 빠진 적이 있다. 또한 몇 년 전 쓰나미로 동일본 지역에 위치한 제조업체들이 조업을 중단하자 이곳에서 생산되는 부품을 사용하는 수요 업체 또한 연쇄적으로 심각한 문제에 빠진 것을 기억할 것이다.

이러한 일들을 자세히 들여다보면 공통점을 발견할 수가 있다. 대부분의 수요업체에서 문제가 발생하는 시점에 부품 조달에 문제가 발생할 것이라고 예측하지 못했다는 것이다. 즉 1차 공급 업체에 생산 지연이 발생하고 나서야 비로소 납품이 늦어진다는 것을 알았다는 것이다. 결과적으로는 협력 업체의 문제에 즉각적으로 대응하지 못해 연쇄적으로 피해가 발생한 것이라고 볼 수 있다. 4차 산업혁명 시대에는 이와 같이 데이터와 프로세스의 초연결로 이루어진 공급망 전체의 경쟁력이 가장 중요한 경쟁 요소가 될 것이다.

따라서 이제는 수직 계열화된 원청과 하청 관계를 벗어나 수많은 부품 공급 업체, 협력 업체들이 수평적인 협업 파트너로 연결되고, 실시간으로 부품 생산 현황, 설비 상태, 조달 예측과 정보 교환 등으로 소통하는 모습으로 진화해야 한다. 혼자서 모든 것을 생산하고 공급하는 시대는 지났다. 이제는 협업이 답이다. 국내 기업뿐만 아니라, 전 세계 어디에 있든 실력이 있다면 서로가 협업해야 글로벌 경쟁에서 살아남을 수가 있다.

모쪼록 우리나라 기업들이 스마트 공장을 넘어 가치 사슬망의 모든 기업들을 초연결하여 글로벌 시장을 마음껏 주름잡는 모습을 볼 수 있기를 진심으로 바란다. 그리고 이 책이 거기에 조금이나마 보탬이 되기를 바란다.

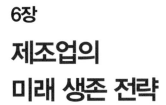

6장

제조업의
미래 생존 전략

1
생각을 바꿔야
살아남는다

우리나라는 소품종 대량 생산 분야에서는 세계 최강이다. 특히 인력들의 손 기술, 눈썰미는 가히 천재적이다. 최근 그 인력들이 퇴직을 하고 있다.

최근에는 기술의 눈썰미도 매우 정확해졌다. 인간의 안면 인식율이 95%인데 비해, 구글의 페이스넷FaceNet은 99.96%에 이른다고 한다. 이처럼 세상은 급변하고 있다. 그러나 우리의 생각과 제조 현장은 별로 바뀌고 있지 않는 것 같다. 생각을 바꿔야 행동을 바꿀 수 있다. 그리고 행동을 바꿔야 살 수 있다!

신뢰와 소통으로
협업하라

4차 산업혁명 시대에는 나 혼자만 잘 한다고 해서 살아남는 것은 불가능하다. 그러나 정작 우리 문화는 어떠한가? 서로 모여서 토론하고 정보를 공유하고 새로운 대안을 만들기보다는 독불장군처럼 혼자서 모든 것을 해내고 결정하는 것이 현실이다. 4차 산업혁명에 대비하려면 무엇보다도 경영자, 관리자, 생산 현장의 노동자 및 노조는 물론 외주 업체와 공급 업체들이 모두 모여 신뢰와 소통의 협업 관계를 만들어야 한다. 그러기 위해서는 다음과 같은 활동이 필요하다.

첫째, 재료, 부품, 원료를 공급에서부터 제품 수명 주기에 관련된 모든 기업들과 수평적 협업 플랫폼을 만들어 신뢰를 바탕으로 소통해야 한다. 대기업과 많은 협력 업체들이 서로 이해하고, 힘들 때 돕고, 필요한 역량을 보완하는 관계로 발전해야 한다. 이를 위해 기술과 설비에 투자하고, 소통 플랫폼을 만드는 것도 좋은 방법이다. 여기서 소통 플랫폼이란 기업 간에 디지털로 연결되고, 신뢰성 있는 데이터로 소통하는 플랫폼을 말한다.

둘째, 다양한 이해 관계자들, 기업과 노조, 현장 인력과 IT, DT, 영업, 마케팅 등 서로 다른 분야의 인력들이 신뢰하고 마음을 열고 소통하는 문화를 만들어 가야 한다. 우리 사회는 아직도 불신이 팽배하다. 서로를 믿지 못한다. 이제는 서로 손을 잡고 같은 방향으로 나아가며 해외 시장에서 이겨야 한다. 우리가 똘똘 뭉쳐야 하고, 필요하다면 외국의 파트너들과도 손을 잡아야 한다. 서로 도움이 된다면, 어제의 적이 오늘의 동지가 되는 세상이다. 최고 경영자는 임직원들을 믿고 신뢰하며, 임직원들 또한 경영자들을 믿고 따르는 문화를 정착시켜야 한다. 머리를 맞대고 솔직하게 어려움을 나누고, 즐거움을 나누는 기업이 되어야 할 것이다.

셋째, 갑을 관계가 아니라 상생 파트너쉽으로 바꿔야 한다. 우리나라의 기업문화는 안타깝게도 수직적 갑을 관계가 지배하고 있고, '노예 관계'라는 말이 심심치 않게 나올 만큼 불평등하다. 이런 관계로는 4차 산업혁명 시대에 살아남을 수가 없다. 상생 파트너쉽을 통해 동반 성장해야 생존할 수 있다.

　신뢰와 소통이 없으면 사람 간의 관계는 어려울 수밖에 없다. 기업도, 사회도, 국가도 제대로 돌아가지 않는다. 불확실한 글로벌 경제 환경과, 장기 저성장의 시대에 신뢰와 소통은 더욱 어려운 일이다. 설비가 아무리 좋다 하더라도 사람 간의 신뢰와 소통이 없으면 그야말로 무용지물이 된다.

▌시장의 변화를
▌눈여겨보라

　4차 산업혁명이 어떻게 전개될지는 아직 불확실하다. 기술이 어디로 어떻게 발전할지도 모르고, 언제 어디서 들어보지 못한 경쟁자가 나타날 수도 있고, 시장이 급변할 수도 있다. 하지만 글로벌 경쟁이 날로 심화될 것만은 분명하다. 이렇게 급속한 기술 발전과 불확실한 글로벌 경쟁 시장에서는 어떻게 변화해야 살아남을 수 있을지가 불분명하다. 따라서 기술 변화뿐 아니라 시장 변화도 눈여겨보는 지혜가 필요하다. 준비하지 않고 있다가는 갑자기 무너질 수도 있다. 기술이 뛰어나다고 해서 내 부서, 내 기업만 보는 우를 범해서는 안 된다. 시장 전체를 바라볼 수 있는 안목이 필요하다.

　최근 글로벌 기업들은 새로운 제품이나 서비스, 누구도 상상하지 못한 비즈니스 모델로 갑자기 등장해 기존 시장을 급격히 파괴하고 있다. 이제는 누가 얼마나 빠르게 시장에 진입하고 고객을 사로잡는가가 매우 중요해졌다. 혁신으로 새로운 제품이나 서비스를 출시하고 시장 반응에 따라 더 좋은 품질로 나아가든지, 고객이 외면하면 바로 단종하는 이원화 전략을 추진해야 한다.

　온라인 서점에서 온라인 만물상으로 지평을 넓히며 가는 곳마다 시장을 정복하는 현대판 칭기즈칸의 대명사인 아마존닷컴의 제프 베조스 회장은 "Innovate or Die!"를 외치며 남보다 한 발 앞서 혁신해 나가지 않으면, 남의 혁신에 내가 죽게 된다고 역설했다. 어디 그뿐인가. 자동차를 한 대도 만들어 보지 않았던 테슬라의 엘런 머스크는 전기 자동차로 시장을 변화시키고 있다. 테슬라는 이미 GM, 포드 자동차를 넘어 시가총액이 55조 원에 이르고 있다. 그 때문에 휘발유 기반의 자동차 업계는 비상 상황이다. 이와 같이 누구든 기술을 쉽게 활용할 수 있는 시대가 되면서 새로운 혁신, 새로운 비즈니스가 세상을 뒤흔들고 있다. 급격한 기술 변화는 물론 시장의 흐름과 변화에도 주목해야 하는 이유이다.

▌플립드 러닝으로 ▌배우고 교육하라

　요즘 신입 사원들은 디지털 세대이다. 한국언론진흥재단이 전국의 19세 이상 성인남녀 5,128명을 대상으로 실시한 '2016 언론 수용자 의식 조사'라는 보고서에 따르면,[1] 2030세대는 모바일 인터넷을 통한 미디어 이용율 20대 99.5%, 30대 98.8%이 다른 연령대 40대 94.9%, 50대 80.8%보다 높았다. 이들은 종이 책보다는 스마트 기기로 책 읽는 것을 더 편하게 느끼고, 영화도 스마트폰으로 본다고 답했다.

　그렇다면 이들을 어떻게 인재로 육성할 수 있을까? 먼저 스스로 느끼고 배우고 도전하는 문화를 만들어야 할 것이다. 그러기 위해서는 교육이 바뀌어야 한다. 배움에 대한 생각부터 바뀌어야 살아남을 수가 있다. 학교에서 교사에게 배우고 외워서 시험에 합격하는 교육 시스템이 아니라, 스스로 배우고 익히고 토론하는 배움의 장을 만들어야 한다.

미국에서 시작한 무크MOOC: Massive Open Online Courses라는 대규모 온라인 강의 과정이 있다. 세계 3대 무크로는 코세라Coursera, 에덱스edX, 유다시티Udacity[2]가 매우 유명한데, 세계 유수 대학의 저명한 교수들의 동영상 강좌를 제작해 세계 어디서든 누구나 원하면 학습할 수 있다. 강좌 대부분은 무료이다. 우리나라에서도 한국판 무크를 만들어 일반 학습자에게 무료로 제공하고 있다. 강의 내용, 편리함, 학습 인정 체계 등 어디에 내놔도 전혀 손색이 없다.

스탠포드대학교의 컴퓨터 공학과 교수인 앤드류 응Andrew Ng과 대프니 콜러Daphne Koller가 2012년 설립한 코세라에서는 인문 사회, 비즈니스, 컴퓨터 과학, 물리학, 공학, 생명과학, 사회학, 언어학 등 2,000개 이상의 대학, 대학원 강좌를 들을 수 있다.

에덱스는 2012년 MIT와 하버드대학교가 세운 비영리기관으로 컴퓨터 과학, 비즈니스와 경영학, 공학, 인문, 사회과학 등 1,200개 이상의 강좌들을 제공한다. MIT와 하버드대학교를 비롯하여 서울대도 여기에 참여하고 있다.

구글 X에서 연구소장을 역임했던 스탠퍼드대학교의 세바스찬 스런 교수가 2011년 설립한 유다시티에서는 머신 러닝, 데이터 분석, 프로그래밍, 웹 개발, 데이터 과학, 소프트웨어 공학, 안드로이드 개발, 애플 iOS 개발 등의 강좌를 들을 수 있다. AT&T와 협력하여 미국 조지아공과대학교의 컴퓨터 공학 온라인 석사 학위 과정도 제공하는데, 유학 비용에 비해 아주 저렴하게 학위를 취득할 수 있다.

수강자들에게 혼자 듣는 강의와 팀원들이 협력하는 팀워크 학습 체계를 제공하는 노보에드NovoEd[3]도 있다. 이는 스탠포드대학교의 아민 사베리Amin Saberi 교수가 2013년 공동 창업한 것으로 리더십, 혁신과 디자인 씽킹, 전략과 의사 결정, 영업, 적층형 제조 등 기업이 필요로 하는 교육에 특화된 강좌를 제공한다.

우리나라도 2015년 한국판 무크K-MOOC를 만들어, 국가평생교육진흥원에서 국내 유수 대학 교수들의 동영상 강좌를 일반 학습자들에게 제공하고 있다.[4] 서울대학교 등 20여 개 대학교의 경제학, 물리, 인체 해부학, 철학, 열역학, 전자 회로 등 263개 강좌를 무료로 들을 수 있다. 아직은 미약하지만 지속적으로 강좌가 늘어날 전망이다.

이처럼 무크 강좌 열풍은 미국과 한국뿐만 아니라 전 세계로 확산되고 있다. 영국의 퓨처런FutureLearn, 독일의 아이버시티iversity와 오픈업에드OpenupEd, 프랑스의 펀Fun, 중국의 무크학원Mooc Guokr, 일본의 제이무크J-MOOC도 있다.[5]

유학을 가거나 비싼 등록금을 내지 않아도, 온라인으로 세계 최고의 강의를 들을 수 있는 무크는 새로운 배움의 플랫폼이라고 할 수 있다. 세계 최고의 온라인 강의를 듣고 선행학습을 한 후 회의실에 모여서 토론을 하며 스스로 배우는 플립드 러닝이 이제는 세계적 흐름이다.[6] 누구나 원하면 어디서든지 듣고 배워 전문가로 도약할 수 있는 기회가 열려 있다. 이 얼마나 편리한 세상인가! 이것이 바로 우리가 원하는 새로운 배움이고, 4차 산업혁명 시대에 대응하는 인재의 배움터인 것이다.

2

일단
시작하라

MIT 미디어연구소의 조이 이토Joi Ito 소장은 새로운 혁신을 "Deploy or Die!"라고 주장했다. 이는 그 유명한 전임 소장인 니콜라스 네그로폰테가 주장했던 "Demo or Die!"의 시대는 지나갔음을 뜻한다. 빠르게 제품을 구현하고 시장 반응을 보는 일이 데모 제품이나 시제품으로 시장 반응을 살핀 후, 완제품을 출시하는 것보다 더 중요한 시대가 되었다는 의미다. 이러한 시대에 대기업 중심의 산업 구조로는 변화에 대응하기 어렵다. 그렇다면 소품종 대량 생산에 익숙한 우리 기업들은 어떻게 해야 글로벌 시장에서 승리할 수 있을까?

▌일단 작게
▌시작하라

스마트 공장에 대한 방향이 정해지면 일단 작게라도 시작해야 한다. 스마트 공장을 향한 디지털화, 연결화, 스마트화 과정들은 하루아침에 실행하고 완수할 수 있는 일이 아니다. 많은 인재들과 오랜 시간, 큰 비용을 투자하고 열심히 노력해야 달성할 수 있다. 한편으로는 힘들고 지루하면서도 한편으로는 신나는 긴 여정이라고 할 수 있다.

먼저 스마트 공장을 구축하려면 현재의 공장과 기업의 수준을 점검하는 것이 필요하다. 어떤 기업은 아직 디지털화를 시작도 못 했을 수도 있고, 어떤 기업은 일부는 디지털화가 잘 되어 있지만 일부는 해야 하는 경우도 있다. 또한 이미 디지털화가 잘 되어 있어서 연결도 어느 정도 되고, 데이터를 수집·활용하는 경우도 있을 수 있다.

현재의 수준과 개선하거나 달성하고 싶은 목표를 세웠다면, 그 차이를 극복하기 위한 대응책을 마련하고 추진하면 된다. 때로는 목표가 너무 커서 시작하기 전에 대부분의 직원들이 포기하는 경우도 있다. 그렇다고 해서 목표를 너무 작게 잡으면, 실행이 쉬워서 도전정신도 생기지 않고 성취감도 느낄 수 없을 것이다. 따라서 각자 수준에서 달성하기에는 조금 어려운 목표를 정하고, 열심히 도전하여 스마트 공장을 향한 과정을 하나하나 실행하는 것이 현명하다.

일단 시도하다 보면, 개선이 더 필요한 부분이나 작업을 찾을 수도 있다. 시작이 반이다. 시작하고 나면 더 나은 길, 더 필요한 길, 이전에 보지 못했거나 생각하지 못했던 아이디어가 떠오르게 마련이다. 그리고 다양한 방안이 생각날 수도 있다. 이렇게 작은 것들이 모여서 큰 영향을 미치고, 작은 것들이 모여서 공장, 기업, 사회를 바꾼다. 비전과 목표는 원대해도 실행은 작게 시작하고, 끝까지 완료하여 성공을 맛보는 것이 중요하다. 작은 성공이 모여야 큰 성공을 이룰 수 있다. 그리고 성공을 맛보면, 중간에 실패해도 다시 일어설 수 있다.

최고 경영자의 의지가 스마트 공장 추진에 있어서 가장 중요하다. 최고 경영자가 이끌어야 한다. 모든 것은 결국 사람에 의해 결정된다. 스마트 공장 추진도 최고 경영자가 중심이 되어 내부의 최고 직원들과 일단 작은 것부터 시작해야 한다. 이들이야말로 우리의 사업, 제조 공정, 제품, 서비스, 고객 등을 제일 잘 아는 전문가이다. 이들의 경험과 기술, 열정과 노력은 절대적이다. 현장 전문가와 명장들을 모아 힘을 합치고, 최고 경영자가 투철한 의지로 내부의 최고 인재들과 머리를 맞대고 손을 잡으며 시작해야 한다. 그리고 필요하다면 이들을 교육시켜 역량을 키워야 하며, 외부 전문가의 도움과 지원도 받아야 한다. 인재에 대한 투자야말로 가장 중요한 투자라 할 수 있다.

팀워크도 매우 중요한 요소이다. 최고 경영자는 스마트 공장 구축으로 인해 인력의 구조 조정이 있으리라는 의구심을 불식시켜야 한다. 그러기 위해서는 직원들을 배려하고 사전에 충분한 이해와 협조를 구해야 한다. 스마트 공장 구축으로 일자리가 바뀌는 인력들에게 새로운 보직, 이에 따른 교육 등을 최고 경영자가 먼저 제시하는 것이 필요하다. 그들의 경험을 어떻게 활용하여 새로운 일자리에서 더 큰 기여를 하도록 할지 청사진을 펼치는 것이 중요하다.

그러기 위해서는 우선 그들을 보듬어야 한다. 사실 사람의 융합이 기술의 융합보다 어려운 법이다. 모든 일에는 사람이 가장 중요하다. 스마트 공장도 결국은 사람이 구축하고 운영한다. 따라서 스마트 공장 추진팀을 조직할 때에는 팀원들이 조화롭게 협업할 수 있도록 서로가 배려하고 열린 마음으로 일하도록 해야 한다. 나를 활짝 열어 남을 받아들이고, 작은 성공에 기뻐하며, 역경과 고통을 함께 나누는 팀으로 만들어야 한다.

미래를 위한 투자,
지금이 최적기다

GE는 124년 된 스타트업이라는 찬사를 듣는다. GE의 제프 이멜트 회장은 "우리가 다른 방식으로 해보려는 생각을 덜할수록, 위험을 감수하려는 의지가 적을수록, 변화의 추진력이 적을수록 성장은 없다. 중요한 건 과연 누가 위험을 감수하고 불확실한 시기에 투자를 하며, 누가 변화를 몰고 오는가이다"라고 일갈했다. GE는 2011년부터 10억 달러약 1조 1천억 원을 투자하여 미국 실리콘밸리 지역에 GE소프트웨어연구소를 설립하고, 현재 3만여 명의 소프트웨어 엔지니어를 채용하여 디지털 사업에 박차를 가하고 있다. 그 결과, 소프트웨어와 분석 관련 디지털 사업 부문에서 2015년에 50억 달러약 55조 원, 2016년에는 60억 달러약 66조 원의 매출을 기록했다. 불확실한 시기에 투자를 하고 변화를 몰고가는 124년 역사의 제조 공룡 GE가 스타트업과 같이 민첩하게 움직이며 놀라운 결과를 내고 있는 것이다.

그러나 우리의 현실은 어떠한가. 아직도 불확실한 수익율로 인해 투자를 망설이는 기업들이 많다. 2016년 11월 한국인더스트리4.0협회에서 기업의 혁신 담당자 409명을 대상으로 조사한 결과, 스마트 공장 구축에 가장 큰 방해 요소로 41.7%의 기업이 '불확실한 경제적 혜택과 과도한 투자'를 꼽아 ROI투자 수익율, Return On Investment에 대하여 염려하고 있는 것으로 나타났다. 그렇다고 해서 투자를 하지 않고 기다려야 하는 것일까? 그래서는 안 된다. 결론적으로 말하면, 불확실한 시기일수록 위험을 감수하며 과감히 투자해야 한다. 누가 먼저 과감히 투자하느냐에 따라 변화를 선도해 성공에 먼저 다다를 것인지, 변화에 몰려 무너질 것인지가 결정된다. 우물쭈물하다가는 어떤 성공도 성취할 수 없다.

투자의 불확실성, 어떻게 극복할 것인가?

4차 산업혁명에 관련된 다양한 기술들이 아직은 대부분 설익었다는 생각이 들 때도 있을 것이다. 하지만 이러한 기술들은 서서히 진화하는 듯 보이다가 갑자기 놀랄 만큼 파괴적으로 우리를 지배하는 기술이 된다. 알파고가 이세돌을 이겨 우리를 놀라게 했던 것처럼 말이다. 헤밍웨이의 소설 『태양은 다시 떠오른다』에 나오는 "당신은 어떻게 파산했소?"라는 물음에 "서서히, 그러다가 어느 날, 갑자기"라는 답처럼, 우리도 이러한 기술 앞에서 어떻게 해야 할지 몰라 우물쭈물하다가는 어느날 갑자기 파산할지도 모른다.

그렇다면 우리는 새로운 기술에 어떻게 투자해야 할까?

하버드대학교의 경영대학원 교수인 크리스챤슨[8]은 혁신적 변화를 거치는 설비 투자의 경우 전통적인 방식의 기술 투자, 즉 투자 수익이 +이면 투자하고 -이면 투자하지 않는 방식은 적합하지 않다고 지적했다. 크리스챤슨은 이러한 문제를 극복하는 방안으로 맥그레이스와 맥밀란McGrath and MacMillan의 '점검에 의한 계획DDP: Discovery-Driven Planning[9]'이라는 방법론을 제안했다. 이 방식은 기술 투자 검토 시, 투자 승인을 받기 위해 달성해야 할 최소한의 수입과 소득과 현금 흐름 추정치를 산정하고 가정을 검토해보는 것을 말한다.

먼저 이러한 추정치를 현실화하기 위해 만족시켜야 할 가정들을 적는다. 가정이란 기술 투자 결정이 이뤄진 후 투자 수익이 창출되기까지의 여러 활동예: 생산 활동 및 활동 환경예: 생산된 물건이 연간 팔리는 시장 수요에 관한 것을 말한다. 투자 수익에 관련된 여러 가정을 적어보고 가정별로 점검 가능한 지표의 수치에 대해 타당성을 점검하는 것이라고 할 수 있다. 이러한 가정에 대한 타당성은 유사한 상황에서의 경험, 전문가의 조언, 출판 정보물을 통해 검토할 수 있다.

스마트 공장은 여러 기술이 융합되어 수익 혹은 혜택을 창출하기 때문에, 여러 상황에 대한 가정을 점검해 보는 크리스찬슨의 제안 방식이 유용해 보인다. 추가적으로 스마트 공장에 대한 기술 투자에서 의사 결정 부서는 물론 다른 부서에서도 투자 수익을 고려해야 한다. 또한 전체 제품 수명 주기를 고려하여 투자 수익을 검토하는 것이 바람직하다.

3D 프린팅 기술로 개발한 GE의 제트 엔진 연료 노즐의 경우에는 투자의 불확실성을 어떻게 극복했을까? GE글로벌리서치의 기술이사인 크리스틴 퍼스토스Christine Furstoss는 이렇게 설명했다.[10]

"3D 프린팅 기술로 연료 노즐을 제작할 경우에는 기존 방식으로 제작한 것보다 가격이 5배나 비싸지만 25% 가볍고 5배 강하다고 해보자. 이러한 기술과 새로운 소재로 GE의 LEAP 엔진이 가벼워지면 연료 효율성이 높아져 항공사는 1년에 연료비를 비행기 한 대당 160만 달러약 17억 원가량 절약할 수 있다. 이와 같이 기술 투자 효과를 제품 수명 주기 전체로 바라보는 것이 중요하다. 이것이 바로 우리가 이해하고 활용해야 하는 혁신의 본질이다."

대개 투자 효과는 최소 2년 후에 나타난다. 따라서 스마트 공장을 구현하는 데 있어서 중요한 부분은 인프라를 점검하고, 필요한 부분을 개선·

구축하는 것이다. 그러기 위해서는 연결을 위한 통신 인프라와 모든 데이터를 체계적으로 분류하여 수집·저장하는 빅 데이터 인프라에 투자해야 한다. 대부분의 경영자들은 인프라에 투자하면 내일부터 엄청난 효과가 나타날 것이라고 기대한다. 하지만 인프라에 투자하려면 그에 맞게 인력에도 투자하고, 공정도 바꾸는 등 많은 작업들이 필요하다. 이 모든 것이 비용이고 투자다.

  미국에서 600개 기업을 조사한 결과,[11] 컴퓨터에 대한 투자가 혜택으로 나타나기까지는 5~7년이 걸렸다고 한다. 그것을 감안한다면 바로 지금 투자해야 한다. 통신 인프라나 빅 데이터 인프라가 갖추어져 있더라도, 빅 데이터를 제대로 분석하려면 최소한 1년 이상 신뢰성 있는 데이터를 수집해야 한다. 지금 투자해도 투자 효과의 가시성은 최소 2년이 걸리므로, 필요한 부분은 절대 미루지 말고 지금 당장 과감하게 투자해야 한다.

3

사람과 경험도
디지털화하라

원료나 소재 부문은 우리나라가 선진국에 비해 취약한 대표적인 분야로 꼽힌다. 그에 대한 연구·개발도 선진국에 비하면 형편없이 적은 편이다. 전 세계는 이제 화학 소재를 넘어 컴퓨터 기술을 활용하여 소재를 디자인하거나 특성을 연구하는 계산 재료 분야에서 경쟁을 벌이고 있다. 소재의 전자, 원자, 분자 구조를 계산하는 방법을 연구하고 활용하고자 노력하고 있는 것이다. 때로는 이를 전자 부문이나 나노 전자 기계와 에너지 분야에 활용하기도 한다.

우리나라의 임지순 박사는 전자구조 계산 분야의 세계적인 권위자이다. 조용히 연구만 하던 그가 2016년 2월 정년을 6개월 앞두고 30년 동안 몸담았던 서울대학교를 떠나 70세까지 교수직과 연구 지원을 약속한 포스텍으로 자리를 옮기면서 언론의 스포트라이트를 받았다. 정년인 65세를 넘어 건강이 허락하는 한 열심히 연구할 수 있는 곳을 찾아 보금자리를 옮긴 것이다. 2016년 노벨 물리학상을 공동 수상한 미국 브라운대학교의 마이클 코스털리츠 교수Michael Kosterlitz는 아직도 현역이다. 그는 2016년 10월부터 우리나라 고등과학원의 계산과학부에 석학교수로 임명되어 2018년까지 매년 2개월가량 서울에서 활동할 예정이다. 우리나라에서도 이와 같은 훌륭한 연구자들이 지속적으로 연구하고, 후배들을 양성할 수 있는 여건이 폭넓게 지속적으로 마련되기를 기대해 본다.

사람도
디지털화하라

국내는 훌륭한 인재들이 넘쳐난다. 제조 분야에는 명장들도 무수히 많다. 제조업 종사자들도 우리나라 총인구의 7.8%인 390여만 명이나 된다. 4차 산업혁명에 대비하려면 이들 모두를 디지털화해야 한다. 이미 인터넷상에는 나의 아바타, 즉 디지털 복제품이 존재한다. 인터넷이나 스마트폰, CCTV 등을 통해 우리의 일상은 모두 기록되고 있다. 인터넷 가상 공간의 내 정보를 모두 합치면 그것은 나의 아바타가 된다.

나의 아바타는 시간이 갈수록 나에 대해 더 많은 정보를 쌓아간다. 내가 모르는 사실도 더 많이, 더 정확히 알고 있다. 내가 언제 어디서 어떤 책을 얼마에 사고, 어떤 신용카드로 지불했는지 그리고 신용카드 번호, 지문, 혈액형, 성별, 생년월일, 키, 나이, 좋아하는 식당, 사고 싶은 가방, 자주 가는 미장원, 선호하는 화장품, 아내 생일, 어머니 생신 등 이루 말할 수 없는 정보와 때로는 비밀스런 것까지도 시시콜콜 알고 있다.

어디 그뿐인가. 제조 라인에 들어서는 순간 공장이 나의 경력, 배경, 역량, 오늘의 건강 상태 등을 토대로 내가 낀 스마트 안경에 오늘 해야 할 작업과 작업 순서를 알려준다. 생산 제품, 품질 결과, 생산량, 효율성, 로봇과 협업하는 작업, 부품 내역, 조립 방법 등 필요한 정보 등도 자세히 일러준다. 가령 어제 엄지손가락을 다쳐서 작업이 어려운 상태라면 제조 공정이 미리 알고, 그 작업을 다른 작업자에게 이관하거나 엄지손가락을 사용하지 않는 작업에 배정한다.

관리자는 내가 엄지손가락을 다쳐서 다른 공정에 배치되어 일하고, 나의 작업을 누가 대체하는지 실시간으로 알고 있다. 또한 같이 일하는 작업자들의 생산성, 생산량, 효율성, 건강 상태, 품질 결과, 휴식 시간, 특별 배려 사항 등도 실시간으로 모니터할 수 있다. 이는 아바타들을 가상 공정, 물리적 공정과 연결하기에 가능한 일이다. 이것이 바로 공정과 작업자, 관리자가 가상 공간과 현실 공간에서 실시간으로 협업하는 새로운 미래의 스마트 공장이다. 그러기 위해서는 인력이 디지털화되어야 가능하다. 그리고 공정과 공장이 디지털화되어야 할 수 있는 일이다.

현장 전문가의 경험도
디지털화하라

기업에서 경험 많은 인재들이 퇴직하거나 은퇴하면 그들의 머릿속에 있는 자산도 함께 빠져나가게 마련이다. 이것은 개인은 물론 기업, 사회, 나아가 국가의 손실이다. 이렇게 제조 명장이 은퇴하거나 퇴직하고 나면 얼마나 많은 경험이 회사에 남겨질 수 있겠는가. 따라서 은퇴나 퇴직을 앞둔 인력들의 경험도 디지털화하여 공유해야 한다.

경험을 디지털화하기 위한 최선의 방안은 경험자와 새로 입사한 젊은 직원이 한 팀이 되는 것이다. 아무래도 신입 사원은 디지털에 강할 수밖에 없다. 어렸을 적부터 디지털 환경에서 자란 세대이기 때문이다. 신입 사원이 경험자가 작업하는 모습, 문제를 미리 감지하는 방법, 문제를 해결하는 지혜, 설비나 장치를 운용하는 지식과 경험 등을 바로 옆에서 디지털 문서나 사진, 동영상으로 기록한다. 잘 모르거나 궁금한 사항은 질의를 통해 파악하고 디지털로 자세히 적는다. 이를 저장하고 지속적으로 오랜 기간 동안 반복한다. 그러면 정보가 쌓여 지식이 되고, 지혜가 된다.

모든 디지털 정보는 투명하다. 여러 팀을 조직하여 정보를 기록·보관하고 비교하면, 더 나은 방법을 찾을 수 있다. 또한 디지털 정보는 복사도 가능하고 팀 간의 공유도 가능하며, 쉽게 다른 공장에 전송하거나 그들의 정보를 받을 수도 있다. 게다가 디지털 문서나 기록물은 복사와 전송에 부가 비용이 거의 들지 않기 때문에 재생산 한계 비용이 거의 제로에 가깝다. 이와 같이 디지털 문서들을 모아 놓으면, 다양한 분야에 활용하는 것은 물론 사전 예측 정비를 위한 자료로도 활용이 가능하다. 그리고 가상 공간의 자산이 늘어나고, 이를 물리적 자산과 연결하면 가상 공간의 시뮬레이션 기능을 활용하여 실제 교육에 유용하게 사용할 수도 있다. 가상의 문제들을 가상 공간에서 검증하거나 해결하는 다양한 방안을 제시하며 실험을 할 수도 있다.

지난 40여 년간의 귀한 경험을 보유한 인력들이 퇴직하기 전에 이들의 경험, 지혜, 문제 해결 능력, 직관, 눈썰미 등을 디지털로 변환하여 기록하고, 개선하여 공정, 공장, 기업 발전에 활용하기를 바란다. 아울러 이를 젊은이들의 체계적인 교육에 사용하고, 물리적 자산과 가상 공간의 자산을 연결하여 4차 산업혁명 시대에 대응하는 실용적이고 효율적인 도구로 활용해야 한다. 그러기 위해서는 사람도, 경험도 디지털화해야 한다.

고객의 경험도
디지털화하라

그동안 많은 제조업체들은 최고 품질의 제품을 최대한 낮은 가격에 생산하고, 고객들에게 적정한 가격에 제공하여 수익을 내는 데 모든 역량을 집중했다. 이른바 소품종 대량 생산으로 원가를 최대한 낮추고 균일한 품질의 제품을 생산하여 고객에게 제품을 판매하는 Push형디자인 - 생산 - 판매 모델을 따랐던 것이다.

그러나 시대가 변해 고객은 요구 사항이 복잡하고 까다로우면서도 나만의 제품, 나만을 위한 서비스를 원하게 되었다. 이에 기업의 경영 모델도 Pull형디자인 - 판매 - 생산으로 바뀌기 시작했다. 제품을 다양하게 디자인하여 고객이 원하는 사양을 선택한 후 결제하면 기업은 바로 생산하여 고객에게 전달하는 방식으로 전환하게 된 것이다. 이로 인해 고객이 원하는 제품과 서비스로 놀라운 경험을 제공하는 새로운 비즈니스 형태가 점점 인기를 끌고 있다. 이러한 비즈니스는 고객 만족도가 상승하고, 고객 충성도가 높아져 재구매 효과가 늘어나고 있는 추세다. 제품만 공급하던 제조업이 어떻게 하면 고객의 경험을 극대화할 것인가를 고민하는 시대로 접어든 것이다.

그렇다면 이러한 고민을 해결하기 위해 제조업은 어떻게 변화해야 할까? 제품과 서비스는 디지털화가 그리 어렵지 않은 편이다. 그러나 고객의 경험은 감성적 영역에 속한다. 감성적 영역을 디지털화하기 위해서는 다양한 분야의 전문성이 요구된다. 감성적 영역을 디지털화하기 위해서는 제품과 서비스는 물론 고객의 사용 빈도, 사용 패턴, 기업과의 소통, 재주문 형태, 제품 수명 주기에 따른 서비스, 취향 등을 데이터화하고, 이를 바탕으로 감성을 인지할 수 있는 역량을 갖추어야 한다. 그리고 이를 통해 고객의 경험도 데이터로 디지털화하여 지속적으로 소통하고, 고객 만족도가 지속적으로 상승하여 고객 충성도를 최고로 유지할 수 있도록 노력해야 한다.

여기서 고객의 다양한 데이터의 집합체는 바로 고객의 아바타, 즉 디지털 복제품이 된다. 이제는 기업 경영에서 고객의 아바타와 기업 간의 신뢰와 소통은 지속적으로 고객을 만족시키기 위한 필수 요소가 되고 있다. 고객과의 직접 소통의 접점에서 어떻게 대응할 것인지, 어떤 영향을 줄 것인지 미리 청사진을 준비하는 기업만이 고객의 마음을 사로잡아 미래의 지속 가능성을 담보할 수 있다.

우리는 알파고와 이세돌의 바둑 경기 이후, 데이터와 디지털이 얼마나 강력한지 확인할 수 있었다. 미래에는 사람은 물론 현장 인력과 고객의 경험을 디지털화하는 기업만이 살아남을 것이다. 4차 산업혁명 시대는 우리의 모든 역량, 열정, 노력을 기울여서 적극적으로 대응해야 하는 피할 수 없는 위협이자 기회이다. 기회를 잡는 사람, 기회를 잡는 기업만이 살아남을 수 있다. 우리 모두가 그런 사람, 그런 기업이 되기를 바란다.

대한민국 제조 역군들, 모두 화이팅!

1장　또 한 번의 격변기, 4차 산업혁명의 시대

1. 이태훈, "무너지는 제조업 현장…숙련 기술 인력 떠난다", 한국경제신문, 2016.12.08

2. 임채성, 〈4차 산업혁명 시기의 제조업 경쟁력 강화를 위한 스피드 경쟁〉, 국회입법조사처보, 2016년 겨울호 통권 31호, pp. 8~12, 2016.12.15

3. Chris Rhodes, House of Commons Library, 『Manufacturing: international comparisons』, 2016.08.18

4. 『알기 쉽게 풀어 쓴 중소기업 범위 해설』, 중소기업청, 2015년 개정판, 2014.10

5. Deloitte, 『2016 Global Manufacturing Competitive Index』, 2016, https://www2.deloitte.com/content/dam/Deloitte/global/Documents/Manufacturing/gx-global-mfgcompetitiveness-index-2016.pdf

6. 중소기업중앙회, 『중소기업 하반기 현장동향 조사 보고서』, 2016.12.19

7. 성호철, "직원 절반 내보내기도…경영 벼랑에 몰린 풀뿌리 中企들", 조선일보, 2016.11.29

8. Joseph Bradley 외 2명, 『Embracing the Internet of Everything To Capture Your Share of $14.4 Trillion』, Whiter Paper, Cisco, 2013.02.10

9. 최현석, "中 '광군제' 종료…알리바바 하루 매출액 20조원 신기록", 연합뉴스, 2016.11.12

10. 박건형, "성차별·극우 발언 쏟아낸 MS 인공 지능 '테이'·배터리 발화 '갤노트7'·페이스북 '가짜뉴스'…", 조선일보, 2016.12.29

11. Antonio Regalado, 「The Biggest Technology Failures of 2016」, MIT Technology Review, 2016.12.27

12. Plattform Industrie 4.0, "Action Plan agreed between Plattform Industrie 4.0 and the Japanese Robot Revolution Initiative", 2016.04.05, http://www.plattform-i40.de/I40/Redaktion/EN/News/Actual/2016/2016-04-05-aktionsplan-mit-japan.html

13. 김정환, "지멘스 첨단 스마트 공장, 2018년 안산에 들어선다", 매일경제, 2016.10.09

14. 제조 미국 웹사이트, https://www.manufacturingusa.com/institutes

15. 윤태화, "중국제조 2025와 스마트 제조 베이징자동차 사례", KMAC 2016 제조혁신 컨퍼런스, 2016.11.30

16 한종화, "中 11월 차이신 서비스업 PMI 53.1…전월치 52.4", 연합인포맥스, 2016.12.05

17. 배인선, "11월 소비·생산 지표도 양호, 중국 경기 회복세", 아주경제, 2016.12.13

18. 이종실, "중국 '제조업' 지고, '서비스업' 뜬다!", 상하이방, 2016.05.23

19. 김유리, "4차 산업혁명의 물결, 쓸려갈 것인가 끌고갈 것인가 - 중국 편", MFG, 통권 제504호, 2016.09

20. 요시카와 료조 편저, 『제4차 산업혁명』, KMAC, 2016

21. Amitabh Dubey, "A Closer Look at Modi's Make in India", The Wire, 2016.08.30

22. 신성아, "삼성전자, 인도에 3,400억 원 투자…스마트폰 생산 2배 확대", 포커스뉴스, 2016.10.17

23. Deloitte, 『2016 Global Manufacturing Competitive Index』, 2016,

https://www2.deloitte.com/content/dam/Deloitte/global/Documents/
Manufacturing/gx-global-mfgcompetitiveness-index-2016.pdf

24. 정책 브리핑, "자동차 피스톤 생산 '동양피스톤' 스마트 공장 표본", 산업자원통상부, 2016.03.04

25. 중소기업중앙회, 『4차 산업혁명에 대한 중소기업 인식 및 대응 조사 결과』, 2016.12.06

2장   4차 산업혁명 시대의 제조업에 영향을 미칠 요소

1. Industrial Internet Consortium, Fact Sheet 2015

2. 김민식, 최주한, 『제4차 산업혁명과 Industrial IoT·Industrial Internet의 이해』, 정보통신정책연구원, 제28권 12호 통권 626호, pp.23, 2016.07.01

3. 김민식, 최주한, 『제4차 산업혁명과 Industrial IoT·Industrial Internet의 이해』, 정보통신정책연구원, 제28권 12호 통권 626호, pp.23, 2016.07.01

4. Louis Columbus, "Roundup of Internet of Things Forecasts And Market Estimates, 2015", Fortune, 2015.12.27

5. World Economic Forum, "Industrial Internet of Things: Unleashing the Potential of Connected Products and Services", Jan 2015

6. 『사물 인터넷의 충격』, Cisco 시스템즈 IoT인큐베이션 랩 지음, 2015, pp.81~83

7. 『정보통신용어사전』, 한국정보통신기술협회

8. 아마존 웹 서비스 홈페이지, https://aws.amazon.com/about-aws/globalinfrastructure/

9. 서보모터를 사용하여 하중 및 위치를 정밀하게 제어하도록 고안된 기계식

압축 성형 장치

10. 더 나은 의사결정을 목적으로 개별 사안의 미래 행위를 예측하기 위해서 경험(데이터)으로부터 학습하는 테크놀로지 (출처:에릭 시겔)

11. 앨런 매티슨 튜링(Alan Mathison Turing, 1912년 6월 23일~1954년 6월 7일) 영국의 수학자, 암호학자, 논리학자이자 컴퓨터 과학의 선구적 인물이다.

12. 마쓰오 유타카, 『인공 지능과 딥 러닝』, 동아엠엔비, 2015.12.10, pp.54~55

13. 고성민, "알파고, 커제·박정환도 꺾었다…세계 바둑 고수에 60전 60승", 조선일보, 2017.01.05

14. 딥드림 플랫폼 Deep Dream Generator, https://deepdreamgenerator.com/

15. First Industrial Robot, http://www.historyofinformation.com/expanded. php?id=4071

16. ABB Australia, "ABB Robot Keeps Trailer Maker Competitive with 60 Percent Productivity Increase", 20 September, 2010, http://www.ferret.com. au/c/abb-australia/abb-robotkeeps-trailer-maker-competitive-with-60-percent-productivity-increase-n896843

17. 국제로봇협회, 2016.02.25, http://www.ifr.org/news/ifr-press-release/survey-13-million-industrial-robots-to-enter-service-by-2018-799/

18. 『Executive Summary』, World Robotics 2016 Industrial Robots, http://www. ifr.org/fileadmin/user_upload/downloads/World_Robotics/2016/Executive_Summary_WR_Industrial_Robots_2016.pdf

19. Jim Lawton, "Think You Know Industrial Robots? Think Again", http:// www.forbes.com/sites/jimlawton/2015/11/10/think-you-know-industrial-robots-think-again, 2015.11.10

20. 유니버설 로봇 홈페이지, https://www.universal-robots.com/about-universal-robots/news-centre/history-of-the-cobots/

21. Will Knight, 「Japanese Robotics Giant Gives Its Arms Some Brains」, MIT

Technology Review, 2016.10.07, https://www.technologyreview.com/s/602553/japanese-robotics-giant-gives-its-arms-some-brains/

22. Rick Lingle, "Meet Baxter, which is unlike any robot you've seen", Nov 04, 2014, http://www.packagingdigest.com/robotics/meet-baxter-which-is-unlike-any-robot-youve-seen141104

23. Marc Wulfraat, "Is Kiva Systems a Good Fit for Your Distribution Center? An Unbiased Distribution Consultant Evaluation", MWPVL International Inc., http://www.mwpvl.com/html/kiva_systems.html, 2012.02

24. 이강민, "아마존, 현재 물류창고에 45,000대 로봇 가동", IT News, 2017.01.05

25. Katrin Nikolaus, "World's First Independently Operating Warehouse Robot", 8 March 2016, http://www.siemens.com/innovation/en/home/pictures-of-the-future/industry-and-automation/digitale-factory-autonomous-systems-magazino.html

26. Michael Molitch-Hou, "Breakthrough Glass 3D Printing Platform Unveiled by Neri Oxman & MIT", 3D printing industry.com, 2015.08.20, http://3dprintingindustry.com/2015/08/20/breakthrough-glass-3d-printing-platform-unveiled-by-neri-oxman-mit/

27. Kieron Monks, "This talking, electric, self-driving bus is coming to a city near you", CNN, 2016.10.20

28. Richard D'Aveni, 「3D 프린팅 혁신」, Harvard Business Review, 2015년 5월호

29. Lee and Seshia, "Introduction to Embedded Systems-A Cyber-Physical Systems Approach", LeeSeshia.org, 2011

30. 박지숙, 『가상 현실과 증강 현실 쉽게 알기!』, 미래이야기, 미래창조과학부, 2016.09

31. 박지숙, 『가상 현실과 증강 현실 쉽게 알기!』, 미래이야기, 미래창조과학부,

2016.09

32. Joseph Ratermann, 'How Virtual Reality Is Revolutionizing the Factory of the Future', indicator magazine, 2016 .05. 17, http://www.renderthat.com/indicator/en/posts/how-virtual-reality-is-revolutionizing-the-factory-of-the-future/

33. Louis Columbus, "Roundup of Internet of Things Forecasts And Market Estimates, 2015", Fortune, 2015.12.27

34. 중소기업중앙회,『4차 산업혁명에 대한 중소기업 인식 및 대응 조사 결과』, 2016.12.06

35. 산업자원통상부, "제4차 소재, 부품발전 기본계획", 2016.12.26

36. 서인주, "얼음 녹은 바다를 발견한 북극곰은 큰 충격을 받았다", 인사이트, 2016.11.20

37. 통계청 사회통계국 인구동향과,『장래인구추계:2015 ~ 2065』, 2016.12.08

38. 김보경, "파리협정 공식 발효 선언… 기후변화 싸움의 전환점 될 것", 연합뉴스, 2016.11.04.

39. 국가 온실가스 배출 현황, http://www.index.go.kr/potal/main/EachDtlPageDetail.do?idx_cd=1464

40. 김형렬, "안전 불감증이 빚은 석유화학 단지 잇단 폭발", 뉴스1코리아, 2016.12.27

41. 조지원, "쉘 부사장의 따끔한 경고… 한국 조선 안전사고 줄여야 수주 회복", 조선일보, 2016.06.30

3장 스마트 공장 프레임워크와 플랫폼, 기본 인프라 구축

1. Prashant Gandhi, Somesh Khanna, Sree Ramaswamy, 「Which Industries

Are the Most Digital(and Why)?」, Harvard Business Review, 2016.04.01, https://hbr.org/2016/04/a-chart-that-shows-which-industries-are-the-most-digital-and-why

2. 필립 라민, 한국인더스트리4.0협회 발족 기념 세미나, 서울, 2015.10.05

3. 한국인더스트리4.0협회, 『2016 스마트팩토리 추진현황 실태조사 보고서』, 2017.01.20

4. 한국인더스트리4.0협회, 『2016 스마트팩토리 추진현황 실태조사 보고서』, 2017.01.20

5. 지멘스 보도자료, "Siemens to bring MindSphere to the Microsoft Azure cloud Platform", 2016.11.22

6. 지멘스 보도자료, "Siemens and IBM to bring Watson Analytics to MindSphere", 2016.12.13

7. 『Securing the Internet of Things: A Proposed Framework』, Cisco, http://www.cisco.com/c/en/us/about/security-center/secure-iot-proposed-framework.html#4

8. 프로세스 마이닝(Process Mining)은 데이터를 분석하여 실제 수행된 프로세스 흐름을 자동으로 시각화함으로써 비즈니스 프로세스의 전체적인 모습을 객관적으로 빠르게 파악하도록 도와주는 새롭고 흥미로운 기술이다.(van der Aalst, 2011)

9. 김수아, "NTT-미쓰이 화학, 생산 공정에서 인공 지능(AI) 적용 품질 예측화 성공", 세미나투데이, 2016.9.19

10. 김한준, 『직업 진로 정보_4차 산업혁명이 직업세계에 미치는 영향』, 한국고용정보원, 2016.10.24

11. 김인숙, 남유선, 『4차 산업혁명, 새로운 미래의 물결』, 호이테북스, 2016년 5월, pp.25

12. 김인숙, 남유선, 『4차 산업혁명, 새로운 미래의 물결』, 호이테북스, 2016년

5월, pp.82

13. 포네몬 인스티튜트, 『데이터 중심 보안의 실태』, 2014년 6월

4장   스마트 공장 구축 방안

1. 이정철, "스마트 공장 진단·인증모델 개요 및 평가항목", 2015.11.11,민관합
   동 스마트공장추진단
2. 송병준, "스마트 공장 보급·확산을 위한 사업 개요 및 업종별 참조 모델 소
   개", 2016.04.02, 민관합동 스마트공장추진단

5장   부문별 세부 실행 방안

1. PID 제어(Proportional Integral Derivative control)는 제어 변수와 기준 입력
   사이의 오차에 근거하여 계통의 출력이 기준 전압을 유지하도록 하는 피드
   백 제어의 일종이다.
2. 고로란 철광석과 석탄으로 만든 소결 광과 코크스를 넣고 고열을 가해 선철
   을 만드는 용광로를 말한다.
3. 제강이란 고로에서 생산된 선철에서 불순물을 제거하고 필요 성분을 투입
   하여 강을 만드는 과정을 뜻한다.
4. Harvard Business Review. 2016.10월호
5. 로크웰 오토메이션 자료
6. 스마트 그리드는 기존의 전력망에 정보 기술을 접목하여 전력 공급자와 소
   비자가 양방향으로 실시간 정보를 교환함으로써 에너지 효율을 최적화하
   는 차세대 지능형 전력망을 말한다.

7. 『2016년 에너지 통계 연보』, 에너지경제연구원, 산업통산자원부, 2017.01.17

8. Qualitrol 자료, http://www.qualitrolcorp.com/products/dissolved-gas-analyzers

9. 환경정책기본법 제3조 4항

10. 환경정책기본법 제3조 4항

11. 도라이스, "물류 스마트화 Machine and Robot in Logistics", 2016.10.02, http://scminsight.tistory.com/8

6장 제조업의 미래 생존 전략

1. 『2016 언론수용자 의식조사』, 한국언론진흥재단, 2016.12.30

2. https://www.coursera.org 코세라, https://www.edx.org 에덱스, https://www.udacity.com 유다시티에 들어가면 자세한 내용을 확인할 수 있다.

3. https://novoed.com에 들어가면 자세한 내용을 확인할 수 있다.

4. http://www.kmooc.kr에 들어가면 자세한 내용을 확인할 수 있다.

5. https://www.futurelearn.com 퓨처런, https://iversity.org 아이버시티, http://www.openuped.eu 오픈업에드, https://www.fun-mooc.fr 펀 무크, http://mooc.guokr.com 무크학원, http://www.jmooc.jp 제이무크에 들어가면 자세한 내용을 확인할 수 있다.

6. 김성민, "플립드 러닝", 호수가 보이는 도서관, 국립세종도서관, 2017년 1·2월호, pp.28~29, 2017.02.01

7. Devin Leonard and Rick Clough, "How GE Exorcised the Ghost of Jack Welch to Become a 124-Year-Old Startup", Bloomberg Business Week, 2016.03.17

8. Christensen, C. M., S. P. Kaufman, et al., 「Innovation Killers: How Financial Tools Destroy Your Capacity to Do New Things」, Harvard Business Review, Jan 2008, pp.98~105.

9. McGrath and MacMillan, 「Discovery Driven Planning」, Harvard Business Review, July~August 1995, pp.44~54.

10. Christine M. Furstoss, "The future of 3-D printing: Moving beyond prototyping to finished products", PwC Technology Forecast, 2014 Issue 2, pp.61

11. 에릭 브린욜프슨, 앤드루 맥아피, 『제2의 기계시대』, 청림출판, 2014.10.14, p.137

우리 삶과 비즈니스를 송두리째 바꿀

4차 산업혁명의 시대!

무엇을 준비하고, 어떻게 대응할 것인가? 그 해법을 제시한다.

4차 산업혁명, 새로운 미래의 물결

김인숙 · 남유선 지음 | 280페이지 | 값 15,000원

4차 산업혁명은 미래가 아닌 현재 진행형이다!

전 세계의 정치 · 경제계 리더들이 모인 2016년 다보스 포럼과 하노버 산업박람회의 최대 이슈로 떠오른 4차 산업혁명. 그 이후 4차 산업혁명은 이전과는 전혀 다른 기업간 경쟁과 경제 패러다임을 몰고 오고 있다. 그 거대한 변화와 혁신의 물결에 정처없이 떠밀려 갈것인가? 아니면 헤치고 나아갈 것인가? 4차 산업혁명의 발상지, 독일의 생생한 진행 상황과 현장 모습을 토대로 4차 산업혁명 분야의 전문가인 저자들이 어떻게 준비하고 대응할 것인지 그 해법을 제시한다.

똑같은 서비스로 승부할 것인가?
여기 당신만이 제공할 수 있는 놀라운 서비스가 있다!

베스트 서비스 노 서비스

빌 프라이스 · 데이비드 제프 지음 | 박선영 옮김 | 408쪽

서비스하지 않는 것이 최고의 서비스다!

이 책에서 말하는 '최고의 서비스'라는 개념은 여러모로 효과적이고, 합리적이다. 이 책은 아마존, AT&T, GE, 아메리칸 항공 등 초일류 기업들의 실제 사례를 통해 서비스를 제공할 필요가 없는 기업을 만들기 위한 방법들을 깊이 있게 다루고 있다. 규모에 상관없이 기업의 종사자라면 이제 마땅히 이 책을 읽고 나서 고객에게 결함이 없는 제품을 판매하고, 고객이 원하는 해답을 제시하며, 고객들이 보내는 신호에 계속해서 귀 기울여야 할 것이다.

4차 산업혁명, 새로운 제조업의 시대

초판 1쇄 2017년 7월 5일
초판 2쇄 2017년 8월 1일

지은이 박한구·송형권·장원중·이순열·임채성
펴낸이 김진성
펴낸곳 호이테북스

편 집 정소연, 허강, 박진영
디자인 장재승
관 리 정보해

출판등록 2005년 2월 21일 제2016-000006
주 소 경기도 수원시 장안구 팔달로237번길 37, 303호(영화동)
대표전화 031) 323-4421
팩 스 031) 323-7753
홈페이지 www.heute.co.kr
전자우편 kjs9653@hotmail.com

값 20,000원
ISBN 978-89-93132-52-6   03320